clave

Osho ha sido descrito por *The Sunday Times* de Londres como «uno de los mil artífices del siglo XX» y por el *Sunday Mid-Day* (India) como una de las diez personas –junto a Gandhi, Nehru y Buda– que han cambiado el destino de la India. En una sociedad donde tantas visiones religiosas e ideológicas tradicionales parecen irremediablemente pasadas de moda, la singularidad de Osho consiste en que no nos ofrece soluciones, sino herramientas para que cada uno las encuentre por sí mismo.

OSHO

Una nueva arca de Noé

Traducción de
Esperanza Moriones

DEBOLS!LLO

El papel utilizado para la impresión de este libro ha sido fabricado a partir de madera procedente de bosques y plantaciones gestionadas con los más altos estándares ambientales, garantizando una explotación de los recursos sostenible con el medio ambiente y beneficiosa para las personas. Por este motivo, Greenpeace acredita que este libro cumple los requisitos ambientales y sociales necesarios para ser considerado un libro «amigo de los bosques». El proyecto «Libros amigos de los bosques» promueve la conservación y el uso sostenible de los bosques, en especial de los Bosques Primarios, los últimos bosques vírgenes del planeta.

Papel certificado por el Forest Stewardship Council®

Título original: *The Hidden Splendor*
Primera edición: septiembre, 2015

Este libro es una edición abreviada de una serie de discursos originales titulada *The Hidden Splendor*, impartida por Osho ante una audiencia. De los 27 capítulos originales de la serie, esta edición contiene los capítulos #3, #7, #8, #10, #11, #12, #13, #14, #15, #16, #18, #19, #21, #22, #24, #26 y #27. Todos los discursos de Osho han sido publicados íntegramente en inglés y están también disponibles en audio. Las grabaciones originales de audio y el archivo completo de los textos pueden encontrarse online en la biblioteca de www.osho.com.

Printed in Spain – Impreso en España

ISBN: 978-84-9062-812-6
Depósito legal: B-15.750-2015

Compuesto en Anglofort, S. A.
Impreso en Novoprint
Sant Andreu de la Barca (Barcelona)

P 6 2 8 1 2 6

Índice

1. No conviertas la vida en un juego de preguntas y respuestas 9
2. Prepararse para la Última Guerra Mundial 31
3. Deja que te guíe tu naturaleza 44
4. La codicia es posponer la vida 58
5. Un arca de Noé de la conciencia 72
6. La vida misma es un milagro 91
7. Nada que aprender.......................... 107
8. Tenemos el alma cargada de armas nucleares 125
9. Este es el último baile........................ 140
10. El amor siempre es un emperador 155
11. Tienes que volver a casa 171
12. Como mucho podrás desaparecer 184
13. El mayor inadaptado 200
14. La meditación te prepara para la muerte 219
15. Todas tus acciones son una interferencia 235
16. La finalidad de la vida es la vida misma 249
17. Tu realidad es la armonía 266

ACERCA DEL AUTOR 283
RESORT DE MEDITACIÓN OSHO INTERNACIONAL 285

1

No conviertas la vida en un juego de preguntas y respuestas

Osho:

Te has adueñado de mi corazón y ahora es demasiado tarde; disfruto hasta tal punto de la soledad y de la pereza que algunas veces pienso que está mal lo que me está ocurriendo. Siento como si fuese el principio de un nuevo viaje, y me ronda una pregunta: ¿qué diferencia hay entre ser el observador y sentir que yo «no soy eso»?

No es verdad que me haya adueñado de tu corazón, tú me lo has entregado. No sería demasiado tarde si yo te lo hubiese quitado; pero obviamente es demasiado tarde ¡por el hecho de que tú me lo has dado!

El maestro no le quita nada al discípulo. El discípulo se lo entrega todo, incluso su ser. El maestro te ofrece la oportunidad de dar. Entregar tu corazón es una felicidad y una dicha; no hay un regalo mayor, y es la única forma de expresar tu agradecimiento. Pero, de cualquier forma, ¡te has quedado sin corazón!

«Disfruto hasta tal punto de la soledad y de la pereza que algunas veces pienso que está mal lo que me está ocurriendo», afirmas.

Efectivamente. Está bien disfrutar de la soledad, pero no está bien disfrutar de la pereza. La pereza es un estado negativo. Deberías estar rebosante de energía. Deberías estar tranquilo, pero no sentir pereza. Deberías estar relajado, pero no sentir pereza.

La pereza y la tranquilidad son tan parecidas que es fácil confundirlas. Si disfrutas de tu soledad, no puede ser pereza, porque cuando tienes pereza siempre te sientes culpable, tienes la sensación de «estar haciendo algo que no deberías», o de «no participar en la existencia». La pereza significa desentenderse de la creatividad del universo, quedarte a un lado, cuando la existencia está continuamente creando.

Estás confundiendo la pereza con la tranquilidad.

Mi enseñanza es que te tomes todo con una relajación absoluta, con tranquilidad; tanto si estás haciendo algo como si no, esa no es la cuestión. Puedes estar rebosante de energía aunque no estés haciendo nada. Los árboles no hacen nada, pero rebosan energía. Puedes comprobarlo por sus flores, sus colores, su verdor, su frescor, por la desnudez absoluta de su belleza bajo el sol, o bajo las estrellas en la noche oscura.

En la vida no hay tensión salvo la de la mente del hombre. Tomarse la vida apaciblemente, sin tensiones, sin prisas, no es pereza, es tranquilidad.

Esto me recuerda a un gran erudito de Bengala. Se llamaba Ishwar Chandra Vidyasagar. Le iban a otorgar el mayor premio del Imperio británico en la India por su erudición. Él vivía con gran sencillez, pero sus amigos le presionaron. «Te haremos un bonito traje y te pondremos unos zapatos elegantes, porque tu ropa no es adecuada para presentarte ante el virrey, en el Parlamento.» Él no estaba convencido, pero insistieron tanto que al final accedió.

Sin embargo, su mente no estaba tranquila; su corazón no lo había aceptado del todo. Creía que cambiar su estilo de vida, para recibir un premio de las manos del virrey, era claudicar. Iba en contra de su amor propio. La entrega del premio sería al día siguiente, y estaba paseando por la playa confundido, pensando si debía seguir el consejo de sus amigos o bien presentarse con su aspecto habitual.

En ese momento, apareció una persona que venía corriendo. También paseaba por la playa, frente a él, un musulmán rico; esa persona le dijo algo al rico... y Vidyasagar lo oyó, porque solo estaba a un metro de distancia. El hombre dijo: «¿Qué estás haciendo aquí? ¡Tu palacio está en llamas!».

El hombre rico dijo: «Está bien». Y siguió caminando tranquilamente como si nada.

El hombre que le había dado la noticia insistió: «¿Me has oído, o no? Tu palacio está ardiendo, se está quemando, y es posible que no se salve nada».

«Sí, te he oído», respondió. «Ve y haz lo que puedas. Pero antes tengo que terminar de dar mi paseo vespertino, y luego iré.»

Vidyasagar no podía creerlo. La casa de este hombre estaba ardiendo; poseía un maravilloso palacio con muchas antigüedades. Era amante de la pintura y la escultura, y su palacio parecía un museo. Cuando la gente iba a visitarlo, tardaba varias horas en recorrerlo, porque había muchos tesoros que admirar. Aunque todo estaba ardiendo, ¡dijo que tenía que terminar de dar su paseo!

Y siguió caminando al mismo paso. No tenía prisas ni tensiones. Vidyasagar no podía creerlo, y en su interior surgió un pensamiento: «Este hombre sabe vivir absolutamente tranquilo. Pase lo que pase en el mundo, nada le altera. Sin embargo, ¿yo estoy dispuesto a cambiar mi forma de vida solo para recibir un premio del virrey? Quieren que me corte el pelo y me peine, que me afeite la barba y me arregle, ¡y yo he accedido! No; voy a ir tal y como soy».

Y le dio las gracias al hombre rico. «Usted me ha salvado». El hombre rico respondió: «No entiendo, ¿qué he hecho para salvarle?».

Vidyasagar se lo explicó: «Iba a cambiarme de ropa, afeitarme la barba y cortarme el pelo... solo para parecer más respetable, para parecer rico y recibir un galardón. Mientras tanto su casa... Yo he estado muchas veces en su palacio. Toda su colección de cuadros importantes y demás obras de arte están ardiendo, y usted no se ha inmutado.

»Por eso estoy diciendo que me ha salvado. Mañana voy a ir tal como soy. Me ha dado la mayor lección de mi vida: hay que tomarse las cosas con tranquilidad; simplemente hay que aceptar lo que ocurre, y que todo el mundo hace lo que puede. ¿Qué otra cosa puedo hacer?».

Al terminar el paseo, el hombre se fue caminando hacia su casa sin apurar el paso. Vidyasagar le siguió para ver qué ocurría. Había mucha gente, y se había quemado casi todo. Sus esfuerzos habían sido en vano.

El hombre rico se quedó entre la multitud, junto a la gente. Las demás personas estaban tensas y preocupadas, tratando de hacer algo para salvar las cosas. Mientras tanto él estaba allí como un testigo, como si la casa y la colección de arte que estaban ardiendo perteneciesen a otra persona.

Esto no es pereza. Es estar tremendamente centrado, tener los pies en la tierra, de forma que puedes tomarte todo con tranquilidad.

No hay necesidad de pensar «debe de haber algo mal en mí». Sencillamente cambia la palabra «pereza», y todo estará bien.

Las palabras son muy importantes. Hace unos días me enteré de que en la Unión Soviética hay muchos países musulmanes..., pero el partido comunista de la Unión Soviética ha prohibido la religión. A los niños les enseñan a ser ateos desde el principio. Los musulmanes se han visto en dificultades, ¿qué pueden hacer?

Cuando llega el mes del Ramadán, durante treinta días ayunan por la mañana y comen por la noche. Pero, si siguen practicando su religión, están comportándose claramente en contra de las normas gubernamentales. Por eso le han cambiado el nombre y lo denominan «el mes de la dieta», y así ya no hay problemas. La dieta no está prohibida, pero el ayuno sí.

La religión de los musulmanes dice que deben rezar cinco veces al día. Los rezos son como un ejercicio, porque se inclinan, se levantan, se inclinan hasta tocar el suelo y vuelven a levantarse, y repiten su mantra interiormente. Ahora siguen haciéndolo, pero dicen que están haciendo «gimnasia». Eso les ayuda a mantener el cuerpo y la mente en forma, pero no hablan del alma, solo del cuerpo y de la mente. En la Unión Soviética el alma no existe, va en contra de la política gubernamental; sin embargo, nadie puede impedirles hacer ejercicio. No puede considerarse un acto delictivo aunque lo hagas cinco veces al día, y tampoco es religioso. Y además es bueno para el cuerpo y para la mente.

Basta con cambiar los términos... y te darás cuenta de que todas las palabras tienen una connotación. La pereza tiene una connotación muy negativa. Pero estar tranquilo, relajado, en casa, centrado, sin tensiones ni ansiedad, es maravilloso. La palabra «pereza» hace que sientas que «está mal lo que me está ocurriendo». Pero no es así.

«Siento como si fuese el principio de un nuevo viaje, y me ronda una pregunta: ¿qué diferencia hay entre ser el observador y sentir que "yo no soy eso"?»

Hay una gran diferencia, aunque sea muy sutil. Cuando dices «yo no soy eso», en ese momento no estás siendo el observador. Hay dos alternativas: puedes decir «soy eso» cuando se cruza un pensamiento por tu cabeza y dices «soy eso». Esto es un pensamiento. O puedes decir «no soy eso». Esto también es un pensamiento. El hecho de que sea negativo no cambia nada.

Pero más allá de todo esto, hay un observador. «Soy eso»... «no soy eso», la conciencia que está más allá observa estas dos cosas.

Un observador es como un espejo.

No dice nada, simplemente lo refleja.

Un observador no sabe idiomas, no tiene conceptos. Es estar alerta, es ver.

Imagínate a un niño recién nacido. Él también ve que hay luz en la habitación y colores en las paredes. Él también ve al médico, a las enfermeras y a su padre, pero no puede decir: «Esto es la luz, esto es un bonito color; esto es rojo, esto es verde, este es el médico, esta es la enfermera, este es mi padre». Sin embargo, puede verlo todo. Solo es un observador. Pero no pone nombre a las cosas, no puede verbalizarlo. No puede decir «esto es rojo», porque no lo ha visto antes; nadie le ha dicho que es rojo. No puede saber qué es la luz, porque no conoce la luz ni la oscuridad. No puede diferenciar entre el médico y su padre, no puede diferenciar entre hombres y mujeres. Estas diferencias son algo aprendido.

Pero tiene los ojos abiertos y la mirada más limpia que tendrá en toda su vida, la mayor claridad. Sus ojos son espejos que reflejan todo lo que hay alrededor. No hay palabras, ni explicaciones, ni lenguaje, ni mente.

Es el mismo caso del observador. Vuelves a ser como un recién nacido.

En tu centro más profundo siempre eres un observador.

Si dices «no soy eso», habrás perdido al observador. Habrás vuelto a la mente. Lo que habla en tu interior es la mente. Aparte de la mente, dentro de ti no hay nada más que hable.

Tu corazón no habla, tu ser no habla. Solo habla la mente. Tu corazón siente, el ser sabe, pero no tienen nada que decir.

No obstante seguirán surgiendo preguntas. Las preguntas surgen en el interior de la mente del mismo modo que los árboles dan hojas nuevas. Cuando desaparece una pregunta, surge otra. La mente es una fábrica de preguntas. Si no hay ninguna pregunta, entonces se preguntará: «¿Qué pasa? No hay ninguna pregunta, debe de estar ocurriendo algo».

Tienes que darte cuenta de que la mente es la pregunta. La forma que adopte es indiferente. Si le haces caso a la pregunta estarás entrando en el terreno de la filosofía. Encontrarás respuestas, y de cada respuesta surgirán otras diez preguntas, y esto seguirá ampliándose. La mente filosófica nunca llega a una conclusión. Se pasa la vida pensando —una pregunta tras otra— y siempre encuentra una respuesta. Pero cuando aparece la respuesta, surgen otras preguntas. Las preguntas no tienen fin.

En este punto, la filosofía y el auténtico misticismo toman

caminos distintos. La filosofía sigue haciendo preguntas y encontrando respuestas, pero nunca llega a una conclusión. El misticismo deja la mente a un lado, que solo es un mecanismo para hacer preguntas, y se dirige hacia el silencio. Y lo más asombroso de la vida es que entonces, cuando no hay preguntas, encuentras la respuesta.

Aunque haya miles de preguntas solo hay una respuesta, y la respuesta es tu lucidez. No está en forma de respuesta, sino en forma de experiencia; de pronto sientes que te invade un profundo silencio. Todo está tranquilo y calmado. Y hay un saber que no necesita palabras ni conocimientos. Sabes que has llegado a casa, y que ya no tienes que ir a ningún sitio.

Si te fijas en la historia de la humanidad... desde el ser humano más primitivo, siempre se han hecho las mismas preguntas. Las respuestas se han vuelto más complejas, pero no hay ninguna respuesta que acabe con la pregunta. La pregunta tiene la capacidad de sobrevivir a todas las respuestas, y cada vez vuelve con una forma nueva.

Si preguntas quién creó el mundo, las religiones establecidas dirán que lo creó Dios, e inmediatamente la mente preguntará quién creó a Dios, anulando la respuesta.

Si alguien dice «el dios número uno creó el universo; el dios número dos creó al dios número uno; el dios número tres creó al dios número dos...», todo esto es ridículo porque, finalmente, el último dios seguirá teniendo la misma pregunta: ¿por quién ha sido creado? La pregunta tiene una enorme capacidad de sobrevivir a todas tus respuestas, por más complejas que sean.

El camino del místico es absolutamente distinto al del filósofo. El místico no intenta encontrar respuestas a las preguntas. Simplemente sabe que mientras no vaya más allá de la mente, seguirá habiendo preguntas; las respuestas no le sirven. Pero cuando vas más allá de la mente, desaparecen todas las preguntas, y, al desaparecer, encuentras la respuesta..., eres un conocedor sin palabras, sin lenguaje. Te conviertes en el saber mismo, no en el conocimiento. Este es el estado del observador.

No digas «no soy eso». Esto es lo que enseñan algunas escuelas: si surge algo en la mente, di «no soy eso. No soy el cuerpo, no soy la mente, no soy el corazón; no soy esto, no soy aquello». Pero el observador está por encima de todas tus negaciones, del mismo modo que está por encima de todas tus afirmaciones.

Quédate en silencio; no digas nada. Si te ronda algún pensamiento, deja que lo haga. Es como permitir que una nube flote en el cielo sin necesidad de gritar «no soy eso». Tu mente es como el cielo, es como una pantalla. Las cosas pasan, y tú simplemente las observas.

Adán estaba paseando por el Jardín del Edén, cuando vio dos pájaros en un árbol. Estaban acurrucados, arrullándose y picoteándose. Adán le dijo al Señor: «¿Qué hacen esos dos pájaros en el árbol?». El Señor respondió: «Están haciendo el amor, Adán».

Un poco más tarde, se acercó a la pradera y vio a un toro montando a una vaca. Invocó al señor diciendo: «Señor, ¿qué están haciendo ese toro y esa vaca?».

Y el Señor le respondió: «Están haciendo el amor, Adán».

Entonces Adán preguntó: «¿Y yo por qué no tengo a nadie con quien hacer el amor?».

Y el Señor le contestó: «Vamos a hacer unos cambios. A partir de mañana todo será distinto».

Entonces Adán se tumbó debajo de un olivo y se durmió. Al despertar, Eva estaba a su lado. Adán se levantó de golpe, la agarró y dijo: «Ven conmigo. Vamos al matorral». Y se fueron. Al cabo de un rato, Adán salió tambaleándose y con mal semblante, y le dijo al Señor: «Señor, ¿qué es el dolor de cabeza?».

Las preguntas no tienen fin. Siempre hay algo, y si no hay nada, habrá un dolor de cabeza. Desde que Adán le preguntó «¿qué es el dolor de cabeza?», el Señor ha desaparecido diciendo «este idiota no me va a dejar descansar. Siempre volverá diciendo "Señor, ¿qué es esto? Señor, ¿qué es aquello?"». ¡Y desde ese día no se le ha vuelto a ver!

No te causes dolores de cabeza innecesarios. Quédate en silencio, sé un observador relajado. El dolor de cabeza se irá, ¡y la cabeza también! Y sentirás tanta libertad y tanto espacio como si tuvieras todo el cielo a tu disposición.

Osho:

En una ocasión, alguien me contó un dicho: «Todo lo que haces en la vida de los demás vuelve a ti». Y desde entonces no lo olvido, siento que es verdad. ¿Podrías hablar sobre esto? Siempre le estoy dando vueltas a esta frase.

Ese dicho es verdad. Todo lo que haces en la vida de los demás vuelve a ti, por el mero hecho de que el otro no es el «otro» como tú crees. Nadie es una isla, todos estamos unidos.

Aunque mis manos, en apariencia, estén separadas, si me doy un golpe en la mano derecha con la mano izquierda, ¿acaso crees que solo me dolerá la mano derecha? La mano izquierda no está separada. Si la mano derecha sufre, antes o después también sufrirá la mano izquierda. No es posible hacerle daño a alguien sin que te afecte, porque el otro no es tan «otro» como parece. Las raíces, en el fondo, son las mismas. Si le das una bofetada a alguien, te la estás dando a ti.

Cuando las personas como Jesús dicen «Ama a tu enemigo como a ti mismo», no están enseñando una moralidad corriente. Están señalando una verdad fundamental: que el enemigo forma parte de ti, y tú formas parte del enemigo. Ama a tu enemigo como a ti mismo.

Gautama Buda solía decirle a sus discípulos: «Después de cada meditación, cuando estés extático, lleno de felicidad, paz y silencio... esparce y comparte tu silencio, tu paz y tu dicha, con toda la creación —con los hombres, con las mujeres, con los árboles, con todos los animales—, compártelo con todo lo que existe. No se trata de ver si alguien lo merece o no. Cuanto más compartas, más tendrás. Cuanto más lejos lleguen tus bendiciones, más bendiciones recibirás de todas partes. La existencia siempre te da más de lo que tú puedas dar».

Un hombre, que era un gran admirador de Gautama Buda, levantó la mano y dijo: «Tengo una pregunta. Yo puedo compartir mis bendiciones y toda mi alegría con la creación. Pero me gustaría hacer una excepción: no quiero compartir nada con mi vecino. Es una persona muy desagradable, y la idea misma de compartir mi felicidad con él me pone enfermo. Estoy dispuesto a compartirla con los insectos, con las aves, con los árboles y con todo lo demás, excepto con ese vecino tan horrible. Tú no lo conoces porque, si no, tú mismo habrías dicho: "Te permito que hagas algunas excepciones"».

Buda le respondió: «No me estás entendiendo. Primero tienes que compartir tu felicidad con tu vecino, para poder compartirla con el resto de la existencia. Si ni siquiera tu vecino es tu vecino, ¿cómo pueden ser tus amigos y tus vecinos todos los animales y los árboles? Por eso debes practicar primero esa excepción y olvidarte del resto del universo. Si puedes compartir tu felicidad con tu vecino, perfecto, porque estarás preparado para compartirla con todos los demás».

En esta circunstancias, Jesús probablemente habría dicho lo mismo: «Ama a tu vecino como a ti mismo». Estas dos afirmaciones aparentemente son muy raras: «ama a tu enemigo como a ti mismo» y «ama a tu vecino como a ti mismo». George Bernard Shaw solía bromear acerca de esto diciendo: «Eso quiere decir que no son dos personas distintas; el enemigo y el vecino son la misma persona. No hay que hacer dos declaraciones, basta con una, porque es la misma persona».

Esta es la esencia de la religiosidad: ser capaces de compartir incondicionalmente todo lo que sale de nuestro ser, todas las flores y los perfumes. Ser tacaño en eso es peligroso. En la vida corriente, cuando le das algo a alguien, tienes que descontártelo. Y si compartes todo con todo el mundo, te convertirás en un mendigo. Pero, desde un punto de vista más elevado, los cálculos funcionan de otra forma, exactamente al contrario: todo lo que te quedas se destruye. Las cosas son muy delicadas, necesitan ser libres. Necesitan tener alas para volar hacia el cielo.

Cuanto más amor, más compasión, más bendiciones, más alegría y éxtasis des, más notarás que toda la existencia se vuelve generosa contigo y te colma de amor y felicidad desde todos los ángulos. Cuando conozcas este secreto —que no pierdes nada al dar, sino al contrario, recibes más, lo recibes multiplicado—, la estructura de tu vida se transformará por completo.

Pero la gente sigue siendo muy tacaña, tanto en lo que se considera la vida religiosa y espiritual, como en la vida corriente. No saben que las leyes de la vida corriente no pueden aplicarse a las dimensiones más elevadas del ser.

Hay una famosa historia de una monja zen que tenía un precioso Buda de oro, una estatua de oro macizo muy fina y artística. Siempre que se iba, la monja solía llevarse la estatua de Buda. Los monjes y monjas budistas tienen que peregrinar ocho meses al año, exceptuando la temporada de lluvias. Van de templo en templo, de monasterio en monasterio...

Ella se encontraba en uno de los templos de China; había viajado para visitar los templos y monasterios chinos, y en ese en concreto había diez mil estatuas de Buda. Es único en el mundo; diez mil estatuas. Casi toda la montaña había sido cortada para hacer estatuas y el templo. Debió de llevar cientos de años construirlo. Y ella estaba allí.

Y era una preocupación constante. Todas las mañanas le ofrecía flores, pasteles y encendía incienso para rendir culto a su Buda de oro; pero no puedes asegurar la dirección del viento, de la brisa. Es posible que el aroma del incienso encendido no vaya a la nariz del Buda, y se vaya en otra dirección. En ese templo había diez mil Budas, y el incienso se iba hacia otros Budas.

Era demasiado, no podía tolerarlo. Se sentía muy ofendida porque su propio Buda no recibía el aroma, mientras todos esos vagabundos... «Yo tengo un Buda de oro, y esos Budas solo son de piedra. Al fin y al cabo, mi Buda es mi Buda.»

La mente funciona así; es posesiva y no se da cuenta de que todas esas estatuas representan a la misma persona. No importa a dónde vaya el aroma del incienso, porque le llega a Buda. Pero «mi Buda»..., la vieja mente posesiva sigue estando ahí.

De modo que se le ocurrió un sistema: encontró un bambú, un bambú hueco, y cortó un pedazo. Al encender el incienso, lo tapaba con un extremo del bambú. El humo del incienso subía por un extremo y salía por el otro, yendo directamente a la nariz de su Buda de oro; ¡parecía que el Buda estaba fumando! Pero eso originó un problema, porque la nariz del Buda se manchó de negro. Y esto le molestó más aún.

Entonces le preguntó al sumo sacerdote del templo: «¿Qué debo hacer? La nariz de mi pobre Buda se ha manchado».

«¿Cómo ha ocurrido eso?», preguntó el sumo sacerdote.

«Me da vergüenza decirlo», exclamó, «pero ha sido culpa mía.» Y le explicó lo que había ocurrido.

El sacerdote se rió y dijo: «Todas las estatuas que hay aquí son Budas. No importa que el aroma vaya a un Buda o a diez mil Budas. No deberías ser tan tacaña ni tan posesiva. Buda no es tuyo ni es mío. La nariz de Buda se ha puesto negra por culpa de tu posesividad».

Y el sacerdote continuó: «Nuestra posesividad hace que nos manchemos la cara de negro unos a otros. Si fuésemos capaces de dar sin pensar a quién... A todo el que llega forma parte de la misma existencia a la que pertenecemos todos, nos llega a todos».

No pienses que simplemente es un proverbio verdadero. Estás diciendo: «Siempre le estoy dando vueltas a esta frase». No es algo que haya que contemplar, sino algo que hay que hacer y experimentar. Haz feliz a alguien y verás que tu corazón se vuelve más ligero. Haz reír a alguien y verás que esa risa te penetra y forma parte de ti. Haz dichoso a alguien..., ayúdale a disfrutar la vida con totalidad y la recompensa será inmediata. La existencia siempre paga en efectivo. No funciona con cheques ni transferencias, siempre es en efectivo. Haces algo ahora, e inmediatamente recibes la recompensa o el castigo.

En lugar de pensar en ello y tratar de descifrar si es verdad o no, intenta hacerlo. Es uno de los mejores axiomas para que ocurra una transformación en tu vida.

Cuando la gente da cosas insignificantes, piensa en miles de detalles. Parecéis mendigos. Si un mendigo te ve solo por la calle, no te pedirá nada, porque sabe que estás solo; no está en juego tu reputación. Pero cuando estés rodeado de gente y no puedas negarte, te abordará. Si te niegas, la gente dirá: «No seas tan duro, no seas tan cruel».

Hasta un mendigo sabe lo que ocurre; cuando una persona está sola, en vez de darle algo, le dará una charla: «Eres joven y estás sano. Deberías estar trabajando en lugar de mendigar».

Pero esa misma persona, cuando esté en un medio social, le dará muchas cosas. Aunque se sienta ofendido, querrá impresionar a los demás con su generosidad. Y el mendigo lo sabe. El mendigo también sabe que te ha engañado, y que no se lo has dado porque sea pobre sino para no dañar tu reputación, para no poner en entredicho tu generosidad.

La gente dice: «Solo le daremos algo a quien lo valga, a quien lo merezca». Esto es una estrategia para no dar nada. Porque ¿hay alguien que no lo merezca? Si la existencia le ha aceptado, si el sol no le niega su luz y la luna no le niega su belleza, si las rosas no le niegan su perfume..., si la existencia le acepta, ¿quién eres tú para juzgar si lo merece o no? El hecho de que esté vivo es prueba suficiente de que la existencia lo acepta tal como es.

Dar con condiciones no es dar. Se debe dar de forma incondicional. Y no es necesario que te agradezcan lo que has dado.

Al contrario, el que da debería estar agradecido de que no hayan rechazado su regalo. Entonces, el hecho de dar se convierte en un enorme éxtasis. De esta forma crece tu corazón, se expande tu conciencia, desaparece tu oscuridad, te vuelves cada vez más luminoso y te acercas cada vez más a la divinidad.

No permitas que se quede en la mente algo que te atrae, deja que se manifieste a través de tus actos. Solo los actos te demostrarán si estaba bien o mal. Los argumentos pueden demostrar que lo que está mal está bien, y que lo que está bien está mal.

Antes de Sócrates, había una importante escuela de filósofos en Grecia llamados los sofistas. Eran personas muy raras. Su filosofía se basaba en que no hay nada que sea verdad ni que sea mentira, no hay nada bueno ni malo, todo depende de la agudeza de tu argumento. El sofismo es el arte del debate.

En Grecia, los sofistas solían ir de ciudad en ciudad enseñando a la gente la práctica del debate. Y estaban tan convencidos que solían cobrar la mitad por adelantado y la otra mitad cuando ganaran su primer debate contra alguien.

Zenón, una de las mentes más brillantes que ha habido, quiso ser discípulo de la escuela de los sofistas. Depositó la mitad de la cuota y dijo: «Nunca voy a pagar la otra mitad».

El maestro le dijo: «Tendrás que pagarla; de otro modo ¿cómo vas a saber si realmente has aprendido a debatir o no?».

Después de dos años de enseñanza, el maestro se dio cuenta de que Zenón era un genio y superaba al propio maestro. Cuando completó su aprendizaje, el maestro le dijo: «Ahora puedes ir a debatir con alguien. Reta a alguna persona, tienes la victoria asegurada».

Pero Zenón dijo: «No voy a debatir con nadie. Si alguien dice que es de noche y es de día, yo le diré: "Sí, es de noche". No voy a discutir, porque si gano tendré que pagar la otra mitad de la cuota. Y no voy a hacerlo».

Pasó más de un año sin debatir con nadie. El maestro se

encargó de mandarle a mucha gente para que hubiera un debate, pero él siempre estaba dispuesto a admitir lo que los demás decían. Si decían «Dios existe», el respondía «Sí, Dios existe». Si decían «Dios no existe», él decía «Dios no existe, estoy totalmente de acuerdo contigo. No hay discusión».

Finalmente, al maestro, que era un gran argumentador, se le ocurrió una táctica: llevaría a Zenón ante los tribunales acusándole de no haber pagado la segunda mitad de la cuota. Su idea consistía en lo siguiente: «Si yo gano, tendrá que pagar su cuota. Si él gana, cuando salgamos del juicio le diré: "Ahora tienes que darme mi cuota porque has ganado tu primer debate"».

Pero Zenón también era discípulo suyo y pensó: «Si gana él, declararé ante el tribunal que el acuerdo era este: si yo ganaba el primer debate, le pagaría. Pero he perdido el primer debate por lo que, según lo acordado, él ha ganado el caso y yo no puedo pagarle la cuota.

»Y si gano, por casualidad, sé que me pedirá el dinero al salir del juicio. Entonces le diré: "Ven ante el tribunal, porque no puedo quebrantar la ley de nuestro país. Estaría incumpliendo la ley que me ha declarado ganador de la disputa"».

Y es justamente lo que ocurrió. Zenón se defendió muy bien. Y el maestro quería que ganara, de modo que argumentó su causa de forma que ocurriese. Pero no podía ir contra el dictamen del tribunal: eso sería un delito, estaría incumpliendo la ley. Y Zenón no tuvo que pagar la segunda cuota.

Zenón se convirtió en un gran maestro por derecho propio, pero ¡siempre cobraba todo por adelantado! «No voy a cometer el mismo error que cometió mi maestro», decía.

No conviertas la vida en un debate, no conviertas la verdad en un debate, no conviertas el amor en un debate, ni conviertas la felicidad en un debate. Vive y experimenta, porque es la única forma de saber. El debate no es la forma de saber.

Solo puedes saber algo a través de la experiencia.

Una monja falleció y fue al cielo san Pedro le dijo: «Estoy seguro de que tu vida ha sido intachable, hermana, pero antes de entrar en el cielo deberás responder una pregunta. Y la pregunta es: ¿Cuáles fueron las primeras palabras que Eva le dijo a Adán?».

«Chico», respondió la monja, «qué duro».

«¡Has acertado!», dijo san Pedro.

No trates de convertir la vida en un juego de preguntas y respuestas. Haz que sea más auténtica, y experimenta con todo lo que creas que está bien. Hay millones de personas que saben lo que está bien, millones de personas que saben lo que es bueno, y millones de personas que saben lo que hay que hacer. Pero solo lo saben, no intentan transformar su conocimiento en actos, en hechos.

Mientras el conocimiento no surja de una experiencia real, seguirá siendo una carga y no una liberación. Estarás cargado de buenos pensamientos, pero esos pensamientos no sirven para nada. Mientras no crezcan en tu interior, arraiguen en tu corazón y formen parte de tu ser, solo te harán perder el tiempo y la vida.

No seas como esa multitud de gente que hay en la Tierra, cargada de hermosas teorías, maravillosos dogmas, grandes filosofías y magníficas teologías, pero solo en la mente. Nunca lo han experimentado y se morirán sin saber nada. Sus vidas serán como un gran desierto donde no crece nada, donde no ocurre nada, donde no se consigue nada.

Y yo te aseguro que si no realizas a Dios, tu vida habrá sido en vano. Tienes la capacidad y el potencial de realizar la divinidad de la existencia. Simplemente con tener un ligero atisbo, toda tu vida se llenará de gloria, éxtasis y esplendor, como nunca podrías haberlo imaginado.

Osho:

En la naturaleza primero llega la primavera, después el verano y a continuación el otoño y el invierno. Siempre son distintos, no se repiten; pero la primavera, el verano, el otoño y el invierno son fenómenos que se suceden periódicamente. Por las mañanas siempre sale el sol... Osho, ¿en el ámbito de la verdad, hay también fenómenos básicos que se suceden periódicamente? Si es así, ¿podrías hablarnos de ellos?

Es verdad en lo que concierne a la naturaleza: «Primero llega la primavera, después el verano y a continuación el otoño y el invierno. Siempre son distintos, no se repiten; pero la primavera, el verano, el otoño y el invierno son fenómenos que se suceden periódicamente. Por las mañanas siempre sale el sol...».

Tu pregunta es: «¿En el ámbito de la verdad, hay también fenómenos básicos que se suceden periódicamente?». No. La naturaleza es autónoma y es más mecánica que el mundo de la conciencia. En la naturaleza no hay libertad, no hay elección. El sol no puede decir: «Me voy unos días de vacaciones». Todo se sucede automáticamente. Por eso el sol siempre sale por el este. De lo contrario, estaría cansado y aburrido de repetir lo mismo durante millones de años. Y se le habría ocurrido pensar en salir por el oeste, por el sur o por el norte, o simplemente no salir.

La naturaleza tiene una rutina fija. La conciencia, intrínsecamente, es libertad. De modo que en el ámbito de la conciencia, no existe la regularidad.

A veces, en un cierto momento histórico, hay docenas de iluminados. Como, por ejemplo, en la época de Gautama Buda. En ese momento también tuvimos a Lao Tzu, Chuang Tzu y Lieh Tzu en China, y en Grecia a Sócrates, Pitágoras, Heráclito y Plotino; en la India a Mahavira y a otros ocho maestros de la misma magnitud. Y quizá también en otros países... En Irán estaba Zaratustra. Esto fue hace veinticinco siglos. De repente, hubo una primavera enorme con muchos iluminados; fue una brisa fresca, una calma, una conciencia. La Tierra estaba tan fragante que en la India lo hemos denominado «la edad de oro».

Nunca se había alcanzado tal cima de conciencia en la humanidad. Y después hubo muchos siglos de oscuridad.

Más tarde, en la Edad Media, volvió a haber una explosión: Kabir, Dadu, Nanak, Farid, Mansoor, Jalaluddin Rumi, y muchos otros en China y en Japón con la misma dimensión de iluminación. Después de eso no volvió a haber otra primavera. Aparentemente no hay ninguna regularidad.

Al contrario; lo que ocurre, al parecer, es que cuando hay un iluminado, este detona la conciencia de muchas otras personas. La iluminación de una persona es una prueba y una demostración de tu esplendor oculto, del que no eres consciente, y el esplendor de esa persona despierta tu confianza en ti mismo, porque tú también eres un ser humano y perteneces al mismo estado de conciencia. Él se ha encontrado, y tú sigues dormido. Él se ha despertado; sin embargo, tú no te has dado cuenta de que ha amanecido y que es hora de despertar.

Hay una cosa indiscutible, y es que, siempre que hay alguien, despiertan muchas personas en muchos lugares —aunque estén lejos; no hace falta estar cerca de esa persona—, aunque siempre hay personas cercanas, personas que solo están ligeramente dormidas, que pueden despertar si las sacudes un poco. Siempre que hay un iluminado, empiezan a despertar muchas personas a lo largo y ancho del mundo. Él es el detonante de un proceso en todo el universo.

Pero no hay una regularidad. No se ilumina un número concreto de personas cada siglo, ni hay una época del año en la que se ilumine más gente. No hay una estación, una primavera de la iluminación. Puedes iluminarte en cualquier momento. Pero si alguien se ha iluminado, será más fácil para ti, porque rompe el hielo y te abre el camino. Solo tienes que tener un poco de valor para seguir avanzando tú solo, apartándote de la multitud.

La multitud está profundamente dormida, y creo que seguirá estándolo eternamente. Es cómodo estar dormido, es bonito soñar, ¿por qué molestarse en despertar? Estar despierto conlleva responsabilidad, estar despierto conlleva libertad. Cuando te despiertas, de pronto te das cuenta de que te has quedado solo mientras que el resto del mundo te rechaza.

A principios del siglo xx hubo un caso en México, en una área remota de las montañas, donde habitaba una pequeña tribu de trescientas personas ciegas. Era muy extraño, ni uno de ellos podía ver; todos eran ciegos.

Un joven científico descubrió que había una mosca en ese bosque que provocaba la ceguera cuando picaba a los niños. Era una mosca muy común, por eso era casi imposible conservar la vista. Pero su veneno solo podía provocarle la ceguera a alguien que tuviera menos de seis meses. Si tenías más de seis meses, el veneno de esa mosca no te afectaba, pero tenía tiempo suficiente, durante seis meses, de picar a todos los niños.

Algunos niños conservaban la vista los primeros seis meses, otros los primeros cinco meses, otros solo un mes, y algunos solo unos días; pero al cabo de seis meses casi todos los niños estaban ciegos. Sin embargo, descubrió esta mosca y el veneno que inoculaba, y cuando lo descubrió, intentó comunicarles la causa de su ceguera. Sin embargo, ellos se reían porque él estaba en minoría, era el único que podía ver, mientras que ellos eran trescientos, y le dijeron: «Estás alucinando, estás soñando. La vista no existe».

Durante su estancia se enamoró de una chica ciega. Era muy bella, pero ni ella ni los demás eran conscientes de su belleza. Se enamoró de ella a pesar de ser ciega, y le propuso matrimonio. No obstante, la comunidad se opuso.

«Solo permitiremos que nuestra hija se case contigo si te vuelves ciego como los demás. Tendremos que sacarte los ojos. Así que, piénsalo, y mañana nos dices qué has decidido.»

El hombre estaba muy enamorado de la chica, pero pensó: «Este trato no me convence, he podido darme cuenta de su belleza gracias a mis ojos, y si los pierdo dejará de importarme que sea bella o no. He venido aquí para convencerles de que se pueden curar, porque al nacer podían ver. Simplemente se han quedado ciegos por culpa de ese veneno, y quizá podamos descubrir un antídoto para que se curen y vuelvan a ver».

Sin embargo no estaban dispuestos a hacerlo..., no querían ir a la ciudad, ni salir de la montaña. Querían que ese joven se quedara ciego, pero él huyó por la noche.

La multitud está ciega. Y para ellos, ver es algo reprochable, tienen que crucificarte.

Para la multitud, el mayor crimen que se pueda cometer es iluminarse. Porque esa persona interrumpirá tu plácido sueño. Acabará con todas tus supersticiones; se enfrentará a todas las convicciones que te mantienen dormido; se enfrentará a las creencias que te tapan los ojos y a todos los dogmas religiosos, sociales y políticos, que quieren que permanezcas como estás para explotarte y esclavizarte.

La iluminación está en manos de todo el mundo, pero la multitud te lo impide. Solo algunos atrevidos, algunas personas con un espíritu valiente, pueden seguir el camino hacia lo desconocido. Pero necesitan a alguien, necesitan seguir los pasos de alguien que vaya por delante de ellos; alguien que pueda decir desde la cima de la conciencia: *charaiveti, charaiveti.* Esto es lo que decía Buda: «Sigue avanzando, sigue avanzando. No te detengas».

Por eso, de vez en cuando...

Pero no es un fenómeno regular ni puede serlo. En la conciencia no hay nada automático. Todo es espontáneo.

A veces, sorprende hasta qué punto el hombre está dormido. Su inconsciencia hace que te preguntes cómo puede seguir siendo tan inconsciente. A causa de su inconsciencia sufre todo tipo de desdichas, angustia, miedo, esclavitud, explotación. Pierde toda su dignidad, todo lo que le hace humano. Se pierde las alegrías, las canciones y los bailes de la vida.

Hace cosas aunque sepa que no están bien, pero se siente incapaz de salirse de esta rutina. Aunque sepas que no está bien enfadarte y atormentarte por culpa de alguien, que no tiene ninguna lógica y te ha hecho sufrir mucho, sigues haciéndolo.

La inconsciencia es muy grande. Y la conciencia solo es una pequeña parte, por eso se necesita tener mucho valor para usar esa pequeña porción de conciencia para transformar toda la inconsciencia; la iluminación te parece imposible. En cambio, cuando ves a alguien que se ha iluminado, esto genera en ti un anhelo, el deseo y la confianza de que es posible; es un desafío a la humanidad dormida porque piensas: «Ya he dormido suficiente y es hora de saber qué significa estar despierto». Tienes tanto derecho a experimentarlo como Gautama Buda o Sócrates.

Una mujer y un hombre estaban perdidos en una pequeña isla, en medio del océano; eran los únicos supervivientes de un naufragio. Ella era virgen y profundamente católica, pero al cabo de dos meses él la convenció de que nunca serían rescatados. Finalmente, ella accedió y le entregó su virginidad.

Dos años más tarde, ella se sentía tan avergonzada de lo que había hecho que se suicidó.

Dos años después de fallecer, él estaba tan avergonzado de lo que estaba haciendo que la enterró.

No puedes saber cómo vas a responder a una situación. En cierto modo, el hecho de ser impredecibles es un privilegio, es la prerrogativa de todo ser humano. Y en otro aspecto, es un privilegio muy peligroso.

Sin embargo, es una suerte que el hombre no se ilumine automáticamente, porque entonces la iluminación no sería tu grandeza, sino solo una estación. La gente se ilumina cuando llega la estación, y al año siguiente, cuando vuelve la estación, la gente se ilumina. Pero no es por tu grandeza.

Tu grandeza es el esfuerzo de alcanzar la verdad absoluta. Tu grandeza es conocer tu ser por tus propios medios.

Lo único impredecible en la vida es la iluminación. Todo lo demás es predecible; cuando eres joven te enamoras, cuando eres viejo mueres. Casi todo lo que le ocurre a los demás te ocurrirá a ti. La iluminación es lo único que no le ocurre a todo el mundo, y aunque todos tengan esta posibilidad, muy poca gente la aprovecha.

Benditos aquellos que aprovechan esta oportunidad de oro para iluminarse, porque demuestran que es el derecho intrínseco de todo ser humano, y su crecimiento máximo, su florecimiento supremo.

2

Prepararse para la Última Guerra Mundial

Osho:
¿Qué han hecho los políticos desde que se declaró oficialmente la paz al terminar la Segunda Guerra Mundial?

Nunca ha habido paz. La historia solo consta de dos períodos: el que conocemos como guerra, y el que denominamos paz que, de hecho, es un encubrimiento; en realidad debería llamarse preparación para una nueva guerra. La historia solo consiste en esto: la guerra y la preparación para la guerra. Tú me preguntas: «¿Qué han hecho los políticos desde que se declaró oficialmente la paz al terminar la Segunda Guerra Mundial?».

Los políticos han hecho exactamente lo mismo de siempre: crear más conflicto, más inquietud, más discriminación y más armas destructivas..., y prepararse para la Tercera Guerra Mundial.

En una ocasión, le preguntaron a Albert Einstein: «Puesto que eres el científico que descubrió la energía atómica, deberías poder informarnos de lo que ocurrirá en la Tercera Guerra Mundial».

A Einstein se le llenaron los ojos de lágrimas, y dijo: «No me preguntes por la Tercera Guerra Mundial, yo no sé nada de eso. Si quieres preguntarme por la Cuarta Guerra Mundial, podré decirte algo».

El periodista que hacía la pregunta se quedó muy asombrado y sorprendido. No quiere decirme nada de la Tercera Guerra Mundial, dice que no sabe nada, pero está dispuesto a hablarme de la Cuarta Guerra Mundial. «Háblame entonces de la Cuarta Guerra Mundial», exclamó.

Einstein añadió: «Lo único que puedo decirte es que nunca llegará».

La Tercera Guerra Mundial será la última guerra. Desde que se declaró oficialmente la paz tras la Segunda Guerra Mundial, los políticos han estado preparándose para esta última guerra mundial.

El juego de los políticos es una de las cosas más horribles que puedas imaginarte. Tenemos que enfrentarnos a una noche oscura, y esto me recuerda un viejo dicho: «Cuanto más oscura es la noche, más cerca está el amanecer». Pero me cuesta decir que esta noche oscura en la que estamos sumidos tenga un amanecer.

Te diré exactamente lo que ha ocurrido desde 1945, pero es algo de lo que no se informa a la gente; no se dan cuenta de que estamos encima de un volcán que puede estallar en cualquier momento. Siguen entretenidos con trivialidades, mientras que se ocultan los verdaderos problemas como si no existiesen.

Desde 1945 ha habido ciento cinco guerras en sesenta y seis países, y todos ellos forman parte del Tercer Mundo. Es inevitable preguntar: «¿Por qué en el Tercer Mundo?». Estados Unidos y la Unión Soviética han llegado tan lejos en el desarrollo de armas destructivas que han quedado obsoletas las que fueron usadas en la Segunda Guerra Mundial. Ahora no sirven para nada. Y hay que vendérselas a alguien; tienen que crear un mercado, y este mercado solo puede existir si hay guerras.

Estados Unidos entrega armas a Pakistán. Naturalmente, la consecuencia es que la India recibe armas de la Unión Soviética. Esto es lo que está ocurriendo en el Tercer Mundo: un país compra material obsoleto a la Unión Soviética, y su enemigo se lo compra a Estados Unidos. Es un negocio redondo. Y no quieren que esas guerras finalicen, porque no tendrán a quién vender armas que han costado millones de dólares. Esos pobres países y sus políticos están dispuestos a comprarlas, aunque la gente esté muriéndose de hambre; el setenta y cinco por ciento de su presupuesto se invierte en armamento.

Cada guerra dura un promedio de tres años y medio. ¿Quién dice que se ha declarado la paz? ¿Se puede llamar paz a ciento cinco guerras de tres años y medio de duración, en sesenta y seis países?

Estas guerras han provocado dieciséis millones de muertes. En la Segunda Guerra Mundial también hubo millones de muertos. Desde la Segunda Guerra Mundial, en tiempos de paz, han sido asesinadas dieciséis millones de personas, ¿y se le puede llamar paz?

Pero los políticos son muy astutos, y la gente está tan ciega que no quiere ver lo que ocurre a su alrededor. Seguirán peleándose por tonterías: ¿a qué estado pertenece un distrito? Belgaum es una ciudad de la India; ¿debería seguir formando parte de Maharastra? Está en la frontera de los estados de Karnataka y Maharastra. Hay gente que habla los idiomas de los dos estados, y llevan tres décadas matándose unos a otros; ni siquiera pueden tomar una determinación en un asunto tan insignificante.

En realidad nadie quiere que se decida. ¿Cuál sería el problema? Basta con hacer un pequeño plebiscito y una votación con un observador neutral, para que la gente decida a qué estado quieren pertenecer. No tienen que matarse unos a otros. Pero, al parecer, los políticos tienen mucho interés en que siga habiendo problemas en diferentes partes, para seguir siendo necesarios.

Han muerto dieciséis millones de personas, pero en los colegios, los institutos y las universidades se continúa diciendo: «Estamos en época de paz». De hecho, ¡hubo más paz durante la guerra mundial!

La mayor parte de las guerras han sido en Asia. Una de las estrategias de las naciones poderosas y de los políticos es que se libren las guerras en otro país; la Unión Soviética y Estados Unidos luchan en Afganistán, de forma que los muertos son afganos; Afganistán se convierte en un cementerio, mientras Estados Unidos y la Unión Soviética sacan provecho vendiendo armas. Mandan a sus expertos y envían sus armas; entrenan a los afganos, para que los afganos se maten entre sí. En un bando tienen armas estadounidenses, y en el otro, soviéticas.

Desde Hiroshima, han muerto nueve millones de civiles en guerras convencionales. En la antigüedad, la población civil nunca moría. No tiene ningún sentido; si los ejércitos luchan, deberían morir quienes están en el ejército, pero actualmente no hay ninguna sensibilidad, no hay sensatez: los nueve millones de muertos son civiles. Hay niños, mujeres, ancianos y gente que no tiene nada que ver con la guerra, personas que están estudiando en el colegio, trabajando en la fábrica o cocinando en la cocina.

Hace justamente unos días, Ronald Reagan atacó Libia sin previo aviso, bombardeando zonas de la población civil. Su objetivo era Gadafi, porque tenía tres casas en la ciudad, y había que destruirlas. Pero, al hacerlo, también han destruido otras casas. Los investigadores acaban de descubrir que, durante los bombardeos, hubo asesinos profesionales que buscaban a Gadafi por todo el país, porque era posible que no estuviera en su casa durante el bombardeo. Han bombardeado a la población civil, mientras los asesinos profesionales buscaban a Gadafi por todo el país. Y solo encontraron a su hija. Sin embargo, ni Gadafi ni los libios les habían hecho nada.

Y, casualmente, el día que Inglaterra autorizó que Ronald Reagan utilizara sus bases para el ataque de Libia, el Parlamento británico no me permitió permanecer seis horas en la sala de espera del aeropuerto, ¡porque yo sí soy un peligro! En cambio, permiten que Ronald Reagan use Inglaterra para atacar un país inocente que no le ha hecho nada.

La humanidad nunca se ha enfrentado a una noche tan oscura como esta.

El presupuesto militar asciende a setecientos mil millones de dólares por año. Todos los años mueren quince millones de personas por hambre y enfermedades, pero se invierten en la guerra setecientos mil millones de dólares.

Cada minuto mueren treinta niños por falta de alimentos y vacunas muy económicas, mientras que en el mundo se gastan en presupuesto militar tres millones de dólares de los fondos públicos. Es como si ya no estuviéramos interesados en la vida, y hubiésemos decidido suicidarnos. En toda la historia, el ser humano nunca ha tenido un estado de ánimo tan suicida.

Hay doscientos cincuenta millones de niños que no reciben educación básica. El coste de un solo submarino nuclear equivale al presupuesto anual de educación para ciento sesenta millones de niños en edad escolar, en tres países en vías de desarrollo. ¡Un solo submarino! Y hay miles de submarinos en los océanos del mundo —americanos y rusos—, y cada uno de ellos tiene armas nucleares seis veces más potentes que las que se usaron en la Segunda Guerra Mundial. Son tan caras que podríamos haber dotado de educación, comida y nutrición a todos nuestros hijos. Pero no estamos interesados en eso.

Así son los políticos: no desean que interfieras, quieren tener el control absoluto de la humanidad, sin tener a nadie por encima de ellos.

Los bosques de la Tierra están desapareciendo a un ritmo de unos dieciocho o veinte millones de hectáreas por año, el tamaño de media California, y California es uno de los estados más grandes de Estados Unidos. Dentro de veinte o treinta años todos los bosques tropicales habrán desaparecido, y esto acarreará graves consecuencias, porque son una fuente de oxígeno y de vida. Si siguen desapareciendo al ritmo que lo están haciendo, la humanidad no podrá producir suficiente oxígeno; ¿de dónde lo sacará entonces?

Por otra parte, los bosques absorben todo el dióxido de carbono que exhalas. Si no hubiese bosques... En este momento ya hay una gruesa capa de dióxido de carbono en el cielo, donde se termina la capa de treinta kilómetros de atmósfera. Y, debido a esa capa de dióxido de carbono, la temperatura de la atmósfera está aumentando. Ahora ha aumentado cuatro grados más que en el resto de la historia.

Si desaparecen todos los bosques, la temperatura se elevará tanto que ocurrirán dos cosas. En primer lugar, la vida no podrá sobrevivir. Y en segundo lugar, empezará a derretirse el hielo del polo norte y del polo sur, del Himalaya, de los Alpes y de las demás montañas, debido al ascenso de la temperatura. Esto hará que el nivel del mar suba doce metros. Se inundarán todas las ciudades y países; casi toda la Tierra quedará inundada, y no es una inundación que vaya a remitir.

Pero los políticos siguen haciéndolo. Hace algunos meses estuve en Nepal, uno de los países más pobres del mundo. Pero en vez de renunciar a los gastos militares, ha vendido sus bosques —los bosques eternos del Himalaya— a la Unión Soviética. La Unión Soviética ha talado montañas enteras dejando que se sequen los troncos. ¿Para qué? Para publicar más periódicos.

¿Realmente necesitamos más periódicos? Casi todos los días, las noticias son iguales, y ahora hay sistemas mucho mejores, los periódicos están obsoletos..., está la radio y la televisión. ¿Por qué sigues apegado a los periódicos destruyendo todos los bosques? Porque los políticos, los presidentes y primeros ministros tienen que ver su foto en primera página; hay que publicar sus discursos aunque todo lo que digan sea mentira, sin tener en cuenta el daño que están haciendo.

Durante este mismo período, se espera que la población mundial aumente un treinta por ciento, y pase de cinco mil millones de habitantes a siete mil. Este aumento de población duplicará la necesidad de agua en medio mundo. No hablemos de la comida..., pero hasta el agua escaseará, porque no hay tanta agua potable y ahora necesitaremos el doble.

Sumado a esto, los informes anuales de las Naciones Unidas dicen que se han vuelto improductivas veinte millones de hectáreas de tierras de cultivo y pasto en todo el mundo. Cada año se extinguen más de mil plantas y especies animales, y se espera que este porcentaje vaya en aumento. En los países en vías de desarrollo, hay entre un millón y medio y dos millones de personas que sufren envenenamiento severo por culpa de los pesticidas; se estima que el número de muertes relacionadas con los pesticidas alcanza los diez millones de personas por año.

Los agentes de la comisión de planificación de la India han declarado recientemente: «En la India estamos al borde de un inmenso desastre ecológico, las reservas de agua están agotándose. Dentro de unas décadas ocurrirá en la India lo que ocurrió en África».

La población sigue aumentando, la tierra es cada vez menos fértil y el suministro de agua se está reduciendo; al talar los bosques, cada año se producen inundaciones como no se habían visto antes, de los ríos que bajan de Nepal a Bangladesh. Mueren miles de personas y desaparecen miles de pueblos, porque los grandes árboles obligaban a los ríos a fluir despacio. Ahora que no hay árboles, los ríos tienen mucha más fuerza y el mar no puede incorporar el agua tan rápidamente, de modo que el agua retrocede provocando las inundaciones de Bangladesh.

Los políticos hindúes y nepalíes no están dispuestos a impedir la tala de árboles. A nadie le interesa la vida humana. A nadie le interesa descubrir nuestra prioridad.

En un país tan pobre como la India, hay muchos periódicos y revistas absolutamente innecesarios. Y el papel de imprenta no crece en los campos ni cae del cielo; hay que talar árboles. Hay árboles que han tardado ciento cincuenta o doscientos años en crecer, y han desaparecido. ¿Qué ganas con los periódicos?

Los verdaderos criminales son los políticos, y no las personas que están en la cárcel. Si se intercambiaran de sitio, el mundo estaría mucho mejor: todos los políticos a la cárcel y todos los criminales a un puesto político...; se comportarían con más humanidad.

Yo solía tener muchas esperanzas. Ahora sigo esperando

que, en el peor de los casos, una situación de peligro haga despertar el hombre. Pero siento cierta tristeza en mi corazón porque me doy cuenta de que, si no se hace nada, el mundo se acabará en este siglo.

No solo será nuestro final, sino el final del sueño de la existencia de crear una conciencia. Solo se ha logrado en este planeta. Hay millones de estrellas, y cada una tiene docenas de planetas; en este pequeño planeta no solo ha ocurrido el milagro de la vida, sino también el de la conciencia; y no solo la conciencia, hay personas que han llegado a la cima de la conciencia: Gautama Buda, Sócrates, Pitágoras, Chuang Tzu.

Si la vida de este pequeño planeta desaparece, el universo se empobrecerá de tal forma que tardará millones de años en llegar a ese estado en el que la conciencia se puede iluminar.

No lo siento por mí. Yo estoy satisfecho. La muerte no puede arrebatarme nada. Lo siento por toda la humanidad, porque con la muerte perderán la oportunidad de iluminarse, de estar extáticos, de conocer su verdadero sentido y significado. Han vivido en la oscuridad. ¿Morirán también en la oscuridad?

Me gustaría que, al menos mi gente, no perdiera el tiempo posponiendo su propio crecimiento, porque los políticos están absolutamente dispuestos a destruirse unos a otros, a destruirlo todo. Su ansia de poder ha llegado a su cénit. Antes de que consigan provocar un suicidio global, al menos deberías saber que dios está dentro de ti.

Deberías repartir tu felicidad, tu silencio y tus risas entre todas las personas que conozcas. Es el mejor regalo que puedas dar a tus amigos, a tus compañeros, a tu pareja, a tus hijos.

Hay muy poco tiempo y un enorme trabajo por hacer, pero si eres valiente aceptarás el reto. No cuentes con los políticos, no pueden hacer nada; ni siquiera saben hacia dónde están conduciendo a la humanidad, a la oscuridad hacia la que la están llevando.

Osho:

Me he ido…, no sirvo para nada; lo siento mucho pero no esperéis nada de mí. *Koti koti pranam.*

Te contaré una pequeña historia muy bonita. Justo antes de que falleciera Ninakawa —que era un gran maestro—, le visitó el maestro zen Ikkyu. «¿Quieres que te guíe?», preguntó Ikkyu. Ninakawa se estaba muriendo, y Ikkyu le preguntó: «¿Quieres que te guíe?».

Ninakawa respondió: «He venido solo y me iré solo. ¿Cómo puedes ayudarme?».

Ikkyu dijo: «Si realmente crees que vienes y vas, te equivocas. Deja que te muestre el camino que no viene ni va».

Ikkyu le reveló el camino de una forma tan clara con estas palabras que Ninakawa sonrió y falleció.

¿Adónde vas a ir? Dices: «Me he ido…, no sirvo para nada». Eso es verdad. Has demostrado claramente que eres un inútil. No tiene nada de malo…, pero ¿adónde vas? ¡No hay ningún sitio donde ir!

Siempre estamos aquí y siempre es ahora. No vamos ni venimos. Todas las idas y venidas son un sueño, ¡así que lávate la cara con agua fría y despierta! No te has ido a ningún sitio, solo estabas durmiendo en tu cama.

Y continúas: «Lo siento mucho pero no esperéis nada de mí».

¡Me sorprendes! ¿Quién esperaba nada de ti, inútil? Eso no debe preocuparte. Pero recuerda lo que le dijo Ikkyu a Ninakawa: «Si realmente crees que vas y vienes, te equivocas. Deja que te muestre el camino que no viene ni va», simplemente, despertar.

> Una novicia le dijo a la madre superiora: «Estaba paseando por el jardín anoche y el jardinero me agarró, me tiró al suelo, y bueno, ya sabe… ¿Me va a poner una penitencia?».
>
> «Vete y cómete diez limones», respondió la madre superiora.

«Pero eso no me va a redimir los pecados.»
«Lo sé, pero ¡te quitará esa sonrisita!»

Así que levántate, lávate la cara y ¡tómate diez limones! No me parece que esté pidiendo mucho. Puedes hacerlo, y si no lo consigues, hay mucha gente que te obligará a hacerlo ¡hasta que se te quite la sonrisa!

¿A quién le dices *koti koti pranam*? *Koti koti pranam* significa millones y millones de adioses. No te vas a ninguna parte. Yo no voy a ninguna parte. ¡Deja de hablar dormido! *Koti koti pranam!*

Osho:
Podrías comentarnos este hermoso poema de Rumi que me encanta: «Fuera, la gélida noche del desierto; dentro, esta otra noche, cálida y acogedora. Deja que el paisaje se cubra de áspera corteza. Aquí dentro hay un apacible jardín. La Tierra ha estallado, aldeas y ciudades; todo se ha convertido en un globo calcinado y arrasado. Las noticias que nos llegan están llenas de pesar por el futuro, pero la verdadera noticia es que aquí dentro no hay noticias».

El poema de Mevlana Jalaluddin Rumi es precioso, como todos. Solo ha dicho palabras bonitas. Es uno de los poetas más importantes, y también era un místico. Es una combinación poco común; en el mundo hay millones de poetas y muy pocos místicos, pero es difícil encontrar a alguien que cumpla ambas condiciones.

Rumi es una rara flor. Destaca como poeta y como místico. Su poesía no es solo poética, simplemente una bella sucesión de palabras. Tiene un significado profundo, y se refiere a la verdad absoluta.

No es un pasatiempo, es la iluminación.

Dice:

Fuera, la gélida noche del desierto;
dentro, esta otra noche, cálida y acogedora.

El sitio correcto para ti no está fuera. Fuera solo eres un extraño; dentro estás en casa. Fuera, la gélida noche del desierto. Dentro hace calor, es cómodo y acogedor.

En cambio hay poca gente que tenga la suerte de ir de fuera hacia dentro. Se han olvidado completamente de que en su interior está su casa; la buscan en el lugar equivocado. Se pasan toda la vida buscando, pero buscan fuera; no se paran a mirar dentro de sí.

Deja que el paisaje se cubra de áspera corteza;
aquí dentro hay un apacible jardín.

No te preocupes de lo que ocurra en el exterior. Aquí dentro siempre hay un jardín esperándote.

La Tierra ha estallado, aldeas y ciudades;
todo se ha convertido en un globo calcinado y arrasado.
Las noticias que nos llegan están llenas de pesar por el futuro.

Estas palabras de Rumi tienen más sentido y significado hoy en día que cuando las escribió. Lo hizo hace setecientos años, pero hoy no son solo simplemente simbólicas. Pronto serán la realidad:

La Tierra ha estallado, aldeas y ciudades;
todo se ha convertido en un globo calcinado y arrasado.
Las noticias que nos llegan están llenas de pesar por el futuro,
pero la verdadera noticia es que aquí dentro no hay noticias.

La última frase proviene de un antiguo dicho: si no hay noticias, es buena noticia. Yo vivía en un pequeño pueblo al que el cartero solo llegaba una vez a la semana. La gente siempre temía que les trajera una carta; y cuando no recibían nada, estaban contentos. De vez en cuando, llegaba un telegrama para alguien. El simple hecho de saber que le había llegado un telegrama a alguien provocaba un alboroto, y todo el pueblo se reunía ahí; solo había una persona que sabía leer. Todo el mundo tenía miedo; ¿un telegrama? Son malas noticias. De lo contrario, nadie se gasta dinero en mandar un telegrama.

Desde mi infancia supe que si no hay noticias, son buenas noticias. La gente estaba contenta cuando no recibía noticias de sus parientes, de sus amigos u otras personas. Eso quería decir que todo estaba bien.

Rumi dice:

Las noticias que nos llegan están llenas de pesar por el futuro,
pero la verdadera noticia es que aquí dentro no hay noticias.

Todo está en silencio y todo es tan hermoso, apacible y extático como ha sido siempre. No ha cambiado nada, de modo que no hay noticias.

En el interior hay éxtasis eterno, por los siglos de los siglos.

Te repito que estos versos pueden hacerse realidad en tu vida. Para que ocurra, debes alcanzar ese sitio en tu interior donde nunca ha habido noticias y todo es eternamente igual, donde la primavera no viene y va, sino que se queda; donde ha habido flores desde el principio —si es que hubo un principio— y seguirán estando hasta el final, si hay un final. De hecho, no hay un principio ni un final, el jardín está verde y lozano, lleno de flores.

Encuentra tu mundo interior antes de que los políticos destruyan tu mundo exterior. Es el único lugar seguro, la única protección contra las armas nucleares, el suicidio global y todos esos idiotas que tienen tanto poder de destrucción.

Al menos te salvarás a ti mismo.

Yo tenía esperanzas, pero a medida que pasan los días y

conozco la estupidez humana más de cerca... Sigo teniendo esperanzas, pero es por la vieja costumbre; mi corazón realmente ha aceptado el hecho de que solo se salvarán unos pocos. La humanidad se ha propuesto destruirse. Si les dices cómo salvarse, te crucificarán. Te lapidarán. Cuando miro al mundo, sigo riéndome, pero con una leve tristeza. Sigo bailando contigo, pero no tengo el mismo entusiasmo que tenía hace diez años.

Es como si los poderes más elevados de la conciencia no pudieran luchar contra el poder tan despreciable y horrible de los políticos. Lo más elevado siempre es frágil, es como una rosa; se puede destruir con una pedrada. Eso no significa que la piedra valga más que la rosa; solo significa que la piedra no es consciente de lo que hace.

La multitud no es consciente de lo que hace, y los políticos forman parte de la multitud. Son sus representantes. Cuando un ciego guía a otros ciegos es casi imposible que se despierten; no se trata simplemente de estar dormidos, también están ciegos.

No hay tiempo para curarlos. Tenemos tiempo de despertarlos, pero no de curarlos. Por eso me limito a mi propios seguidores. Es mi mundo y, aunque estén dormidos, sé que no están ciegos. Puedo despertarlos.

3

Deja que te guíe tu naturaleza

Osho:
¿Qué es la religión? ¿Qué opinas sobre las religiones establecidas?

La religión es lo más elevado de la conciencia humana, es la búsqueda individual de la verdad.

No puedes convertir la verdad interior en un objeto de conocimiento común. Cada persona debe adentrarse en su propio interior; es un descubrimiento nuevo. No importa la cantidad de personas que hayan alcanzado la iluminación o se hayan realizado; cuando alguien lo alcanza, vuelve a ser una novedad, porque nadie puede prestártelo.

La búsqueda consiste, básicamente, en conocer tu interior. Hay un exterior, y lo exterior no puede existir sin lo interior; la propia existencia de lo exterior es la prueba de que hay un mundo interior.

El mundo interior consta de varias capas: los pensamientos son la más superficial; los sentimientos son más profundos, y luego está el ser, que es tu divinidad. Los sentidos son las puertas para salir, pero recuerda que la puerta que te permite salir también te permite entrar. Sales de tu casa por la misma puerta por la que entras en ella, solo tienes que cambiar el sentido.

Para salir necesitas tener los ojos abiertos. Para entrar necesitas tener los ojos cerrados, necesitas acallar tus sentidos. Lo primero que encuentras es la mente, pero no es tu realidad.

Aunque esté dentro de tu cerebro, no eres tú; solo es el reflejo de lo exterior. Todos tus pensamientos son un reflejo de lo exterior.

Por ejemplo, un ciego no puede pensar en los colores porque nunca los ha visto, y no pueden reflejarse en su interior. Un ciego tampoco puede ver la oscuridad porque nunca ha visto la luz ni la oscuridad fuera, por eso no puede reflejarse. Para un ciego no hay oscuridad ni luz; estas palabras no tienen sentido para él. Si analizas tus pensamientos, te darás cuenta de que lo que los provoca es la realidad exterior, proceden de las cosas externas y se reflejan en el lago interior de tu conciencia.

Todos estos pensamientos, que son muchísimos, se van acumulando y forman una gran muralla china. Tienes que ir más allá de tus pensamientos. Solo hay un método; aunque tenga varios nombres la religión solo conoce un método: observar y atestiguar. Simplemente observa tus pensamientos sin juzgarlos, sin condenarlos ni aprobarlos, manteniéndote absolutamente al margen; simplemente observa el proceso de los pensamientos que se cruzan en la pantalla que es tu mente.

Este proceso es lo que llamamos meditación. Cuando atravieses los pensamientos, llegarás a la segunda capa que hay en tu interior: los sentimientos, tu corazón, que es más sutil. Ahora tu observador será capaz de observar tus estados de ánimo, tus sentimientos, tus emociones y tus sensaciones, por más sutiles que sean. Y el método funciona de la misma manera que con los pensamientos; pronto no habrá sentimientos, ni sensaciones, ni estados de ánimo. Habrás ido más allá de la mente y del corazón. Ahora solo queda silencio puro, nada se mueve. Es tu ser; eres tú.

Conocer tu ser es conocer la verdad.

La belleza de tu ser es la belleza de la existencia.

El silencio de tu ser es el lenguaje que la existencia entiende. Cuando estás establecido en tu ser, has llegado a casa. Tu peregrinación ha terminado. Se ha acabado tu lucha. Te sientas tranquilamente en el silencio de tu interior.

Se revela para ti un esplendor oculto: no estás separado de

la realidad, formas parte de ella. Los árboles, la luna, las estrellas y las montañas forman parte de una unidad orgánica; y tú también formas parte de ella, formas parte de Dios.

La religión es la mayor conquista del ser humano.

Más allá de la religión no hay nada, y tampoco es necesario. Tu ser es tan abundante, está tan repleto de dicha, silencio, paz, comprensión y éxtasis, que por primera vez la vida se convierte en una verdadera canción, en un baile, en una fiesta. Quienes no conocen la religión no conocen el significado de celebrar.

Pero la religión establecida es otra cosa, por eso tengo que puntualizar que la religión siempre es individual. En cuanto se organiza la verdad, esta muere; se convierte en una doctrina, en una teología, en una filosofía, y deja de ser algo que experimentas, porque la multitud no puede experimentar. Esto solo puede ocurrirle a cada individuo por separado.

Es parecido al amor. No existe ninguna organización del amor que se ocupe de hacerlo todo para que tú no tengas que preocuparte, no hay un sacerdote que ame en tu nombre. Es justamente lo que le ha ocurrido a la religión. Cuando alguien descubre la verdad, los más astutos de la humanidad, los sacerdotes, enseguida le rodean. Recopilan todas sus palabras y empiezan a interpretarlas, para que todo el mundo sepa que para conocer la verdad tendrán que hacerlo a través de ellos porque son los representantes de Dios. Aunque se denominen profetas, mensajeros o se pongan otro nombre, en realidad se han autoproclamado representantes de Dios. No conocen a Dios, pero se aprovechan de la humanidad en su nombre.

La religión establecida es otra forma de política. Del mismo modo que condeno la política porque la considero la actividad más mezquina del ser humano, también opino esto mismo de las religiones establecidas. Es evidente que el clero y los políticos siempre han conspirado contra la humanidad. Se apoyan los unos en los otros. Se reparten todo entre ellos: lo mundano pertenece al político que gobierna ese aspecto, y tu vida interior pertenece al clero que gobierna ese aspecto.

Hay cosas que te asombrarán..., parece increíble que en pleno siglo xx el Papa declarara, hace unos meses, que es pecado comunicarse directamente con Dios. Tienes que hacerlo a través de un sacerdote, que es el canal adecuado, porque si la gente hablara directamente con Dios, se confesase y le rezara a Dios, millones de sacerdotes se quedarían sin trabajo. Ellos no hacen nada; su única función es mantenerte engañado. Se ocupan de hablar con Dios por una módica suma —una pequeña donación a la iglesia o al templo—, porque tú no conoces el idioma de Dios ni estás tan evolucionado.

Todas esas donaciones van a parar al bolsillo de los clérigos. No saben nada de Dios, pero son muy instruidos y pueden repetir como loros todas las escrituras. Sin embargo, interiormente no anhelan a Dios ni la verdad, no son buscadores, solo son explotadores.

Me contaron que había un sacerdote que tenía dos loros y, tras mucho esfuerzo, les enseñó a repetir unas frases muy bonitas de Jesús. Todo el mundo estaba asombrado por la precisión de los loros. Les hizo unos rosarios para que estuvieran rezando constantemente, y también encontró unas biblias pequeñas... Siempre tenían la Biblia abierta y pasaban las cuentas del rosario. Aunque no supieran leer, se lo habían aprendido todo. El sacerdote abría la Biblia por una página y decía «página doce», entonces ellos se ponían a leer, aunque no supieran leer, porque lo habían aprendido todo de memoria.

El sacerdote estaba muy contento y pensó que estaría bien tener otro loro. En lugar de leer la Biblia y pasar las cuentas del rosario, a este le enseñaría a dar sermones. Encontró un loro, y el dueño de la pajarería le dijo: «Se cumplirá tu deseo porque es el loro más inteligente que he visto».

Pero no se dio cuenta de que era hembra. Introdujo al loro dentro de la jaula junto a los otros dos, mientras estos pasaban cuentas y leían la Biblia; ambos se fijaron en la lora y uno le dijo al otro: «¡Suelta el rosario! Nuestras plegarias han recibido respuesta».

Los sacerdotes solo son loros, y cuando rezan piden poder, prestigio, dinero. Son políticos disfrazados; hacen política en el nombre de Dios, la política de los números. Actualmente hay setecientos millones de católicos; naturalmente, el Papa es el religioso con más poder del mundo.

Todas las religiones intentan aumentar su número de fieles con diferentes medios. Los musulmanes permiten que un hombre tenga cuatro mujeres para tener cuatro hijos al año. Y lo han conseguido: ahora son la segunda religión más grande después del cristianismo.

Religión organizada es una palabra vacía, sin contenido; lo que esconde es una política de números. Sabes perfectamente que cuando se aproximan las elecciones en la India, los políticos empiezan a visitar al shankaracharya. Durante cinco años no va nadie, pero cuando se acercan las elecciones el primer ministro va a verlo. Empieza a hacer peregrinaciones a templos de lugares recónditos en la cadena montañosa del Himalaya. ¿Para qué? Surge, de pronto, un gran fervor religioso que dura hasta que finalizan las elecciones.

Necesitan votos, por eso les rinden homenaje a los líderes religiosos. El shankaracharya también está contento de que el primer ministro se postre a sus pies. Y todos los seguidores hindúes del shankaracharya piensan que «el primer ministro es una persona muy religiosa».

Cuando el Papa viene a la India, hasta el presidente y el primer ministro, y todo el gabinete del gobierno, lo reciben de pie en el aeropuerto. ¿Por qué? Porque actualmente el catolicismo es la tercera religión del mundo, y obtienen los votos de los católicos mostrando su veneración hacia el Papa.

La religiones organizadas —ya sea el catolicismo, el hinduismo o el islamismo— no buscan la verdad. ¿Qué verdad ha podido añadir el catolicismo a las declaraciones de Jesucristo? ¿Para qué sirve esta organización? No aumenta la religiosidad del mundo, simplemente repite lo que dijo Jesús, y eso puede encontrarlo todo el mundo en un libro. Desde hace veinticinco siglos, ¿cuántos budistas han buscado la verdad o la han encontrado? Simplemente ha habido un sinnúmero de loros repitiendo lo que dijo Buda.

Y debo recordarte que ni Gautama Buda, ni Mahavira, ni Jesús formaban parte de una religión organizada. Fueron buscadores individuales.

Solo los individuos han encontrado la verdad. Es el privilegio del individuo y es lo que le otorga dignidad.

Las religiones organizadas solo han hecho guerras, igual que los políticos. Aunque cambien de nombre; hay políticos que luchan a favor del socialismo, otros a favor del comunismo, otros a favor del fascismo, otros a favor del nazismo, y las religiones organizadas han luchado por Dios, por el amor, por su ideal de la verdad. Millones de personas han muerto en los enfrentamientos entre católicos y musulmanes, católicos y hebreos, musulmanes e hinduistas, hinduistas y budistas. La religión no tiene nada que ver con la guerra; es la búsqueda de la paz. Pero a las religiones organizadas no les interesa la paz, sino tener más poder para dominar.

Estoy en contra de todas las religiones organizadas, del mismo modo que estoy en contra de los políticos; solo hacen política. Cuando te decía que habría que mostrar veneración y honrar a las personas religiosas, y que los políticos deberían pedirles consejo, no me refería a las religiones organizadas; solo me refería a los individuos religiosos. Una persona religiosa no es hinduista, ni católica, ni musulmana. ¿Es eso posible? Dios tampoco era hinduista, musulmán ni católico. Una persona que ha conocido la divinidad está impregnada por ella, tiene el aroma de la divinidad.

Antiguamente, en Oriente, las personas religiosas eran las personas más elevadas, y los mismos reyes y emperadores se postraban a sus pies, y querían recibir sus bendiciones, pidiéndoles consejos acerca de ciertos problemas que no sabían resolver.

Si queremos que el mundo permanezca vivo, deberemos volver a los tiempos de nuestra antigua niñez en el que las personas religiosas no tenían intereses personales. Por eso tenían la mirada limpia, su corazón era puro amor, y su ser era una bendición. Quien iba a verlos quedaba sanado y sus problemas se resolvían; veían sus viejos problemas bajo un nuevo prisma.

Las religiones organizadas deberían desaparecer del mundo, deberían quitarse esa máscara de religiosidad. Solo son políticos, lobos disfrazados de corderos. Deberían mostrar su verdadero rostro; ser políticos; no hay nada de malo en eso. Siempre son políticos, pero lo hacen en nombre de la religión.

Las religiones organizadas no tienen futuro.

Deberían quitarse la máscara y dar un paso al frente como políticos, formar parte del mundo político, para que podamos descubrir al verdadero individuo religioso, que es poco común. Solo unos pocos individuos religiosos verdaderos conducirán al mundo hacia la luz, hacia la vida inmortal, hacia la verdad última.

Osho:

Mientras estabas viajando por todo el mundo, yo vivía en Estados Unidos. Ahora he venido a tu escuela de misterio para estar contigo unas semanas antes de volver a Occidente. Osho, te siento tan dentro de mí que no siento dolor al separarme de ti físicamente. Saboreo cada instante que estoy en tu presencia aquí, pero no siento ningún deseo de quedarme. ¿Es posible que mi escuela de misterio sea ahora mismo la calle? ¿Puedo hacer algo por ti allí fuera? Tú eres el centro del huracán, Osho. Estoy muy agradecido y te quiero.

El amor entre el maestro y el discípulo no es físico; de modo que el espacio no influye. Puedes estar muy lejos, en otra estrella, y tu corazón seguirá latiendo con el mío. Esa es la única cercanía, la verdadera cercanía; porque también podrías estar sentado a mi lado y seguir vagando por alguna estrella lejana.

No me interesa dónde esté tu cuerpo físico; me interesa tu ser, me interesa que estés centrado. Me interesa tu amor, me interesa que alcance a todos los seres posibles.

La calle es un sitio perfecto para madurar espiritualmente. Antiguamente se creía que había que renunciar a la calle y huir a las montañas. Pero si tu mente no cambia, seguirás pensando en tu trabajo, en tu mujer y en tus hijos, incluso en las montañas. Cuando llegue un visitante, estarás deseando tener noticias de lo que ocurre allí. Si tu mente no cambia, no importa que hayas renunciado a tu palacio.

Estaba viajando por el Himalaya y vi un precioso árbol de la iluminación. Estaba cansado y era la hora de... A lo largo de mi vida, nunca he dejado de dormir dos horas por la tarde. Era muy fresco y daba una buena sombra; estaba a punto de tumbarme a sus pies, cuando llegó un hombre y dijo: «No puede tumbarse ahí».

«¿Por qué?», le pregunté.

«Porque es mi árbol», respondió, «y llevo viviendo debajo de él cinco años.»

«Pareces un sannyasin», le dije.

«Lo soy; soy un monje hinduista», afirmó.

«¿Has renunciado al mundo?», pregunté.

«Sí, he renunciado a todo», dijo.

«Bueno», añadí. «En cambio, este árbol sigue siendo tuyo. Da una sombra enorme, podemos tumbarnos los dos a la sombra. No te voy a molestar porque voy a estar durmiendo, y no ronco, a menos que me proponga hacerlo.»

«¿Qué quieres decir?», preguntó.

«Que si roncas tú», dije, «entonces yo roncaré fuerte. Yo no ronco cuando duermo; pero fingiré que estoy dormido, y roncaré muy fuerte hasta que tú dejes de roncar. Si no roncas, no pasará nada; aquí hay mucho sitio, y dentro de dos horas yo seguiré mi camino.

»Pero tengo que decirte que aunque hayas renunciado al mundo, llevas al mundo en tu corazón. La idea en sí de "mi árbol" no difiere en lo más mínimo de mi reino, mi palacio o mi mujer. No es una cuestión de lo que consideras tuyo, es una cuestión de posesión.»

Hay dos problemas del pasado a los que tiene que enfrentarse la humanidad. La gente renuncia al mundo, pero no renuncia a nada. Aunque renuncies a tu casa, a tu mujer, a tus amigos, a tu dinero, pero ¿dónde y cómo vas a renunciar a tu mente? Si puedes dejar tu mente a un lado, no tendrás que irte a ningún sitio; tu propia casa será tu templo, porque la verdadera cuestión es trascender la mente. Estos monjes que renunciaban al mundo vivían con la falsa idea de que el mundo no les importaba. Estaban derrochando la oportunidad de crecer.

En segundo lugar, cuando vives en una cueva de la montaña, es probable que no te enfades porque, para que eso ocurra, alguien tiene que incitarte al enfado; no hay nadie que te incite...

Me contaron que había un hombre que llevaba treinta años viviendo en el Himalaya. Se había marchado porque tenía una fuerte tendencia a enfadarse; cuando se enfadaba parecía que se volvía loco. Un día empujó a su mujer a un pozo, y cuando se dio cuenta de lo que había hecho, decidió que debía renunciar al mundo. Ahora llevaba treinta años sin enfadarse porque no estaban su mujer, ni sus hijos, ni sus clientes, ni sus amigos, ni sus enemigos..., no había nadie. Poco a poco, su fama se fue extendiendo a las llanuras: «Hay un hombre que lleva treinta años viviendo en las cuevas y nunca hemos visto a una persona tan tranquila».

Se iba a celebrar una gran festividad en Prayag, la Kumba Mela, que ocurre cada doce años. Es la confluencia de gente más grande del mundo; acuden millones de personas. Algunas de ellas subieron a ver a este monje silencioso, y dijeron: «Todos los grandes santos y monjes irán a la feria para impartir sus enseñanzas a las personas que participen en ella. Es hora de que vengas; llevas treinta años sin bajar; estás preparado». Esta invitación era muy gratificante para su ego.

Bajó a los llanos. Al inmiscuirse entre los millones de personas —que no lo conocían— alguien le pisó, y los treinta años se esfumaron como si nada. Agarró al hombre por el cuello y le dijo: «Imbécil, ¿no ves que soy un santo?». Les costó mucho trabajo separarlos, porque quería matar a ese hombre. Volvía a ser el mismo que había matado a su mujer treinta años atrás. Y el pecado no era tan grave; entre tanta gente era muy fácil que te pisaran sin querer. Pero eso le hizo darse cuenta de que los treinta años en el Himalaya no le habían cambiado en lo más mínimo.

Este es el segundo problema. La verdadera prueba es el mundo, y no el hecho de estar más o menos callado, de ser más cariñoso o compasivo, o de haber madurado espiritualmente.

Ve a la calle, pero recuerda que no puedes perderte. Sigue siendo el observador. Perderse es muy fácil.

«¿Hay algo que pueda hacer por ti ahí fuera?», preguntas. Lo único que espero de ti y de todos los demás es que seas tú mismo, que descubras tu belleza, la pureza de tu conciencia, tu esplendor oculto, y lo comuniques al mayor número de gente posible. La gente es infeliz. Ayúdales a reírse un poco, a cantar un poco, a bailar un poco.

No quiero misioneros. No tienes que impartir mis enseñanzas —de todas formas no tengo enseñanzas—, sino comunicar la alegría, la dicha y el silencio que has sentido aquí. No permitas que se convierta en un vago recuerdo. Vas a uno de los sitios más terrenales que existen, California. Tendrás que estar muy en guardia. Si consigues que California y todas sus tonterías no te afecten... Se me ha ocurrido llamar «los que han vuelto de California» a los santos.

Ríete de mi chiste; ríete y ayuda a que los demás se rían...

Un americano viajaba en tren por Gran Bretaña, junto a un caballero inglés y a una señora con su perro pequinés. Habían recorrido poca distancia, cuando el perro vomitó encima de los pantalones del americano. En vez de disculparse, la señora acarició a su perro y lo consoló diciendo: «Pobre cachorrito, le duele la tripita».

Al cabo de unos kilómetros el perro levantó la pata y orinó encima del americano. Una vez más, la señora consoló a su mascota diciendo: «Mi pobre cachorrito, se le ha enfriado la vejiga».

Más tarde el perro defecó encima de las pertenencias del yanqui. Exasperado, el americano se levantó, agarró al perro y lo tiró por la ventana.

En ese momento, el caballero inglés comentó: «Los yanquis son gente muy rara. Hablan el idioma equivocado, viven en el lado equivocado del océano y, caballero, acaba de tirar por la ventana a la perra equivocada».

Osho:
A medida que pasan los años, desde que me hice sannyasin, mi amor ha cambiado. Al principio sentía cierta excitación; ahora estoy muy tranquilo internamente y muy relajado conmigo mismo. Cuando me pongo a meditar contigo, esto se acentúa. Mientras escribo esto, hay una vocecita que quiere salir, y decir: «Sí, todo está bien». Osho, ¿esa vocecita pertenece a mi imaginación, es un truco de la mente?

Yoga Videh, te he estado observando. Me he dado cuenta de que cada vez estás más callado y más tranquilo. Veo una gracia que se refleja en tu mirada y en tu rostro. Al principio me daba cuenta de que te costaba trabajo permanecer sentado durante dos horas, siempre estabas moviéndote. Ahora forma parte del pasado; estás sentado como si fueses una estatua de mármol. Y eso demuestra que estás centrado.

Todo eso que has oído no es producto de tu imaginación. Yo también te digo: sí, todo está bien. Pero no te conformes con esto. Hay mucho más..., infinitamente más. A medida que vayas profundizando, encontrarás más tesoros; y hasta que no sientas la inmortalidad, la eternidad, tu viaje no habrá terminado.

Encontrarás espacios maravillosos, tan cautivadores y mágicos que pensarás: ¿puede haber algo más en la vida? Habrá mucha dicha y bendiciones, pero no te detengas. Todo el mundo tiene que descubrir su eternidad, descubrir que «formo parte de una vida en la que nada muere». Y no está lejos, pero tienes que seguir.

Ocurra lo que ocurra, muestra tu agradecimiento a la existencia y sigue avanzando.

Uno de los mensajes que Buda repetía constantemente a sus discípulos era «*charaiveti, charaiveti*». Cada vez que los sannyasins le contaban su estado, su grado de conciencia, él les respondía: «Sí, todo está muy bien, pero sigue. Sigue avanzando cada vez más, porque sé que hay mucho más por descubrir».

Recuerda el aroma de las bellas palabras de un gran maestro zen, Ryokan:

> *Sin pensar, los capullos invitan a la mariposa.*
> *Sin pensar, la mariposa visita los capullos.*

No hay ninguna actividad mental. Las flores no piensan ni planean invitar a la mariposa. Sin pensar, invitan a través de su silencio.

> *Sin pensar, los capullos invitan a la mariposa.*
> *Sin pensar, la mariposa visita los capullos.*
> *Cuando florece el capullo, llega la mariposa.*
> *Cuando llega la mariposa, florece el capullo.*

La existencia está llena de sincronicidades. Cuando rebosas gracia, la existencia rebosa gracia; cuando estás en silencio, todo lo demás está en silencio. Surge una canción en tu interior, y todos los pájaros empiezan a cantar, ves que toda la existencia te toma de la mano y baila contigo.

Ryokan dice:

No conozco a los demás, y los demás no me conocen.
Sin conocernos, seguimos el camino espontáneamente.

El conocimiento no es necesario, porque la naturaleza tiene su propia sabiduría. Si no interfieres con la naturaleza y su sabiduría, todo irá como es debido.

No conozco a los demás, y los demás no me conocen.
Sin conocernos, seguimos el camino espontáneamente.

Adáptate naturalmente a todo lo que te suceda. No tengas prisa, no intentes mejorarlo con tus conocimientos. Nadie puede mejorar la naturaleza; cuando llega la primavera también llegan las flores; es imposible hacer que sea primavera, y si no hay primavera no habrá flores. Sigue caminando. Vas por buen camino, es el camino más fácil, natural y espontáneo; no te perderás. Llegarás al océano final donde te fundirás con la vida eterna.

El conocimiento es un fenómeno complicado; tienes que ser como un niño pequeño.

Jaimito le dijo a su padre: «Papá, ¿yo de dónde vengo?». El padre empezó a balbucear, pero se dio cuenta de que tenía que contarle a su hijo una cuestión importante.

«Jaimito, ven, siéntate», le dijo. Y le explicó extensivamente todo el asunto de la creación, empezando por las aves y las abejas. Luego pasó a describir más gráficamente la relación sexual de los humanos. Por fin, cuando acabó de hablar, estaba exhausto y agotado. Sacó un pañuelo para secarse el sudor de la frente, y dijo: «Bueno, Jaimito, ¿lo entiendes ahora?».

Jaimito se rascó la cabeza y dijo: «En realidad no lo entiendo, papá. Jorge dice que viene de Nueva Jersey, pero no me has dicho de dónde vengo yo».

Era una pregunta muy inocente, pero su padre era una persona con conocimientos. Y le dio un discurso sobre la reproducción de los seres humanos, sudando y balbuceando. El niño debía de estar sorprendido, pensando ¿qué le pasa? Solo había hecho una simple pregunta: ¿de donde vengo? Tanta historia... y su amigo solo viene de Nueva Jersey.

Sé natural, sencillo, inocente, y permite que tu naturaleza te guíe; nunca ha desencaminado a nadie. El conocimiento, por el contrario, jamás ha conducido a nadie a la meta final, a la cumbre más alta de nuestra experiencia, de nuestra conciencia, de nuestro éxtasis, de nuestra iluminación.

4

La codicia es posponer la vida

Osho:

Siempre que hablas de operarnos o de golpearnos con dureza, me imagino a lo que te refieres con eso. Pero, en todos estos años, no lo he experimentado personalmente. Para mí, tú eres como un alfarero: siento que tus manos me moldean, me guían, con fuerza y con firmeza, pero también con una ternura y un amor que nunca había sentido. Me siento feliz de que tus maravillosas manos me estén dando forma. Osho, en mi mente dubitativa surge una pregunta: ¿realmente es verdad que me estás guiando de esa forma tan delicada?

Prem Nandano, cada persona necesita un tratamiento distinto, porque cada persona es única. En el camino no puede haber una cirugía de masas. Tienes razón cuando dices que no te ha llegado; no lo necesitas.

«Siempre que hablas de operarnos o de golpearnos con dureza, me imagino a lo que te refieres con eso», dices. Hay gente tan inconsciente que no despiertan a menos que les golpees..., pero no todo el mundo está tan dormido, no todo el mundo es tan inconsciente. Hay muchas categorías. Hay gente que está justo en el límite, un ligero empujón de una mano amorosa hará la cirugía; un empujón, y el pájaro echará a volar. Solo tienen algunas dudas que hay que eliminar. Son personas que tienen cierto miedo a lo desconocido..., y la única forma de perder el miedo a lo desconocido es adentrarte él. Lo que es desconocido para ti, para mí es conocido; por mi parte no hay ninguna duda.

Dices: «Pero en todos estos años no lo he experimentado personalmente». Ni lo experimentarás. Eres una de esas personas afortunadas que necesitan un trato suave y cariñoso, un golpe te destrozaría, te haría más temerosa del futuro y de lo desconocido.

El maestro trabaja de acuerdo a la necesidad de su discípulo; de acuerdo a la necesidad de cada uno.

Tú dices: «Eres como un alfarero. Siento que tus manos me moldean, me guían, con fuerza y con firmeza, pero también con una ternura y un amor que nunca había sentido. Me siento feliz de que tus maravillosas manos me estén dando forma». Para ti soy un alfarero, ¡porque para mí tú eres una vasija! Si golpeas la vasija, la rompes —es una vasija inmadura; aún no has pasado la prueba de fuego—; por eso no lo has experimentado.

Pero si quieres experimentarlo, está en tus manos, ¡simplemente espera un poco! Cuando hayas pasado por el fuego y estés endurecida podrás recibir un golpe..., el golpe también tiene su belleza, y es tan amoroso que olvidarás toda la ternura y el amor con el que te trato..., solo lo hago por compasión. Cuando golpeo con fuerza a alguien, también lo hago por amor; mi golpe te hace más digno. Es un reconocimiento de tu fuerza, de tu integridad, de tu centramiento.

«Osho, en mi mente dubitativa surge una pregunta: ¿realmente es verdad que me estás guiando de esa forma tan delicada?», preguntas. Lo hago así porque eres muy frágil. Pero no seguirás siendo frágil para siempre. Y estoy hablando de una cirugía espiritual, no es una carnicería.

Alégrate de lo que estés recibiendo. A su debido tiempo también llegarán los golpes. Finalmente, es probable que también sean una necesidad básica, como un niño recién nacido al que hay que cortarle el cordón umbilical que le une con la madre, a pesar de que le haya permitido vivir durante nueve meses. La experiencia más traumática será cortar la fuente de su vida..., a menos que encuentre un maestro. Cortar el cordón físico que une dos cuerpos no es tan grave, lo más traumático es cortar el cordón que une tu conciencia a tu cuerpo. Finalmente llega un momento —en la estación precisa— en el que hay que sacarte de tu cuerpo, de tu cárcel, para que te quedes completamente solo con tu inmensa libertad. En el lenguaje místico esto tiene un nombre: el segundo nacimiento.

En el primer nacimiento naces del cuerpo de tu madre. En el segundo nacimiento naces de tu propio cuerpo. En el primer nacimiento te conviertes en una persona. En el segundo nacimiento te conviertes en un individuo. El primer nacimiento te conducirá, en algún momento, a la muerte. El segundo nacimiento empieza, pero no termina. Te conduce a la inmortalidad.

En todo momento recibirás todo lo que necesites. Por eso no te doy ninguna regla. Todas las religiones lo hacen, te dan reglas y mandamientos sin preguntarse siquiera a quién se están dirigiendo. Porque lo que para algunos es una medicina, para otros puede ser un veneno.

Si tienes la suerte de estar con un maestro vivo con el que estás conectado —no de la forma en que la gente se conecta con una organización, sino conectado personalmente con él como se relacionan los amantes, de forma íntima y personal— podrá cuidarte, y paulatinamente te ayudará a dar el salto cuántico.

En tu pregunta también leo entre líneas que crees que te estás perdiendo los golpes. Ahora mismo sería peligroso golpearte. Espera un poco y recibirás un gran golpe..., no tiene sentido dar golpecitos. Estoy reuniendo todos los golpes para darte solo uno grande: ¡un golpe para que desaparezca tu cabeza! Sé inteligente y ten paciencia.

Una mujer estaba delante de la jaula de los chimpancés, y observó horrorizada cómo uno de ellos cogió un cacahuete y se lo introdujo en el recto, y luego lo sacó y se lo comió. La mujer se acercó a guarda del zoo, y le dijo preocupada: «Creía que, después del hombre, los chimpancés eran los animales más inteligentes».

«Efectivamente, así es», dijo el guarda.

«Entonces ¿por qué se comporta de esa forma?», preguntó la mujer.

«Bueno, es que ayer vinieron unos boy scouts y le dieron melocotones, y le costó tanto esfuerzo expulsar las semillas que ahora, antes de comer cualquier cosa, comprueba el tamaño.»

Osho:

La otra noche, cuando hablaste de lo falso y lo verdadero, encontré un espacio dentro de mí en el que, por primera vez, pude entenderte. Es como si me viera desde fuera, es como si tuviese un cuerpo pero realmente no fuera «yo»; y después una capa de mi personalidad que también era una capa de falsedad y no era realmente «yo». Y más profundo aún, había un espacio muy silencioso y bello que tampoco podía ser yo, porque no era ni masculino ni femenino, y no entendía el lenguaje de las palabras; era como la nada. Osho, si yo no soy ninguna de estas tres cosas, entonces ¿dónde estoy?

Una de las cosas más importantes que hay que tener en cuenta —no solo tú, sino todo el mundo— es que todo lo que te encuentres en el viaje interior no eres tú.

Tú eres el testigo de todo ello. Puede ser la nada, la dicha, el silencio, pero siempre ten en cuenta que, por muy maravillosa y fascinante que sea la experiencia, tú no eres eso. Tú eres quien lo experimenta. Si sigues avanzando, llegará un punto del viaje en el que ya no quede ninguna experiencia, ni silencio, ni dicha, ni nada. Para ti ya no hay ningún objeto, solo queda la subjetividad.

El espejo está vacío, no refleja nada.

Eso eres tú.

Incluso los grandes viajeros del mundo interior se han quedado atrapados en las maravillosas experiencias, se han identificado con ellas, pensando: «Me he encontrado a mí mismo». Se han quedado ahí sin alcanzar la etapa final donde desaparecen todas las experiencias.

La iluminación no es una experiencia.

Es un estado en el que te quedas absolutamente solo, sin tener que saber nada. No hay ningún objeto presente, por muy bello que sea. Solo en ese momento, cuando no hay ninguna obstrucción por parte de los objetos, tu conciencia da la vuelta y regresa a su origen. Se convierte en autorealización, se convierte en iluminación.

Tengo que recordarte la palabra «objeto». Un objeto es un impedimento..., la palabra en sí significa impedimento, objeción.

Los objetos pueden ser externos, del mundo material; pueden ser internos, del mundo psicológico; y pueden estar en tu corazón: los sentimientos, las emociones, las sensaciones, los estados de ánimo. Los objetos pueden estar incluso en tu mundo espiritual. Y son tan extáticos que no te imaginas que pueda haber algo más. Muchos místicos se han quedado atrapados en el éxtasis. Es un sitio precioso, tiene vistas panorámicas, pero todavía no has llegado a casa.

Cuando llegas a un punto en el que no hay ninguna experiencia, en el que no hay ningún objeto, la conciencia se mueve en círculos al no encontrar impedimentos —si no hay obstrucciones, todo en la existencia se mueve en círculos—, y vuelve a la fuente de tu ser, da la vuelta. Al no encontrar obstáculos —ni experiencias, ni objetos— vuelve hacia atrás y el sujeto se convierte en el objeto.

Esto es lo que repitió continuamente J. Krishnamurti a lo largo de su vida: cuando el observador se convierte en lo observado, te darás cuenta de que has llegado.

Pero antes encontrarás miles de obstáculos. El cuerpo ofrece sus propias experiencias, que se conocen como las experiencias de los centros de la kundalini; los siete centros se convierten en siete flores de loto. Cada uno de ellos es mayor que el anterior, y más elevado, y su perfume es embriagador. La mente te ofrece grandes espacios, espacios ilimitados, infinitos. Pero la máxima que no debes olvidar es que todavía no has llegado a casa.

Disfruta de tu viaje y de todos los paisajes que encuentres en el camino —los árboles, las montañas, las flores, los ríos, el sol, la luna y las estrellas— pero no te detengas en ningún sitio hasta que tu propia subjetividad se convierta en el objeto. Cuando el observador sea lo observado, cuando el conocedor sea lo conocido, cuando el que ve sea lo visto, habrás llegado a casa.

Esta casa es el verdadero templo que hemos estado buscando durante muchas vidas, pero siempre nos perdemos. Nos conformamos con experiencias maravillosas. Un buscador valiente tiene que dejar a un lado todas esas experiencias y seguir avanzando. Cuando todas las experiencias se hayan agotado y solo quede él con su soledad..., no habrá un éxtasis mayor, no habrá una dicha más dichosa, ni una verdad más verdadera. Habrás descubierto la divinidad; te habrás convertido en dios.

Tu pregunta es: «Si yo no soy ninguna de esas cosas, ¿dónde estoy?».

> Un anciano fue a ver a su médico: «Doctor, tengo problemas para ir al baño», dijo lamentándose.
> «Veamos. ¿Orina bien?»
> «Todas las mañanas a las siete, como un bebé»
> «Perfecto. ¿Y sus deposiciones?»
> «Cada mañana a las ocho, como un reloj»
> «Entonces ¿cuál es el problema?», preguntó el doctor.
> «Que no me despierto hasta las nueve.»

Estás dormido y es hora de despertar. Todas estas experiencias son las experiencias de una mente dormida.

Una mente despierta no tiene ninguna experiencia.

Osho:
Hace un año estaba visitando a unos amigos en Santa Fe. Una mañana, mi novia y yo estábamos tumbados en la furgoneta, cuando recibimos un golpe por detrás. Después del golpe no podía respirar. Me dolía muchísimo el cuello y la espalda, y entré en pánico. Después, con el profundo recuerdo del *sannyas*, dejé de luchar y me relajé para estar

presente en mi muerte. Paradójicamente, me empezó a entrar un poco de aire, solo un poco, y le dije a mi novia que no se asustara si dejaba el cuerpo, porque aún estaba intacto. Luego, para sorpresa de todos los médicos y enfermeras, en la sala de urgencias del hospital, los dos sentimos tu presencia simultáneamente y empezamos a reírnos extáticamente. Estuve siete semanas postrado en la cama, y mi corazón ha florecido más que nunca. Me había fracturado la columna vertebral por dos sitios, y he pasado todo este año haciendo el vago, pintando y dibujando retratos tuyos, y he escrito una novela relatando mi experiencia contigo. Osho, estoy muy agradecido de saber que puedo relajarme cuando la muerte llama a la puerta, y me siento muy afortunado de volver a mirarte a los ojos. Gracias. ¿Quieres comentar mi experiencia? ¿Fuiste realmente tú quien se nos apareció en la sala de urgencias, o ha sido porque hemos renunciado a la existencia y a la vida?

Atmo Shahid, mi trabajo —un día tras otro— consiste en ir de una sala de urgencias a otra. Es mi único trabajo. Tengo muchos seguidores en el mundo, y todos son expertos en provocar emergencias, de modo que no tengo descanso. ¡Empieza a ser demasiado! Voy corriendo sin parar.

Pero lo que te ha ocurrido tiene mucho valor; es la preparación que todo sannyasin debe atravesar.

La vida tiene que ser una alegría, un baile, una fiesta. Cuando llegue la muerte, le daremos la bienvenida en silencio y serenamente, de todo corazón, sin guardarnos nada. Es la forma de matar a la muerte misma.

Si has vivido con alegría, también estarás preparado para darle al bienvenida a la muerte ¡e invitarla a bailar! La muerte solo tiene poder sobre el que no ha vivido, sobre el que no ha tenido el valor de relajarse profundamente en el momento de la muerte, sin miedo, porque ni un accidente, ni una enfermedad, pueden hacer mella en tu conciencia; tú siempre estás intacto.

El problema es que la gente vive la vida inconscientemente, sufriendo, con mucha angustia y ansiedad, y esto les impide permanecer conscientes. Encuentran otras formas de estar inconscientes: las drogas... y todo lo que provoque inconsciencia. Pero cuando llega la muerte, entran en un coma profundo. El miedo a la muerte, la presencia de la muerte, les hace estar inconscientes sin que haya que anestesiar.

La muerte solo le ocurre a este tipo de personas. De lo contrario, la muerte es una falacia. Solo te cambias de casa, tu antigua casa se ha quedado obsoleta y es más cómodo mudarte a otra casa, antes que hacer una renovación. Llega un momento en el que, orgánicamente, el cuerpo deja de funcionar, porque se fractura la estructura o porque no funciona como debería, el mecanismo deja de funcionar óptimamente...

Cuando nace, cada niño trae consigo los genes que llevan escrita su historia. Pronto se podrá hacer —actualmente casi se puede—: los estudios científicos dicen que pueden interpretar el programa de las células que dan origen a tu vida. Podrán tener conocimiento de los grandes hechos de tu vida: a qué edad alcanzarás la madurez sexual, cuándo serás viejo, cuándo llegará la muerte para que tu cuerpo se libere.

La muerte está al servicio de la vida. La vida nunca muere.

Sin embargo, sigues actuando inconscientemente sin saber por qué lo haces. Te mueves porque los demás lo hacen, pero no sabes dónde vas ni para qué. Sigues viviendo porque los demás lo hacen, pero sin conciencia.

¿Por qué? ¿Por qué deberías despertarte mañana y seguir respirando? Tu pasado demuestra que toda tu vida ha sido un ejercicio inútil, y sabes perfectamente que mientras sigas vivo seguirás repitiendo lo mismo, a no ser que te encuentres casualmente con un hombre despierto. Y a medida que han pasado los siglos, el número de personas despiertas ha disminuido tanto que es muy poco probable que llegues a encontrar a alguien.

Solo una persona despierta puede despertarte, sacudirte para que tomes conciencia de que lo que estás haciendo no es vivir. Es solo una muerte lenta que terminará cuando cumplas setenta o setenta y cinco años. Vas muriendo cada día, en cada momento.

Las grandes masas del mundo solo conocen la muerte lenta. Solo han conocido la inmensa ola de la vida las contadas personas que han despertado.

Del mismo modo que lo inconsciente va muriendo, lo consciente está cada vez más vivo. La inconsciencia solo envejece; lo consciente va creciendo, madurando, y alcanza cotas de conciencia. Todo el mundo tiene la semilla; el problema es cómo despertarla y decirle: «¡No sigas durmiendo!». Solo una persona despierta puede crear una presencia en la que tu semilla empiece a despertar.

Es una buena experiencia, Shahid. Has permanecido consciente en el momento de tu muerte. No lo desaproveches. Tienes que estar presente en cada momento de tu vida.

En ciertas ocasiones, especialmente cuando hay un accidente, la gente se da cuenta, porque la conmoción que causa un accidente hace que desaparezca la inconsciencia. Si sobreviven, la inconsciencia vuelve a acumularse como una nube negra, y empiezan a vivir una vida que no tiene sentido, una vida de imitación, sin saber por qué lo hacen.

Un hombre consigue un trabajo en la sección de deportes de unos grandes almacenes. El primer día, el gerente de la tienda le oye decirle a un cliente: «Mire, estos anzuelos cuestan cincuenta céntimos cada uno, pero yo le vendo tres por un dólar».

«¡Los compro!», exclamó el cliente.

«Ahora que tiene anzuelos, necesitará hilo de pescar. Este hilo de nailon normalmente cuesta dos dólares cada cien metros, pero yo le vendo doscientos metros por tres dólares», dijo el empleado.

«¡Lo compro!», exclamó el cliente.

«Ahora que tiene anzuelos e hilo, necesitará una caña de pescar. Esta caña, que normalmente cuesta cien dólares, se la puedo vender por setenta y cinco», dijo el empleado.

«¡La compro!», exclamó el cliente.

«Ahora tiene anzuelos, hilo y caña de pescar, pero necesitará un barco. Este barco normalmente cuesta ochocientos dólares, pero yo se lo vendo por quinientos.»

«¡Lo compro!», exclamó el cliente.

«Ahora tiene anzuelos, hilo, caña de pescar y un barco, pero necesitará un remolque para transportar el barco. Este, que normalmente cuesta dos mil dólares, yo se lo dejo por mil ochocientos dólares.»

«¡Lo compro!», exclamó el cliente.

«Muy bien», dijo el vendedor. «Ahora tiene anzuelos, hilo, caña de pescar, un barco y un remolque. Lo único que necesita ahora es un coche para tirar del remolque y del barco. Este coche está especialmente diseñado para pescadores, para tirar del barco y del remolque; normalmente cuesta diez mil dólares, pero yo se lo vendo por ocho mil dólares.»

«¡Lo compro!», exclamó el cliente.

Cuando el cliente se había ido con su compra, el gerente se acercó al vendedor y le dijo: «Llevo treinta años en esta tienda y nunca he visto a nadie hacer una venta semejante. Has empezado por unos anzuelos y ¡has terminado vendiéndole un coche de diez mil dólares!».

«¿Cómo que he empezado por unos anzuelos?», exclamó el vendedor. «El hombre ha venido buscando unas pastillas para el período de su mujer, ¡y yo le he dicho que lo que necesitaba era tomarse unas vacaciones y salir a pescar una semana!»

Así es tu vida... ¿Por qué haces las cosas? ¿Por qué compras algo? ¿Cómo usas tu vida? No eres consciente de nada. Pareces un sonámbulo que camina dormido. Todo el mundo puede engañarte —lo hacen los políticos y lo hacen los sacerdotes—, pero en tu inconsciente todo esto es natural. No pueden aprovecharse de un hombre despierto.

Realmente, solo un hombre despierto está vivo. Las personas que están realmente vivas mueren en paz, en silencio, con una sonrisa en la cara. Para alguien que muere con una sonrisa en la cara, la muerte no existe porque, en el fondo, es claramente consciente de que solo abandona su cuerpo. La vida siempre ha seguido y siempre seguirá.

Osho:

En este momento, mi vida parece un viaje por los oscuros y profundos valles de la codicia, la envidia y el autoreproche; sufro mucho y estoy muy perdido. Cuando salgo de esos valles, me siento renovado y tengo más claridad, como después de una tormenta de verano. Pero enseguida entro en otro valle. ¿Son estos valles un tipo de purificación que hay que repetir una y otra vez?

La pregunta es: «En este momento, mi vida parece un viaje por los oscuros y profundos valles de la codicia, la envidia y el autoreproche; sufro mucho y estoy muy perdido. Cuando salgo de esos valles, me siento renovado y tengo más claridad, como después de una tormenta de verano. Pero enseguida entro en otro valle. ¿Son estos valles un tipo de purificación que hay que repetir una y otra vez?».

El tiempo que tú quieras.

Porque estos valles han sido creados por ti. Son tu propia invención; no provienen del exterior. Has organizado tu vida de tal forma que los has convertido en compañeros constantes: la codicia, el autoreproche, el sufrimiento. No puedes vivir sin ellos porque te sentirías muy solo. Aunque sean tristes, son tu familia. Un hijo no dice que su madre es fea, aunque lo sea.

Los intervalos entre los valles no son una invención tuya. Los valles que has inventado te causan tanto dolor que no puedes soportarlo todo el tiempo. De vez en cuando, tienes que estar solo, y cuando lo haces, te sientes nuevo.

Pero fíjate en tu forma de pensar: te consuelas pensando que esos profundos valles oscuros son una purificación. Por culpa de los valles, crees que los momentos que hay entre dos valles te limpian y te renuevan. Estás en deuda con todo ese sinsentido que tú mismo estás creando.

¿Para qué necesitas la codicia? La codicia solo surge del vacío del momento presente, porque es muy duro vivir en un momento vacío. Para olvidarlo, proyectas la codicia hacia el futuro pensando que mañana irá todo mejor, que vas a ganar la lotería. Pero, evidentemente, tienes que esperar a mañana, no puede ser ahora..., y mañana nunca llega. Todo lo que llega, llega en el momento presente, que está vacío.

La codicia se debe a que no sabemos vivir el momento presente con toda su riqueza.

Justamente el otro día encontré una pequeña anécdota acerca de un gran maestro zen, Ryokan. Él vivía en una pequeña cabaña en las montañas. Había otro maestro zen hospedándose en su casa. Pasaron todo el día hablando de poesía, pintura, escultura y música, y se olvidaron de la comida.

Él tenía que mendigar su comida en el pueblo. Cuando se dio cuenta, por la tarde, dijo: «Lo siento mucho, para mí no tiene mucha importancia, estoy acostumbrado. A veces me olvido. Pero no quiero que pases hambre, iré inmediatamente a buscar algo antes de que se ponga el sol». Bajó corriendo por la montaña, y su amigo estuvo esperándolo tres horas sin que apareciera. Tenía tanta hambre que salió de la casa pensando que quizá había tenido un accidente.

Al salir, se encontró a Ryokan sentado debajo de un árbol con los ojos cerrados, una sonrisa en el rostro, y murmurando —en un susurro— nuevos haikus y poesías. Su huésped se acercó a él y le dijo mientras lo sacudía: «¿Qué ha pasado con la comida?».

Ryokan respondió: «¡Dios mío! Al salir vi la puesta del sol, y era tan bella que no pude apartarme de este árbol. Desde aquí, la puesta de sol es maravillosa. Había pensado quedarme un instante pero el anochecer me ha impresionado tanto ¡que me he olvidado completamente de ti y de la comida! Pero mira qué haikus tan maravillosos...».

Su huésped le dijo: «No me sirven para nada tus haikus, porque si tengo hambre no puedo dormir».

«Espera», dijo Ryokan. «Iré aunque sea tarde, quizá encuentre algo.» Y bajó corriendo por la montaña hacia el pueblo.

El invitado pasó toda la noche dando vueltas y saliendo al exterior para ver qué le había ocurrido a Ryokan.

Por la mañana temprano, al despuntar el sol, volvió a salir al exterior; no había pegado ojo. Ryokan seguía sentado debajo del árbol, sonriendo, balanceándose y murmurando.

«Ryokan», dijo el huésped, «¿qué ha ocurrido con la comida?»

«¡Ay, Dios mío!», respondió Ryokan. «Al llegar a los pies de la montaña, la gente estaba durmiendo y había luna llena. No te puedes imaginar qué bonita estaba. He visto otras lunas llenas, pero ninguna se puede comparar a esta. Me senté debajo de un árbol para disfrutar un poco viéndola; no sé cuándo ha amanecido, pero he compuesto unos haikus...

»Sentado bajo el esplendor de la luna llena..., seguro que me entiendes, te pido perdón. Me he olvidado completamente de la comida. De hecho, cuando salió el sol, me pregunté qué estaba haciendo allí. De modo que volví a mi árbol, desde el que puedo disfrutar de la belleza del atardecer y del amanecer.»

El huésped exclamó: «¡Me vas a matar! Me voy».

Ryokan dijo: «Escucha al menos mis haikus. No son míos, en realidad. Unos me los ha dado la luna, otros el sol, y otros los pájaros que cantan en los árboles. La vida es tan rica y me estaba nutriendo tanto que no se me ha pasado por la cabeza pensar en la comida».

El huésped dijo: «¡Pareces un loco!», y se fue. Pero una persona como Ryokan no tiene codicia.

Cada momento está tan rico de bendiciones, cada momento es una eternidad de Joya, cada momento es una danza de belleza. La codicia nace solo porque no sabes vivir aquí y ahora.

La codicia es posponer la vida.

Es una de las tonterías más grandes que se pueden hacer, porque solo te conducirán a la muerte.

Cuando alguien vive totalmente en el momento, su corazón rebosa canciones y su presencia irradia felicidad: ¿cómo puede tener envidia? El resto del mundo le envidiará, pero él no envidia a nadie. Pensar que la codicia y la envidia surgen en tu interior y crean profundos valles es tener un enfoque erróneo de la vida. Luego te haces reproches porque, en el fondo, sabes que quien ha creado la codicia y la envidia eres tú. Pero reprochártelo no sirve para nada, solo sirve para empeorar las cosas, y entonces te deprimes y sientes que no eres digno de estar vivo. Sientes que no mereces respirar, y eso te causa un profundo dolor.

No has vivido la vida en absoluto. Todos los momentos se han quedado vacíos. Esto te provoca angustia y pesar, pero no olvides que tú lo has creado.

Cuando te cansas y sientes cierto alivio por este mismo cansancio, te sientes limpio. No hay reproche, ni dolor, ni envidia, ni codicia, pero tampoco tendrás energía. Has empleado toda tu energía en esas estúpidas fantasías. Por la falta de energía, te quedas solo unos momentos o unas horas. Te sientes en paz. Pero no es una paz verdadera. Es la paz del cementerio y no la paz de un jardín lleno de canciones y flores.

Cuando recuperes las fuerzas, volverán tus antiguos compañeros.

La rueda seguirá dando vueltas hasta que lo entiendas y te salgas dando un salto. La única forma de salirse de la rueda, es vivir cada momento con tanta totalidad que te produzca una gran satisfacción, y no te permita tener codicia. Y no sentirás envidia, ni autorreproche, ni dolor.

La vida llega momento a momento.

Si sabes vivir cada momento con totalidad, habrás conocido el secreto de la vida.

Había un irlandés que todos los días llevaba un bocadillo de atún al trabajo, y su compañero se percató de que siempre le daba un mordisco y tiraba el resto con repugnancia.

«Si no te gusta el atún, ¿por qué no le dices a tu mujer que te prepare otra cosa?», preguntó el amigo.

«Uy, eso es muy difícil», respondió el irlandés, «porque no estoy casado, y me los preparo yo mismo.»

5

Un arca de Noé de la conciencia

Osho:

Dices que estemos atentos a todo, esto significa que seamos testigos de todo, de todas nuestras acciones. Cuando decido estar presente en mi trabajo, me olvido de hacerlo, y cuando me doy cuenta de que no lo he hecho, me siento culpable, como si hubiese cometido un error. ¿Podrías explicármelo?

Uno de los problemas principales de cualquier persona es intentar estar atento mientras trabaja, porque el trabajo te exige olvidarte completamente de ti. Deberías estar tan absorto en el trabajo..., que estés ausente. Pero mientras no te absorba, el trabajo seguirá siendo superficial.

Cualquier cosa importante que el hombre crea —ya sea pintura, poesía, arquitectura, escultura, o cualquier dimensión de la vida— implica estar inmerso en ello. Si al mismo tiempo intentas estar atento, tu trabajo no estará a la altura porque no estás inmerso en él.

Para estar atento mientras trabajas, hay que estar muy entrenado y tener mucha disciplina, y empezar por las acciones más básicas. Por ejemplo, caminar; puedes caminar y darte cuenta de que lo estás haciendo, y llenar cada paso de conciencia. Comer... y hacerlo como se bebe el té en los monasterios zen; lo llaman «ceremonia del té», porque hay que permanecer atento y consciente cuando lo tomas.

Son pequeñas acciones pero, para empezar, están bien. No deberías comenzar por la pintura o el baile, porque son fenómenos profundos y complejos. Empieza por las pequeñas acciones de la vida cotidiana. A medida que te vayas acostumbrando a estar atento y que sea como respirar —sin hacer esfuerzos; tiene que ser espontáneo—, podrás estar atento a cualquier acción o en cualquier trabajo.

Pero ten en cuenta una condición: tienes que hacerlo sin esfuerzo; tiene que ser espontáneo. Entonces podrás pintar, componer música, bailar o incluso luchar contra tu enemigo con la espada, estando totalmente atento. Pero este estar atento no es lo que tú estás buscando. No es el principio, sino la culminación de una larga disciplina. A veces también puede ocurrir sin disciplina. Recuerdo una historia...

Había un gran espadachín, un gran guerrero, que volvió a casa y descubrió a su sirviente haciendo el amor con su mujer. Según la costumbre, retó al sirviente dándole una espada, y le dijo que saliera de la casa para pelear, y el que sobreviviese se quedaría con la mujer.

El sirviente ni siquiera sabía agarrar la espada; era muy humilde y nunca le habían enseñado. «Maestro», dijo, «aunque esta sea la costumbre y respetes la vida de tu sirviente dándole una oportunidad, para ti solo es un juego. Yo no sé nada de esto. Concédeme al menos unos minutos para que pueda ver a un gran maestro que vive en un monasterio cercano, un monje zen, y pueda darme alguna pista.»

El hombre accedió, y dijo: «Puedes irte. Si lo necesitas, tómate unas horas, unos días o incluso unos meses para aprender. Te esperaré».

Fue a ver al gran guerrero, al maestro zen. El maestro dijo: «Ni con muchos años de entrenamiento puedo ayudarte. Tu jefe es el segundo mejor guerrero del país, después de mí; no esperes competir con él. Mi consejo es que este es el momento adecuado para pelear».

El sirviente no lo entendió, y dijo: «¿Qué acertijo es este cuando me dices: este es el momento adecuado?».

Y él respondió: «Sí, porque hay algo que está garantizado, y es la muerte. No puedes perder nada más. Tu maestro puede perder muchas cosas: su mujer, su prestigio, ser un guerrero respetado; es un gran terrateniente..., tiene mucho dinero, y su mente no estará absorta en la lucha. Pero tú puedes ser total. Tienes que serlo, porque al menor descuido estarás muerto; tienes que estar completamente atento. Este es el momento adecuado; no te preocupes de la técnica, simplemente agarra la espada y vete».

El sirviente volvió al cabo de pocos minutos. El jefe le preguntó: «¿Has aprendido algo?».

Él respondió: «No hay nada que aprender. ¡Sal de la casa!».

Cuando le oyó decir «sal de la casa», el jefe no podía creer la mágica transformación que había sufrido su sirviente. Al salir, según la costumbre, el sirviente le hizo una reverencia a su jefe, y el jefe al sirviente. Esto forma parte de la cultura japonesa; respetar la dignidad, la humanidad y la divinidad, incluso de tu enemigo.

El sirviente comenzó a golpear al guerrero con la espada, aunque no supiera nada de esgrima. El guerrero estaba desconcertado, ya que no le golpeaba donde normalmente lo haría un experto, porque no tenía ni idea; golpeaba en sitios donde nadie lo haría. Y luchó con tanta totalidad que el guerrero empezó a tomar distancia, y a medida que lo hacía, el sirviente se iba sintiendo más lanzado. Movía su espada sin saber cómo lo hacía, ni para qué, ni dónde golpeaba. Sabía que tenía garantizada la muerte, así que no estaba preocupado, porque las preocupaciones forman parte de la vida.

Arrinconó rápidamente al maestro. A sus espaldas estaba el muro que rodeaba el jardín de su maestro. No podía retroceder más. Tenía tanto miedo a morir que, por primera vez en su vida, dijo: «¡Espera! Quédate con mi mujer y con mis propiedades; renunciaré al mundo y me haré monje».

Estaba tiritando de miedo. Ni siquiera él era capaz de entender lo que había ocurrido. ¿De dónde había salido todo ese atrevimiento? ¿De dónde había surgido tanta totalidad? ¿Cómo había conseguido estar tan atento? Pero, en ocasiones excepcionales, puede ocurrir que una situación provoque un gran despertar sin la necesidad de una disciplina.

Siempre que leo esta historia me recuerda a Adolf Hitler. Ganó la guerra durante cinco años consecutivos en todos los frentes, enfrentándose él solo a todo el mundo. Y el motivo de su triunfo era que no escuchaba a sus generales.

La guerra es un arte; los militares se someten a un largo entrenamiento. Los asesores de Hitler no eran generales ni expertos en la táctica castrense, sino astrólogos. Le decían dónde debía atacar y dónde no, y por eso triunfó durante cinco años consecutivos, porque los del bando contrario se basaban en las tácticas castrenses. Si hubiese escuchado a sus generales, no habría salido victorioso esos cinco años.

Aunque te cueste creerlo, finalmente Churchill tuvo que llamar a unos astrólogos de la India para saber dónde podía atacar; porque lo lógico y natural es atacar en el punto flaco del enemigo, y no atacar donde tiene fuerza, evitando ese lugar hasta el final. Pero los astrólogos no tienen nada que ver con el ejército ni con la guerra; consultan las estrellas.

El enemigo adoptaba la estrategia militar y se preparaba en su punto más débil, porque sabía que allí era donde los generales de Adolf Hitler decidirían atacar. En cambio, Adolf Hitler atacaba el punto más fuerte del enemigo cuando estaban profundamente dormidos..., sin importarle, porque ningún estratega militar iba a sugerirle atacar el punto más fuerte. No estaban preparados porque estaban defendiendo el punto más débil.

De forma inesperada... sorprendía al enemigo. ¿Qué podían esperar? Él no sabía nada sobre el ejército y la estrategia miliar. Pero este hecho le ayudó a ganar durante cinco años, hasta que, muy a su pesar, Churchill decidió llamar a unos astrólogos hindúes —porque lo consideraba una estupidez—, para que fueran a Londres. A partir de ese mismo día, Alemania empezó a perder fuerza, porque ahora era una guerra entre astrólogos; ya no era una guerra entre dos ejércitos. Por muy tonto que fuera Adolf Hitler, Churchill consiguió encontrar a personas aún más idiotas en la India. Y todo cambió de curso; al cabo de dos meses, Adolf Hitler se estaba retirando.

Cada vez que leo la historia del maestro zen y de su sirviente, me acuerdo de Adolf Hitler. Él confiaba absolutamente en la astrología, actuaba con totalidad. Su mente nunca tuvo la menor duda.

Esto es lo mismo que debió de ocurrirle al sirviente. Al saber que su muerte estaba asegurada, el miedo desapareció. El miedo solo existe por culpa de la muerte. Pero cuando la muerte es segura e inevitable, ¿qué sentido tiene tener miedo? Sin saber nada, se convirtió en un hombre completamente íntegro, y derrotó a su maestro que había salido victorioso en muchos combates.

Pero es algo que ocurre en raras ocasiones, en condiciones excepcionales. En la vida diaria, debes seguir el curso de lo fácil. Primero debes estar atento a las acciones que no necesitan que estés absorto. Puedes andar y seguir pensando, o comer y seguir pensando. Reemplaza el pensar por estar atento. Sigue comiendo y estate atento mientras lo haces. Camina y reemplaza el pensamiento por atención. Sigue caminando; es posible que vayas más despacio o con más armonía. Pero en estas pequeñas acciones, es posible estar atento. A medida que lo domines, hazlo en las actividades más complejas.

Llegará un día que no habrá ninguna actividad en la que no puedas estar atento y, al mismo tiempo, actuar con totalidad.

Dices: «Cuando decido estar presente en mi trabajo, me olvido de hacerlo». No debe ser una decisión personal, sino el resultado de una larga disciplina. La atención tiene que surgir espontáneamente; no tienes que invocarla ni obligarte.

«Y cuando me doy cuenta de que no lo he hecho, me siento culpable.» Esto es una tontería absoluta. Cuando te das cuenta de que no estabas atento, deberías estar contento, porque al menos te has dado cuenta. El concepto de culpabilidad no tiene cabida en mi enseñanza.

La culpabilidad es uno de los cánceres del alma.

Todas las religiones han usado la culpa para destruir tu dignidad, tu orgullo, y convertirte en un esclavo. No tienes por qué sentirte culpable; es algo natural. Estar atento es tan importante que si solo lo consigues durante unos segundos deberías alegrarte. No te preocupes de los momentos en los que te has olvidado. Presta atención al estado en el que de repente te das cuenta de que «no estaba atento». Siéntete afortunado de haber recobrado la atención después de unas horas.

No lo conviertas en un arrepentimiento, en una culpa o en una tristeza, porque no te servirá para nada sentirte culpable o estar triste. Solo sentirás que, en el fondo, has fracasado. Si el sentimiento de fracaso hace mella en ti, te costará más esfuerzo estar atento.

Cambia de enfoque. Está muy bien darse cuenta de que te has olvidado de estar atento. Ahora no te olvides durante el mayor tiempo posible. Volverás a hacerlo, y volverás a acordarte, pero cada vez se reducirá más el lapso de tiempo del olvido. Si puedes evitar sentirte culpable, que es un condicionamiento católico, tus intervalos de no estar atento se irán reduciendo y un día desaparecerán. Estar atento será como respirar, como el latido de tu corazón, o como la circulación de la sangre, que siempre son constantes.

Pon atención en no sentirte culpable. No hay nada de qué sentirse culpable. El hecho de que los árboles no obedezcan a vuestros sacerdotes católicos es muy revelador. De lo contrario, harían que las rosas se sintieran culpables: «¿Por qué tenéis espinas?». Y la rosa, que está feliz bailando con el viento, bajo la lluvia y bajo el sol, se entristecería. Dejaría de bailar, y desaparecería su alegría y su perfume. Su única realidad sería la espina, sería una herida: «¿Por qué tienes espinas?».

Pero los rosales no son tan tontos para prestar atención a los sacerdotes de ninguna religión; las rosas siguen bailando, y las espinas bailan con ellas.

La creación no es culpable. Cuando el ser humano deja de sentirse culpable, se vuelve parte del flujo universal de la vida. Eso es la iluminación: una conciencia sin culpa que se regocija con todo lo que nos trae la vida; la luz es maravillosa y la oscuridad también.

Para mí, serás una persona religiosa cuando no te sientas culpable de nada. Para las supuestas religiones, mientras no te sientas culpable, no serás religioso; cuanto más culpable te sientas, más religioso serás.

La gente se tortura para castigarse, para hacer penitencia. La gente ayuna; se da puñetazos en el pecho hasta sangrar. Para mí esas personas son psicópatas, no son religiosas. Todas las supuestas religiones les han enseñado que es mejor castigarse si hacen algo mal, que esperar el castigo de Dios el día del Juicio Final, porque ese castigo significa ir al profundo abismo del infierno toda la eternidad. No hay escapatoria, no hay salida. Si vas al infierno, no puedes salir.

Se ha culpabilizado a toda la humanidad de una forma u otra. Le han robado el brillo a tus ojos, la belleza a tu rostro, la gracia a tu ser. Te han reducido innecesariamente a un criminal.

Recuerda que el ser humano es frágil y débil, y errar es humano. Las personas que han inventado el refrán, «errar es humano», también han inventado que «perdonar es divino». Yo no estoy de acuerdo con la segunda parte. Yo digo: «Errar es humano y perdonar también». Y perdonarte a ti mismo es una de las mayores virtudes, porque si no puedes perdonarte no podrás perdonar a nadie; es imposible. Estás lleno de heridas y de culpas, ¿cómo puedes perdonar a alguien? Vuestros «santos» siempre dicen que irás al infierno. Pero, en realidad, ¡son ellos quienes viven en el infierno! Ni siquiera permiten que Dios te perdone.

Un gran poeta sufí, Omar Khayyam, escribió en el Rubaiyat, su mundialmente famosa colección de poesía: «Voy a beber, a bailar y a amar. Voy a cometer todos los pecados, porque confío en la compasión de Dios, él me perdonará. Mis pecados son muy pequeños comparados con su perdón».

Cuando los clérigos supieron de este libro —en esa época los libros se escribían a mano, no existía la imprenta—, cuando descubrieron que escribía cosas tan sacrílegas y decía: «No te preocupes, haz lo que quieras, porque Dios es compasión y amor. ¿Cuántos pecados puedes cometer a lo largo de setenta años? Eso no es nada comparado con su misericordia».

También era un famoso matemático, muy reconocido en su país. Los sacerdotes le dijeron: «¿Qué es lo que estás escribiendo? ¡Vas a acabar con el fervor religioso de la gente! Tienes que asustarles y decirles que Dios es justo; "Si has cometido algún pecado, serás castigado. No habrá compasión"».

Ese mismo día quemaron el libro de Omar Khayyam. Cuando encontraban una copia, el clero la quemaba por propagar una idea muy arriesgada. Si se extendía entre los seres humanos y todo el mundo empezaba a disfrutar de la vida, ¿qué sería de los sacerdotes? ¿Qué sería de los santos? ¿Dónde iría a parar toda esa mitología sobre el infierno, sobre el cielo y sobre dios? Todo desaparecería por arte de magia.

Omar Khayyam es uno de los místicos sufíes iluminados, al menos para mí, y lo que dice es una gran verdad. No está diciendo que debas cometer pecados. Simplemente dice que no debes sentirte culpable. Si haces algo que no está bien, no vuelvas a hacerlo. Si crees que perjudica a alguien, no vuelvas a hacerlo. Pero no es necesario que te sientas culpable, no tienes que arrepentirte, no tienes que hacer penitencia ni torturarte.

Quiero que cambies completamente de enfoque. En lugar de contar todas las veces que te has olvidado de estar atento, cuenta los maravillosos momentos de claridad y atención. Esos pocos momentos son suficientes para salvarte, para curarte, para sanarte. Si les prestas atención, seguirán creciendo y aumentando en tu conciencia. Y, poco a poco, disiparán la oscuridad de la inconsciencia.

Un joven está a punto de contraer matrimonio, y, antes de que su futura esposa se mude a vivir con él, mantiene una conversación de hombre a hombre con su loro.

«Escúchame, colega, hay una maravillosa joven con la que me voy a casar, y vamos a vivir juntos en este piso. Ella es de muy buena familia, y quiero que te olvides de todas esas feas palabrotas que has aprendido viviendo conmigo los últimos años. Como te oiga decir una sola delante de ella, te venderé a un zoo. ¿Lo pillas?»

«De acuerdo», responde el loro. «¡Lo pillo!»

Después de la boda, la pareja está haciendo las maletas para irse de luna de miel. Hay maletas por toda la casa, y consiguen guardarlo todo después de luchar varias horas, incluso han tapado la jaula del loro con un trapo. Pero, de repente, se dan cuenta de que se les ha quedado fuera un zapato. La chica intenta meterlo en una maleta grande, pero no lo consigue.

El marido le dice: «Siéntate encima mientras yo lo meto».

Lo intentan varias veces pero no funciona. «Vamos a intentarlo de otra manera», dice la mujer. «Vamos a ponernos los dos encima y lo metemos a la vez».

En ese momento, el loro se quita el trapo y dice: «Me da igual el maldito zoo. ¡Esto no me lo puedo perder!».

Se había estado controlando, pero llega un punto que da igual ir al zoo, y dice: «Me da igual el maldito zoo, esto no me lo puedo perder». La curiosidad... no podía creer que algo así fuera posible.

Al principio, te parecerá en muchos momentos que no puedes trabajar y estar alerta a la vez. Pero yo te digo que no solo es posible, sino que es muy fácil. Tienes que hacerlo bien, empezando por el principio y no por el final.

Nos perdemos muchas cosas de la vida por empezar mal las cosas. Siempre hay que empezar por el principio. Nuestra mente es muy impaciente, queremos hacer las cosas rápido. Queremos llegar al punto más alto sin pasar por todos los peldaños.

Pero eso significa fracasar por completo. Y cuando fracasas en algo como estar atento —que no es una tontería— quizá no vuelvas a intentarlo nunca más. El fracaso duele.

Para algo tan valioso como estar atento —que puede abrirte las puertas a los misterios de la existencia y conducirte al templo de Dios— tendrías que empezar con mucho cuidado y por el principio. Y avanzar muy despacio.

Si tienes un poco de paciencia, la meta no estará muy lejos.

Osho:
Háblanos por favor de la tensión y la relajación. Normalmente, cuando estoy sentado delante de ti, me relajo completamente y no estoy tan atento. Cuando estoy atento, tengo que mantener una pequeña tensión para estar alerta. Me da cuerda como si fuera un muelle y me hace sentir fatal. ¿Cómo puedo estar alerta sin sentir tensión? ¿Cómo puedo encontrar la quietud aunque esté ocupado?

Esta pregunta es lo mismo que acabo de contestar, pero dicho de otra forma. Si has oído mi respuesta, verás que he respondido a tu pregunta. Solo te contaré una pequeña anécdota.

Un hombre de una pequeña aldea en las montañas vio un día a un turista que conducía su coche marcha atrás por una estrecha carretera de montaña. El hombre le para y le dice: «¿Por qué vas marcha atrás?».

El turista responde: «Porque me han dicho que esta carretera es muy estrecha y que en la cumbre no hay espacio para dar la vuelta».

«Llevo toda la vida viviendo aquí», dijo el hombre, «y sé que hay espacio para dar la vuelta.»

Al cabo de una hora, ve al turista descendiendo por la carretera marcha atrás. Detiene al coche y le dice: «Y ahora, ¿qué estás haciendo?».

El turista le contesta: «Tenías razón. Había sitio para dar la vuelta».

Todo lo que te he contado es muy fácil. Empieza a estar atento a las acciones rutinarias de tu día a día, y sigue relajado mientras las haces. No tienes que estar en tensión. ¿Cuando friegas el suelo tienes que estar tenso? ¿Cuando cocinas tienes que estar tenso? No hay ni una sola cosa en la vida que te obligue a estar tenso. Solo es tu inconsciencia y tu impaciencia.

Yo no he encontrado ni una sola, y he vivido de muchas formas y con todo tipo de gente. Y siempre me ha sorprendido que estuvieran tensos.

Creo que la tensión no tiene nada que ver con lo exterior, sino con algo que está en tu interior. Siempre habrá una excusa fuera, porque estar tenso sin motivo es ridículo. Y para justificarlo, buscas una justificación a tu tensión fuera de ti.

Pero la tensión no está fuera, solo se debe a un estilo equivocado de vida. Vives compitiendo, y eso provoca tensión. Vives comparándote continuamente, y eso provoca tensión. Vives pensando en el pasado o en el futuro, te pierdes el presente que es la única realidad, y eso provoca tensión.

Es muy fácil de entender; no hace falta competir con nadie. Tú eres tú, y estás bien como eres.

Acéptate.

La existencia quiere que seas así. Hay árboles altos y bajos. Los más bajos no están en tensión, y los más altos tampoco están orgullosos de serlo. En la existencia tiene que haber variedad. Hay gente más fuerte que tú, hay gente más inteligente que tú; pero hay cosas en las que tú puedes destacar más que los demás.

Busca tu talento. La naturaleza le otorga un talento único a cada uno. Hay que descubrirlo... A lo mejor tú eres mejor flautista que el presidente ejerciendo su cargo. Eres mejor como flautista que otra persona como presidente.

No se trata de comparar. La comparación lleva a la gente por mal camino. La competencia les obliga a estar en tensión, y como su vida está vacía, nunca viven en el presente. Lo único que hacen es pensar en el pasado, que ya no existe, o proyectar hacia el futuro, que todavía no ha llegado.

Todo esto hace que la gente se comporte de un modo extraño, enfermizo. No hay ninguna necesidad; los animales no se vuelven locos; los árboles no tienen que hacer psicoanálisis. Toda la existencia está celebrando constantemente, excepto el hombre. Él está apartado, tenso, preocupado.

La vida es breve y estás perdiendo el tiempo; cada día se va acercando más la muerte. Esto te provoca más desazón: «La muerte se acerca y todavía no he empezado a vivir». Mucha gente solo se da cuenta de que estaban vivos al morir, pero entonces será demasiado tarde.

Vive en el presente.

Y aprovecha al máximo todas tus cualidades y tus talentos.

Había un místico hindú, Kabir, que era tejedor. Tenía miles de discípulos, pero él seguía tejiendo. Entre sus discípulos también había reyes.

El rey de Varanasi dijo: «Maestro, no causa buena impresión verte trabajar, nos avergüenza. Podríamos ocuparnos de ti. No hace falta que sigas tejiendo y que vayas todas las semanas al mercado para vender tu ropa».

Y siempre le decía a los clientes: «Señor, cuide mucho esta ropa. La he tejido yo, y yo no soy como los demás tejedores, porque pongo en ello toda mi música y toda mi alma. Pongo en ello todo mi ser. Cuídela, úsela con el mismo cuidado y amor, recordando que "Kabir la ha tejido especialmente para usted, señor"». Y no se lo decía a un cliente en concreto, ¡sino a todos!

Esta era su contribución. Él solía decirles a sus discípulos: «¿Qué puedo hacer? Lo hago lo mejor que puedo: sé tejer, sé cantar y sé bailar, y estoy enormemente satisfecho».

Hagas lo que hagas, si sientes la satisfacción y la sensación de que toda la existencia es una manifestación de la divinidad, de que la Tierra en la que estamos es sagrada, que en todos los que te encuentras encuentras a Dios —solo puede ser así; aunque los rostros sean distintos, la realidad interior sigue siendo la misma—, desaparecerán todas tus tensiones. Y la energía que empleabas en estar tenso se convierte en gracia y en belleza.

La vida dejará de ser una rutina aburrida todos los días de tu existencia, y se convertirá en un baile desde la cuna hasta la tumba. La existencia se enriquecerá con tu gracia, con tu relajación, con tu silencio y con tu atención.

No te irás del mundo sin haber contribuido con algo valioso. La gente siempre se fija en los demás, en lo que hacen los demás...; si alguien toca la flauta y tú no, eso te hace sentir desdichado; si alguien pinta y tú no, te sientes infeliz.

Hagas lo que hagas, hazlo con tanto amor que conviertas lo más insignificante del mundo en una obra de arte. Eso te proporcionará mucha felicidad. Y así crearás un mundo sin competencias ni comparaciones. Todas las personas se sentirán dignas, y repararán el orgullo que han destruido las religiones.

No he juzgado a nadie en toda mi vida. Si Dios no lo desaprueba, ¿por qué debe preocuparme a mí que alguien sea un ladrón o un asesino? Es posible que la existencia haya decidido que esa sea su función en el mundo. Lo único que hace falta es que lo haga con todo el arte y la inteligencia de la que sea capaz, con totalidad.

Cualquier acto hecho con totalidad se convierte en una oración.

Osho:

Una piedra puede destruir una flor. Los políticos y las religiones establecidas creen que la iluminación, la libertad y la personalidad son una amenaza a su poder. ¿Es el miedo el origen del mal uso de la inteligencia para impedir la manifestación más elevada del ser humano? ¿O hay una necesidad inconsciente de «oscurecimiento»?

Devageet, también existe la necesidad inconsciente de la oscuridad. Hace tan solo cien años, Sigmund Freud descubrió un instinto muy extraño dentro del inconsciente del ser humano.

Desde hace casi diez mil años, el hombre ha estado trabajando consigo mismo, con su conciencia, pero le tocó a Freud descubrir una idea completamente nueva. Él mismo se sorprendió, pero, después de comprobarlo en varios pacientes, tuvo que admitirlo. Esta idea es que del mismo modo que hay un deseo de vivir, para que haya un equilibrio en el inconsciente del ser humano, también hay un deseo de morir. Quizá sea esta la mayor contribución de Sigmund Freud al conocimiento del ser humano, y a su futura transformación.

Entonces empezó a recopilar datos paulatinamente, y ahora es un hecho casi admitido que en la vida todo existe gracias al equilibrio de su contrario. Si hay un anhelo de vivir —si deseas vivir—, en algún sitio debe ocultarse un deseo de morir. Y, en ciertas circunstancias, puede apoderarse de ti, por eso hay tanta gente que se suicida. De lo contrario, el suicidio no tendría explicación.

Devageet pregunta: «Una piedra puede destruir una flor. Los políticos y las religiones establecidas creen que la iluminación, la libertad y la personalidad son una amenaza a su poder. ¿Es el miedo el origen del mal uso de la inteligencia para impedir la manifestación más elevada del ser humano? ¿O hay una necesidad inconsciente de «oscurecimiento»?

Sí, la hay y tiene que ser así. Del mismo modo que hay un deseo de alcanzar la iluminación y la cota más elevada de la conciencia, también, paralelamente, en el inconsciente de la mente humana hay una profunda necesidad de ahogarse en la oscuridad, en la muerte.

Los médicos de todas las épocas han podido observar, aunque no sepan por qué, que la medicina podría ayudar a ciertas personas, pero no consigue hacerlo porque han perdido completamente la voluntad y el deseo de vivir. No se dejan ayudar por la medicina. Pero ninguno de estos médicos ha descubierto lo que descubrió Sigmund Freud. Es posible que tenga cierto sentido: si alguien pierde el deseo de vivir, lo sustituirá por lo contrario, el deseo de morir.

Ahora la medicina admite que el médico solo puede ayudar a un paciente con medicinas y otras cosas si la persona quiere vivir. Pero si ha renunciado a vivir, todas esas medicinas no servirán para nada. Las medicinas no te curan. Lo que te cura es el deseo de estar vivo; las medicinas son meramente una ayuda secundaria, un apoyo. Pero cuando alguien está en el extremo opuesto —en el instinto de la muerte y la oscuridad—, no hay medicina que pueda curarlo.

Leyendo esta pregunta me he acordado del sida. Quizá algún día se descubra que el sida es simplemente un deseo inconsciente de morir; por eso los científicos no encuentran la curación.

En este momento histórico, la pregunta de Devageet es aún más relevante, si piensas que el setenta y cinco por ciento del presupuesto de la humanidad se destina a la fabricación de armas destructivas, armamento nuclear y, mientras tanto, la mitad de la humanidad se está muriendo de hambre. Hay miles de personas que mueren sin tener acceso a las medicinas, y hay millones de niños que mueren por no poder acceder a unas vacunas muy económicas.

Por un lado, a consecuencia de la superpoblación, la humanidad está al borde de la muerte por inanición. Y por otro, todos los políticos del mundo solo desean una cosa: convertirse en una potencia nuclear. Hay cinco países que tienen armas nucleares, y cuando termine el siglo XX habrá otros veinticinco países con poder nuclear. Ahora mismo hay armas nucleares para destruir el mundo siete veces.

Es ridículo seguir acumulando más armas nucleares. Se gastan miles de millones de dólares en armas nucleares, mientras que los niños mueren por falta de medicinas, o por la escasez de alimentos. La mitad de la población de la Tierra morirá de hambre a finales del siglo xx, y es posible que la otra mitad muera en una guerra nuclear.

Parece ser que no es solo un individuo, sino que toda la humanidad ha perdido el deseo de vivir, el deseo de ser más consciente, el deseo de estar alerta, el deseo de alcanzar la cima de la iluminación, de ser un Gautama Buda.

Al contrario, la gente espera desaparecer en la oscuridad, en la muerte, porque la vida ha dejado de tener sentido y está vacía. No tienen motivos para seguir vivos. Es la primera vez a gran escala que millones de personas no encuentran el sentido de la vida. Esto está generando mucho malestar, y parece que la única salvación es la muerte. Con la muerte desaparecerá todo lo demás. Desaparecerán los problemas, la ansiedad, la lucha, la envidia y la presión.

Devageet, es posible que tu término «oscurecimiento» sea una contribución al lenguaje, como lo contrario a la iluminación. La gente siempre ha vivido inconscientemente, pero hoy en día la inconsciencia ha llegado hasta tal punto que es preferible la muerte a la inconsciencia.

Un escocés necesitaba hacerse un nuevo kilt. Fue a la tienda a comprar un poco de tela y decidió llevar un metro más para hacerle a su novia una bufanda a juego.

Cuando llegó a su casa se hizo un kilt tan bonito que al probárselo y al mirarse al espejo se olvidó de la bufanda: «Ahora mismo voy a enseñárselo a mi novia», pensó.

Al salir corriendo por la puerta, se enganchó un hilo de la falda, y, a medida que corría, la falda se fue deshaciendo. Corría entre las hierbas con sus joyas colgando a la intemperie. Al llegar a casa de su novia, llamó a la puerta.

Ella le abrió, y lo miró de arriba abajo diciendo: «Hola, me alegro de que hayas venido».

«Hola mi muñequita. ¿Qué te parece?», dijo señalando donde él creía que estaba su nuevo kilt.

«Es maravilloso, mi amor», respondió ella.

«Así es, mi muñequita. Y todavía tengo otro metro más en casa para que te lo enrolles en el cuello», dijo él.

El ser humano siempre ha vivido en la inconsciencia, pero nunca había habido tanta oscuridad como ahora. Siempre ha habido noches, pero siempre llegó después el amanecer. En cambio, no está claro que esta vez vaya a haber un nuevo amanecer.

No soy pesimista, pero he dejado de ser optimista. Antes sí lo era..., ahora soy realista. La realidad es que posiblemente estemos acercándonos al final de este bello planeta, con toda su belleza, su vida y sus grandes logros. No parece haber un rayo de esperanza en ninguna parte. Y cuando lo digo, no creo que sea solo yo, sino que toda la existencia ha perdido la esperanza en la humanidad y en su futuro.

El único motivo que tengo para seguir soñando es mi gente. Quizá el planeta no se salve, pero a lo mejor podrán salvarse los que han venido a estar conmigo, si hacen un pequeño esfuerzo por volverse conscientes y tienen el deseo de iluminarse. Ahora bien, si os seguís comportando como el resto de las masas, también seréis un caso perdido.

Vuestra responsabilidad es enorme, porque, aunque solo sea en pequeños grupos, no hay gente que quiera alcanzar la iluminación, ser meditativos, cariñosos y celebrativos en ningún sitio de la Tierra. Somos una pequeña isla dentro del océano del mundo, pero eso no importa. Si podemos salvar a unas pocas personas, se salvará a través de ellas el legado de toda la humanidad, el legado de los místicos, el legado de todos los iluminados.

Y si este planeta muere, quizá haya otro... Hay cincuenta mil planetas que podrían albergar vida; es posible que la civilización tenga que empezar de cero en otro planeta. ¿Y quiénes serán los pioneros? No podrán ser las grandes masas oscuras e inconscientes. Solo los pocos elegidos que han luchado por merecerse la luz, la vida eterna o una experiencia de la divinidad puedan ser quizá quienes den comienzo a una nueva civilización en otro sitio del universo, en otro planeta.

Es algo que no había dicho antes, pero he sentido un profundo dolor en el alma viajando por el mundo, al darme cuenta de que las personas que necesitan ser salvadas son las que ponen impedimentos para que esto ocurra. Es casi imposible acercarse a ellos. Al ver cómo está el mundo, he empezado a pensar que solo hay una posibilidad, y es crear un arca de Noé dentro de la conciencia de los pocos que se han acercado a mí. No es un arca física, sino un arca de Noé de la conciencia que se llevará a otro planeta a un pequeño grupo de personas conscientes. Me parece que esta es la única posibilidad de salvar el gran legado de la humanidad.

Ya no podemos contar con los políticos y los clérigos, ni con las masas, que al parecer están deseando y anhelando la muerte profundamente. Al parecer, la muerte es el mayor deseo del mundo actual, y me han condenado desde todos los rincones por hablar de la vida, del amor y de la risa.

Puedo entender sus motivos: es muy contradictorio transmitir un mensaje de vida, amor y risa, entre las personas que, en el fondo, se están preparando para un suicidio global.

Quizá volvamos a encontrarnos en algún otro planeta, porque parece que este se ha agotado. Y no es nada nuevo; nacen planetas y nacen estrellas, de modo que no es tan extraño. Los preparativos llevan tan buen camino que será casi imposible que la vida sobreviva en este planeta. Y toda la culpa la tienen los oscuros intereses que han mantenido a la humanidad en la inconsciencia, y que no quieren que el ser humano sea inteligente, consciente, esté alerta y despierto. Creo que es demasiado tarde.

La policía estaba investigando la muerte de un fabricante de ropa que se había tirado por la ventana de su oficina. Un detective decidió interrogar a su preciosa y joven secretaria.

«¿Podría darnos una explicación», le preguntó a la chica.

«Bueno, después de trabajar para él durante un mes, me dio un aumento de cuarenta dólares en la paga semanal. Después del segundo mes, me regaló un precioso collar de perlas. Al finalizar el tercer mes, me regaló un coche y un abrigo de piel. Entonces, me preguntó si estaba dispuesta a hacer el amor con él, y cuánto le cobraría. Le dije que solo le cobraría diez dólares, porque había sido muy bueno conmigo, aunque, en la oficina, todos los demás me pagaban veinte dólares. Y, en ese momento, se tiró por la ventana.»

6

La vida misma es un milagro

Osho:

¿Qué le ocurre a la conciencia humana cuando, de repente, todo el mundo se da cuenta de que está en medio de una plaga devastadora que no se puede detener, que acabará con la mayor parte de la humanidad?

Esto depende de cada persona. Si una persona es absolutamente consciente, no le pasará nada; aceptará los hechos, como aceptaría cualquier otra cosa. No luchará ni tendrá miedo.

Del mismo modo que acepta su muerte, también aceptará la muerte del planeta. Esta aceptación no significa, de ningún modo, que se sienta desolado, sino todo lo contrario: se da cuenta de que las cosas son así, que todo nace, vive y tiene que morir.

Hace cuatro millones de años, este planeta no existía; nació en ese momento. Es posible que haya llegado a su fin. De cualquier forma, aunque la mente del ser humano consiga salir de esta crisis provocada por los políticos, el planeta no podrá sobrevivir mucho tiempo, porque el sol se está apagando. Dentro de cuatro mil años, su energía se habrá agotado; y cuando se apague el sol, el planeta no podrá seguir viviendo. La energía de la vida surge del sol.

Un hombre plenamente consciente lo aceptará como un

fenómeno natural. Precisamente ahora, los árboles están perdiendo las hojas; la otra tarde, había un viento muy fuerte y las hojas caían como si fuera lluvia. ¿Qué se puede hacer? Es una ley de la naturaleza. Todo surge con una forma y desaparece en lo informe. Por eso, no provocará un cambio en la conciencia de una persona despierta. Pero las personas que no estén despiertas reaccionarán de diferentes maneras.

Un hombre se estaba muriendo; era muy anciano, había vivido la vida y no estaba preocupado por la muerte. Estaba oscureciendo, y el sol ya se había puesto. El hombre abrió los ojos y le preguntó a su mujer, que estaba sentada a su lado: «¿Dónde está mi hijo mayor?».

La mujer respondió: «Está delante de mí, al otro lado de la cama. No te preocupes por él; ahora no te preocupes por nada. Quédate tranquilo y reza».

Pero el hombre dijo: «¿Dónde está mi segundo hijo?».

La mujer respondió: «Está sentado al lado de tu hijo mayor». Y el anciano que estaba a punto de morir intentó levantarse.

«¿Qué haces?», preguntó su mujer.

«Estoy buscando a mi tercer hijo», respondió él. La mujer y los hijos se dieron cuenta del cariño que les tenía. El tercer hijo estaba sentado a sus pies.

«Estoy aquí, papi. Tranquilo, estamos todos contigo», respondió.

«¿Cómo queréis que esté tranquilo si estáis todos aquí? Entonces ¿quién está en la tienda?», exclamó.

Estaba a punto de morir y solo le preocupaba la tienda.

Es muy difícil saber cómo va a reaccionar el inconsciente de la gente. Su reacción, sin duda, será un reflejo de su vida. Pero la vida de cada persona transcurre por diferentes caminos, hay experiencias distintas, y el punto culminante siempre será distinto.

La muerte saca a la superficie tu personalidad esencial.

Un hombre muy rico estaba a punto de morir. Toda su familia se reunió en torno a él. El hijo primogénito dijo: «¿Qué haremos cuando muera? Tendremos que alquilar un coche para llevarlo hasta el cementerio».

El hijo más joven dijo: «Siempre quiso un Rolls-Royce. Nunca pudo viajar en uno estando vivo, podrá hacerlo al menos cuando muera, aunque solo sea un viaje de ida al cementerio».

Pero el primogénito dijo: «Eres demasiado joven y no entiendes nada. Los muertos no pueden disfrutar. Les da lo mismo ir en un Rolls-Royce que en un Ford. Un Ford es suficiente».

El segundo hijo dijo: «¡Qué extravagancia! De todas formas solo se trata de transportar un cadáver. Yo conozco a alguien que tiene un camión..., será más cómodo, y también más barato».

El tercer hijo dijo: «No estoy dispuesto a escuchar tantas bobadas. ¿Para qué nos vamos a complicar con un Rolls-Royce, un Ford o un camión? ¿Acaso se va a casar? Lo dejaremos en la calle, donde dejamos la basura, y el camión municipal se ocupará de llevárselo sin que nos cueste nada».

En ese momento, el anciano abrió los ojos y dijo: «¿Dónde están mis zapatos?».

«¿Para qué quieres los zapatos?», respondieron. «Descansa.»

«Quiero mis zapatos», insistió.

«Es muy cabezota», dijo el primogénito. «A lo mejor quiere morirse con los zapatos puestos. Vamos a dárselos.»

Cuando el anciano se estaba poniendo los zapatos, dijo: «No os preocupéis de los gastos, aún me queda un poco de tiempo; iré al cementerio andando. ¡Os espero allí! Me moriré al lado de la tumba. Me sorprende que seáis tan derrochadores; a lo largo de mi vida solo he soñado con un Rolls-Royce u otro coche de lujo. Pero soñar es muy barato, puedes soñar lo que quieras».

El hombre fue al cementerio andando, y todos sus hijos y su familia iban detrás, y murió junto a su tumba... para ahorrar dinero.

El último pensamiento de una persona es la característica de toda su vida, de su filosofía, de su religión. Quedas completamente expuesto.

Un seguidor de J. Krishnamurti —un anciano muy respetado en la India— solía venir a verme, porque su hijo era el fiscal general del Estado de Madya Pradesh, y el juzgado estaba en Jabalpur. Siempre que iba a visitar a su hijo, venía a verme si yo me encontraba en la ciudad. Este anciano había sido discípulo de Krishnamurti durante unos cincuenta años. Había dejado a un lado todos los rituales y los textos sagrados; tanto mental, como intelectualmente, estaba del todo convencido de que Krishnamurti tenía razón. Yo siempre le decía: «Deberías saber que la convicción intelectual, mental o racional es muy superficial. Desaparece y se desvanece en el primer momento de crisis».

Pero él respondía: «No puede seguir siendo superficial después de cincuenta años».

Un día su hijo vino y me dijo: «Mi padre se está muriendo y creo que eres la persona que más le gustaría tener cerca, porque te quiere muchísimo. Ven conmigo; he venido con el coche porque no queda mucho tiempo».

Así que me fui con él. Al llegar a la puerta de la habitación de su padre, noté que movía ligeramente los labios. Entré silenciosamente para intentar oír lo que estaba diciendo. Él repetía

«Ram Ram Ram», que es el nombre hinduista de Dios. Pero llevaba cincuenta años diciendo que Dios no existía.

Le toqué para que abriera los ojos, y me dijo: «No me molestes. No es hora de discutir».

«Yo no he venido a discutir», le dije. «Solo quería preguntarte qué ha ocurrido con esos cincuenta años. ¿Cómo es que ahora invocas el nombre de Dios? Siempre me habías dicho que Dios no existía.»

«En ese momento estaba bien, pero ahora me estoy muriendo», respondió, «y los médicos me han asegurado que no viviré más de media hora, no quiero que me molestes; déjame que invoque el nombre de Dios. De todas formas, ¿quién sabe? Es posible que exista. Y si no existe, a nadie le hace daño que invoque su nombre. Pero si es verdad que Dios existe y no invocas su nombre al morir, estás en la lista negra. Y yo no quiero ir al infierno, ya he sufrido bastante aquí en la Tierra.»

«Es justamente lo que te decía, que la convicción intelectual no sirve para nada», le respondí.

Pero no se murió, sobrevivió. Al cabo de tres o cuatro días fui a verle. Estaba sentado en el jardín y le pregunté: «¿Qué te pasó esa noche?».

«Olvídalo», me respondió. «Ha sido un momento de flaqueza, y el miedo a la muerte me ha hecho invocar el nombre de Dios. Pero Dios no existe.»

«¿Eso significa que necesitas otra experiencia de muerte?», pregunté. «Has sobrevivido al primer infarto, y pronto tendrás otro infarto. Aunque sobrevivas al segundo, seguro que no sobrevivirás al tercero. Y recuerda lo que me decías.»

«Olvídate de todo eso», repuso. «Estoy convencido de que Dios no existe.»

«En cuanto la muerte se te acerque», dije, «tus convicciones intelectuales superficiales desaparecerán. La idea de que Dios no existe no es tuya, sino prestada. No es un descubrimiento tuyo, no es una percepción tuya; no forma parte de tu conciencia, solo de tu mente.»

La gente se comporta de diferentes maneras.

Tu pregunta es: «¿Qué le ocurre a la conciencia humana cuando, de repente, todo el mundo se da cuenta de que está en medio de una plaga devastadora que no se puede detener, que acabará con la vida de la mayor parte de la humanidad?».

Hay ciertas cuestiones sobre las que no hay ninguna duda. La primera: cuanto todo el mundo está muriendo, tus relaciones —tu madre, tu padre, tu novia, tu mujer, tu marido, tu novio, tus hijos— no significan nada. Cuando todo el mundo está a punto de morir y desaparecer en un agujero negro, las relaciones que has tenido a lo largo de tu vida no pueden permanecer intactas. De hecho, detrás de nuestras relaciones somos extraños.

Esto hace que sintamos miedo, por eso nunca lo analizamos. Por otra parte, siempre estás solo, aunque estés en medio de una multitud; el hecho de que todo el mundo sepa cómo te llamas, ¿cambia algo? Sigues siendo un extraño. Y es algo manifiesto... Una pareja puede convivir durante treinta, cuarenta o cincuenta años, pero cuanto más tiempo estén juntos, más se darán cuenta de que son un extraño el uno para el otro.

Antes de casarse tuvieron una alucinación y es posible que creyeran que estaban hechos el uno para el otro, pero en cuanto se acaba la luna de miel, desaparece esa ilusión. Y cada día que pasa están más distantes; aunque finjan que no pasa nada, que está todo bien, en el fondo saben que siguen siendo dos extraños y esto no cambia.

El mundo está lleno de extraños. Si desapareciera el mundo en este instante, y lo anunciaran todas las radios y televisiones, de repente te darías cuenta de tu desnudez: estás solo.

Un niño fue al zoo con su padre, y estaban viendo a un feroz león que caminaba de arriba abajo dentro de su jaula. El niño se asustó mucho; no tenía más de nueve años, y le dijo a su padre: «Papá, si este león se escapa y te pasa algo..., ¡dime qué autobús tendré que tomar para volver a casa!».

La pregunta del niño es muy relevante en estas circunstancias. No se imagina que si le pasa algo a su padre, también le pasará algo a él; pero tiene que saber qué autobús tomar para volver a casa si le pasa algo a su padre y él sigue vivo. A su padre le chocó que él no le importara. Daba igual lo que le ocurriese, lo que le importaba era saber qué autobús tenía que tomar.

Cuando presientes la muerte se caen todas las máscaras y te das cuenta de que estás solo, de que todas tus relaciones son una farsa y que son una forma de olvidarte de que estás solo; formas una familia para sentir que no estás solo.

Pero la muerte hace que todo quede expuesto. Y esto solo se refiere a las pequeñas muertes individuales; pero si todo el mundo muere, desaparecerán antes todas tus relaciones. Morirás solo, serás un extraño sin nombre, sin fama, sin reputación, sin poder, completamente desamparado. A pesar del desamparo, la gente sigue comportándose de formas diferentes.

Un anciano ha quedado para salir con una mujer joven, y antes va a ver al médico para que le recete un afrodisíaco que aumente su libido y la prolongue. Invita a la joven a uno de los mejores restaurantes de la ciudad. Después de pedir una sopa de primer plato, le dice a la chica que vaya al baño a empolvarse la nariz y le pide discretamente al camarero: «Eche estas dos pastillas en mi sopa justo antes de servírmela». La joven vuelve, y al cabo de quince minutos, al ver que no traen la sopa, el anciano llama al camarero y le pregunta: «¿Qué pasa con nuestras sopas?».

«Enseguida se las traigo», responde el camarero, «en cuanto los fideos vuelvan a ablandarse.»

El tema más importante en la mente de las personas que no son conscientes a la hora de morir será el sexo, porque el sexo y la muerte son las dos caras de la misma moneda.

La vida está llena de misterios, y aunque te parezca increíble, cuando crucifican a un hombre, suele eyacular en el momento que lo hacen. Los médicos se han preguntado el porqué de esta cuestión, y han llegado a la conclusión de que los espermatozoides, que están vivos, salen corriendo del cuerpo cuando ven que está muerto. Al salir del cuerpo tienen dos horas de vida, pero en ese tiempo quizá puedan encontrar otro cuerpo, otro centro.

Antes parecía muy extraño que los crucificados eyaculasen, pero es como si tu casa estuviese ardiendo y tú tuvieses que huir. Los espermatozoides son seres vivos y te estás muriendo..., ¿por qué deberían morir contigo? Tú solo eras su casa, y ahora se está quemando; todo el mundo tiene derecho a querer seguir vivo.

Cuando el mundo esté muriendo, la mayoría de las personas inconscientes solo pensarán en el sexo, porque han reprimido su sexualidad. No podrán pensar en otra cosa; todos sus intereses, sus pasatiempos y sus religiones se esfumarán; el mundo se acaba; quizá, antes de que la muerte se lo lleve todo, puedan hacer el amor una vez más. Han estado toda su vida reprimiendo su libido, su deseo sexual, para satisfacer al clero, a la sociedad y a la cultura, pero ahora ya no importa. Todo va a desaparecer; ya no necesitan causar una buena impresión, ni les importa la religión.

Un día, un médico le dijo a su paciente que esta sería su última noche de vida. «Cuando salga el sol, habrás muerto. Hemos hecho todo lo que está en nuestras manos, pero no ha dado resultados. ¿Cuál es tu último deseo? Esta es tu última noche para que cumplas tus deseos.»

El hombre fue corriendo a su casa y le dijo a su mujer: «Esta será mi última noche, siempre he querido hacer el amor contigo con totalidad, pero había muchos obstáculos e inhibiciones. En este momento, antes de morir, el único deseo que tengo en la mente es tener un orgasmo total».

Hicieron el amor. En mitad de la noche se arrimó a su mujer y le volvió a decir: «Pronto será de día y no te volveré a ver. Deja que te haga el amor otra vez, no te cuesta nada».

Volvieron a hacer el amor, pero no podía dormir; ¿cómo te vas a dormir si la muerte está a punto de llamar a tu puerta? Cuando iba a amanecer, le dijo otra vez a su mujer: «Cariño, solo una vez más».

La mujer le respondió: «Oye, tú nunca piensas en los demás. No te das cuenta de que yo tendré que levantarme por la mañana y que tú ya no estarás, pero, claro, yo tendré que levantarme..., así que déjame descansar un poco más. Además, cuando te mueras habrá un gran alboroto, llantos, lágrimas y todas esas cosas. Anda, duérmete».

Cuando sabes que alguien va a morir, el hilo de la relación se rompe.

Cuando el mundo desaparezca en un agujero negro, la muerte definitiva, es posible que mucha gente se vuelva loca y quiera sacar toda su sexualidad reprimida, toda su sensualidad. Pero eso depende de cada individuo, de cómo haya sido su vida. Si ha sido una vida desinhibida y natural y ha tenido un momento para cada cosa, quizá simplemente se queden observándolo: va a ser la mayor tragedia, la película más dramática del mundo. No harán nada, se quedarán sentados observando en silencio. Pero no hay una ley general que se pueda aplicar a todos.

Solo se puede decir con garantía absoluta que para los iluminados no cambiará nada. Ellos saben que la naturaleza de las cosas es así. Este es el enfoque de Gautama Buda —la filosofía de que las cosas son como son—, que cuando llega el otoño las hojas tienen que abandonar el árbol.

Cuando llega la primavera salen las flores, y especialmente en Oriente..., esto es algo que no sucede en Occidente; en Oriente no solo está la creación, sino que todo lo que se crea se des-crea; igual que un hombre que después de un duro día de trabajo, se duerme por la noche. Esta idea tiene mucha fuerza. Todo lo creado, al cabo de un tiempo —han llegado incluso a determinar el tiempo exacto, lo que dura una creación—, vuelve a des-crearse. También necesita descansar. Para un iluminado, por tanto, no es un hecho insólito; forma parte de la existencia en sí. Así como se acaba el día, la noche también..., y la creación vuelve a despertar.

La física moderna está aproximándose a esta idea. Primero descubrieron los agujeros negros; hay unos extraños agujeros negros en el espacio en los que desaparece, sin más, cualquier planeta o estrella que se les acerque. Pero los científicos saben que en la naturaleza tiene que haber un equilibrio, y ahora afirman que también debe de haber unos agujeros blancos; quizá el agujero sea negro por un lado y blanco por el otro. Si un planeta o una estrella se meten en el agujero negro por uno de los lados, desaparecen de nuestra vista, y por el otro lado, en el agujero blanco, nace una nueva estrella.

Todos los días nacen unas estrellas y mueren otras; la vida y la muerte forman una circunferencia continua. Si el día es la vida, la muerte es la noche; no están enfrentados: la noche solo es un descanso, un sueño para despertarse recuperado.

A un hombre de entendimiento esto no le preocupa. Pero las personas inconscientes estarán inquietas, y empezarán a hacer cosas que no habían hecho antes. Se estaban controlando, pero ahora ya no tiene sentido hacerlo, no hace falta.

Si se pudiera saber de antemano..., pero esto no es posible, porque las armas nucleares solo tardarán diez minutos en hacer que desaparezca el mundo, y es muy difícil que llegues a saberlo con antelación. ¡Prepárate! Solamente la impresión de oír por la radio o en la televisión que el mundo se va a acabar dentro de diez minutos hará que te quedes de piedra, paralizado, y te causará una fuerte conmoción desconocida.

Es muy probable que la mayoría de la gente muera por la

impresión que le producirá esta noticia, y no por las armas nucleares. La impresión de saber que el mundo se va a acabar dentro de diez minutos será suficiente para destruir su frágil existencia. Por eso, pensar cómo se va a comportar la gente es solo una hipótesis.

Únicamente puedo decir con absoluta seguridad, porque lo sé personalmente, qué le ocurrirá a los iluminados: para ellos, no cambiará nada. Si están tomando té, lo seguirán haciendo; no les temblarán las manos. Si están dándose una ducha, lo seguirán haciendo. No estarán impresionados, ni paralizados, ni se alterarán. Tampoco se dedicarán a hacer todo lo que se han estado reprimiendo, porque una persona iluminada no tiene represiones; solo tiene una palabra para referirse a la existencia, y es un sí.

Dirán sí a la desaparición de la Tierra, a la muerte final, porque no conocen la palabra no. No se resistirán; y serán los únicos que mueran conscientemente. Cuando alguien entra en el flujo eterno de la vida, no muere.

Los que mueran inconscientemente nacerán en otro planeta, en otro vientre, porque no se puede destruir la vida, ni siquiera con las armas nucleares. Estas solo podrán destruir las casas donde habita la vida.

Osho:

¡Eres increíble! La otra noche dijiste que no hacías milagros, pero esta mañana he visto levitar al viejo Maitreya, con mis propios ojos, cuando bailabas con él. ¿Acaso eso no es un milagro?

Anando, sigo diciendo lo mismo: yo no hago milagros. Pero eso no significa que no se produzcan milagros. Sin que yo hiciera nada, Maitreya estaba levitando. Tuve que intervenir rápidamente, porque si levitaba demasiado, podría haberse dado un golpe con el techo, y ya es muy mayor.

Un grupo de personas prepararon una cena en homenaje a un anciano, y, después de alabarlo durante una hora, este se levantó para decir unas palabras.

«Caballeros», dijo, «cuando llegué a esta ciudad hace cuarenta y un años, vine por una carretera polvorienta, con un único traje, un par de zapatos y una maleta vieja y destartalada. Y para que veáis lo que se puede conseguir trabajando duro, aparte de todas las oportunidades que me ha brindado este país, ¡ahora poseo tres bancos, cinco edificios de apartamentos y diez pozos de petróleo!»

Todo el mundo le aplaudió, pero nada más terminar la cena se acercó un vendedor al anciano y le dijo: «Discúlpeme, señor, me gustaría hacerle una pregunta. Hace cuarenta y un años cuando llegó con ese único traje, un par de zapatos y una maleta vieja, ¿qué llevaba en esa maleta?».

El anciano respondió: «Llevaba tres millones de dólares en acciones y doscientos mil dólares en efectivo».

Los milagros solo son aparentes, pero, en realidad, no suceden. Cuando cantas y bailas con la energía de la totalidad, empiezas a saltar aunque no levites. Y eso es lo que ha ocurrido; el viejo Maitreya estaba dando saltos, y Anando, que estaba justo detrás de él, debe de haberse asustado. ¿Qué le pasa al viejo Milarepa?... Acabo de decir Milarepa por error, ¡porque se suponía que esto iba a ocurrirle a Milarepa y no a Maitreya!

Desde hace siglos, se viene observando que cuando estás callado, feliz y sentado con los ojos cerrados empiezas a sentir como si levitaras. Si abres los ojos, verás que estás sentado en el suelo. No has levitado, pero tu conciencia puede elevarse y te da la sensación de estar levitando.

Miles de buscadores han tenido esta sensación de levitar; pero no es un fenómeno físico, aunque con los ojos cerrados pueda parecerte que todo tu cuerpo se está elevando. Lo que se eleva es tu conciencia, pero te identificas tanto con ella que, a menos que abras los ojos, no te darás cuenta de que tu cuerpo no ha levitado; solo la conciencia se ha elevado más que el cuerpo, por encima de él. Es una ley de la conciencia: del mismo modo que las cosas gravitan, la conciencia también levita. Eso permite mantener el equilibrio. Pero no es un milagro.

Dos rabinos y un obispo eran muy buenos amigos. Los tres se fueron a Israel en peregrinación; por supuesto, por distintos motivos. Los rabinos fueron por su religión, puesto que es su tierra santa. Y el obispo fue por Jesucristo; porque también es la tierra santa de los católicos.

Los tres fueron a visitar el lago Galilea, donde se dice que Jesús anduvo sobre el agua. Se subieron a un barco para recorrer el lago, y el obispo les preguntó: «¿Realmente creéis que Jesús anduvo sobre el agua?». Los rabinos se miraron guiñándose el ojo y dijeron: «¡Sí!».

«¿Y vosotros podéis hacer ese milagro?», preguntó de nuevo el obispo.

«En esta zona es muy habitual; no tiene nada de particular, y tampoco es un milagro», dijo uno de ellos, y saliendo por un extremo del barco caminó un par de metros sobre el agua.

El obispo no daba crédito. El rabino volvió a subir al barco, entonces salió el segundo y caminó unos metros sobre el agua, y regresó también al barco. «No somos cristianos ni creemos en Jesús, pero en lo relativo a andar sobre el agua cualquier persona de esta zona sabe hacerlo. ¿Te gustaría probar?», le preguntaron.

El obispo dijo: «Por supuesto, ya que los dos lo habéis hecho, y yo creo en Jesucristo...». De manera que salió por el otro extremo del barco, y en cuanto puso un pie en el agua empezó a hundirse y a gritar: «¡Socorro, socorro!».

Los rabinos se rieron y dijeron: «¿Le contamos a este pobre hombre lo de las piedras, y que ha salido por el lado equivocado del barco? ¡Para andar sobre el agua solo tienes que pisar las piedras que hay bajo la superficie!».

El tipo de milagros en los que la gente cree no existen en el mundo. En realidad, todo es un milagro. El hecho mismo de estar aquí es un milagro; que el sol salga cada día es un milagro. Que las rosas florezcan, que las flores de loto se abran, que los árboles se balanceen y bailen con el viento..., todo es un milagro.

Puedes escoger entre estas dos opciones: o no hay milagros, o todo es un milagro. Yo prefiero la segunda, porque la primera es tomarse la vida con aridez, y eso convertirá toda tu vida en una monotonía carente de misterios y milagros. Yo prefiero la segunda.

Todo es un milagro; que una semilla brote, se convierta en un árbol inmenso, florezca y dé frutos es un milagro.

El otro día Shunyo me dijo que le llamó la atención que cuando cae una hoja del árbol vuelve a salir otra nueva en el mismo sitio que dejó la vieja; acaba de caer una y sale otra nueva y fresca en el mismo sitio...

La vida misma es un milagro.

Pero esos milagros como el de Jesús caminando sobre el agua o resucitando a los muertos no me interesan. Solo son mentiras. Es curioso..., aunque sea fácil de entender; si alguien puede caminar sobre el agua, esa noticia llegará a todo el mundo, saldrá en los periódicos y la persona marcará un hito en la historia. Los historiadores no podrán ignorar a alguien que resucita a los muertos; y a una persona así no habría que crucificarla, sino adorarla como si se tratase de un Dios.

Sin embargo, es paradójico que los contemporáneos consideraran un estorbo y tuvieran que asesinar a alguien como Jesús, que, según los cristianos, hacía milagros. No hay un solo libro judío de esa época, y ningún texto ni inscripción donde se mencione su nombre. Solo hablan de él sus cuatro discípulos en el Nuevo Testamento. Aparte de los cuatro evangelios, nadie se interesó por él en Judea..., y, teniendo en cuenta sus cualidades, al menos se habría mencionado su nombre. Aunque estuvieran en contra de él, habrían mencionado que era su enemigo. Pero en los textos judíos no se hace referencia a él.

Esto le sugirió una idea bastante verosímil a George Gurdjieff. Decía que Jesús no existió; decía que Jesús era un personaje de una obra de teatro que se representaba todos los años; del mismo modo que todos los años se representa la historia de Rama en cualquier parte de la India. Un sacerdote cristiano convirtió esta obra de teatro en una realidad para crear una nueva religión. La obra de teatro de la historia de Jesucristo era perfecta para crear una nueva religión, y cuando se inventó el cristianismo los judíos dejaron de representarla.

Esto también es una hipótesis, pero en el cristianismo nunca ha habido nadie que pudiera refutarlo, porque, aparte de los cuatro evangelios, no tenemos ninguna prueba de la existencia de Jesucristo. Los escribieron sus propios discípulos, y no difieren mucho el uno del otro; es el mismo evangelio escrito por cuatro personas distintas.

Lo que sí es cierto es que, aunque Jesús fuera una figura histórica, le han añadido mucha mitología y muchas mentiras para convertirlo en «el hijo único de Dios». Esto es lo más probable, porque es lo mismo que ocurrió con Gautama Buda o Mahavira, que sí fueron personajes históricos. En la literatura de su época se hace mucha referencia a ellos, incluso en los libros de sus enemigos; no podemos afirmar que fueran mitológicos.

Para convertirlos en seres humanos superiores, en superhombres, los discípulos fueron añadiendo nuevos milagros. Esto es evidente, porque en los libros más antiguos hay menos milagros, y a medida que fueron escribiendo libros nuevos se fueron añadiendo milagros. ¿De dónde han salido esos milagros si no estaban en los libros más antiguos?

Por ejemplo, en el libro más antiguo sobre Gautama Buda, no se menciona que naciera cuando su madre estaba de pie debajo de un árbol de sala. Dar a luz de pie es extraño y poco común. Pero Gautama Buda no solo nació estando su madre de pie, sino que se puso de pie en el suelo cuando salió de su vientre. ¡Y no solo eso, sino que anduvo dos metros! Y además declaró: «Soy el mayor iluminado de la historia pasada, presente y futura de la humanidad».

Una persona supersticiosa podría considerarlo un milagro, pero una persona razonable dirá que es una mentira que se ha añadido para convertir a Gautama Buda en un superhombre, en un dios, porque no se puede crear una religión sin un dios. Todos esos milagros son hábiles maniobras para inventar una nueva religión.

7

Nada que aprender

Osho:
Por una vez, vamos a darle la vuelta a la pregunta: ¿qué has aprendido estando con nosotros?

Sarjano, estamos en la última cena. Jesús reúne a todos sus discípulos y reina una sensación de tristeza en el ambiente. La habitación solo está iluminada por una vela. Todo el mundo se da cuenta de que está a punto de ocurrir un hecho crucial y que podría ser la última vez que comen juntos.

Jesús sirve el vino y le da un vaso a cada uno, y reparte la comida sirviéndosela personalmente a sus discípulos. La vela se está apagando, la comida se acaba, y solo queda un huevo duro.

Jesús le dice a Pedro, que está a su derecha: «Pedro, mi bendito discípulo, ¿quieres comerte el último huevo?».

«Ah, no, maestro», responde Pedro, «te corresponde a ti.»

Entonces Jesús se vuelve hacia su izquierda, y dice: «Juan, mi bendito discípulo, ¿quieres comerte el último huevo?».

«Ah, no, maestro», responde Juan. «Debes comértelo tú.» Jesús se lo pregunta a los doce discípulos y todos rehúsan comerse el huevo, diciendo que le corresponde a él, su maestro. En ese momento entra una ráfaga de viento por la ventana y apaga la vela. La habitación está sumida en la oscuridad y reina un extraño silencio.

De repente se oye un grito estremecedor. Alguien enciende

otra vela, y todo el mundo se sobrecoge al ver la mano de Jesús a punto coger el último huevo, ¡con doce tenedores clavados!

Pero es demasiado tarde para aprender...

Yo he aprendido mucho. Una de las cosas más importantes que he aprendido es a no sentir tristeza cuando me traicionáis, y a no sentir lástima cuando vais por mal camino; de hecho, ni siquiera espero que confiéis en mí.

Mi relación con vosotros es unilateral, es por vuestra parte, no por la mía. Estás aquí porque tú lo has elegido, y puedes irte cuando quieras. Si me amas es porque tú lo has querido. Y si empiezas a odiarme, también será porque tú lo has querido. A mí no me afecta en lo más mínimo; es la única forma de no sentirme herido, de no sentirme dolido.

A Jesús solo lo traicionó un discípulo una vez. A mí, en los últimos treinta y tres años, el tiempo que Jesús pasó en la Tierra, me han traicionado una y otra vez. He confiado plenamente en muchas personas que me han traicionado sin motivo alguno. Estaban dispuestos a dar su vida por mí y, de repente, por una tontería..., por no cumplir sus expectativas —que yo nunca he dicho que fuera a cumplir— su amor se transforma súbitamente en odio. Y la persona que estaba dispuesta a dar su vida por mí ahora está dispuesta a matarme.

De modo que he tenido que aprender por las malas que si me amas es porque tú lo has querido. Y si me odias, también es porque tú lo has querido. Es prácticamente como si yo no existiera; no formo parte de tu amor ni de tu odio. Es una dura lección, pero es preferible saberlo desde hace mucho tiempo.

Si alguien quiere asesinarme, por lo menos no tendré quejas ni resentimientos, porque esa persona ha tenido la libertad de amar y de odiar. Yo no tengo nada que ver con todo eso.

Seguiré haciendo lo que sea necesario para que desarrolles tu conciencia. Pero la gente se va, cambia; todo por sus estúpidas expectativas, y si no las cumples..., es como si hubiesen venido para cambiarme a mí, para transformarme. Quieren que me ajuste a su idea de cómo debería ser un maestro.

Yo te doy libertad absoluta para ser tú mismo. No espero nada, ni te impongo un ideal. No te doy ningún mandamiento. Sin embargo, en tu mente sigues teniendo expectativas que yo tendría que satisfacer, y si no son satisfechas, si no..., si no pueden ser satisfechas... Hay miles de personas que se relacionan conmigo. Cada uno tiene su ideal, sus conceptos morales. Es casi imposible; y aunque fuera posible, yo no soy el tipo de persona que sea capaz de relacionarse con un inconsciente, con alguien que vive en la oscuridad.

Estás aquí para transformarte. No te importa en absoluto cómo sea mi vida, ni lo que digo, ni lo que hago..., en cuanto empiezas a pensar que tienes que cambiarme, se rompe el puente entre tú y yo.

Y este puente solo va en un sentido, yo no participo. Puede que te resulte un poco duro, Sarjano, pero está implícito en tu pregunta; es posible que cuando la escribiste no la leyeras conscientemente. Porque dices: «Por una vez, vamos a invertir la pregunta». No se puede invertir ni siquiera una vez. Luego preguntas: «¿Qué has aprendido de nosotros?».

No tengo nada que aprender.

Estás aquí porque has encontrado a alguien que no tiene nada que aprender, y menos de alguien como tú, que va dando tumbos en la oscuridad, en la inconsciencia, que está al borde de la locura; solo un paso más y estarás en un manicomio.

Ni de ti, ni de nadie.

He dicho millones de veces que mi enfoque respecto a la verdad o a la realidad absoluta es que no se puede aprender de nadie. Y cuando lo sepas, no tendrás que aprender nada más.

Por eso te digo que la pregunta no se puede invertir ni una sola vez. No he aprendido nada de ti. No hace falta que te creas responsable de algo. Después de estar contigo durante tres décadas, no he aprendido, sino que he descubierto que en el mundo no hay nadie tan iluminado como para llamarlo amigo, ni tan iluminado como para decir que es un amado. Esto no es un aprendizaje, simplemente es lo que he descubierto a fuerza de conocer al ser humano.

Después de viajar por el mundo, mi descubrimiento ha quedado muy claro: la humanidad está llegando a un callejón sin salida. Es completamente inútil esperar algo de la humanidad. Es posible que algunas personas se salven, y estoy construyendo esta arca de Noé para ellos, sabiendo perfectamente que, cuando esté terminada, quizá no haya nadie a quien salvar. Y que todos hayan tomado su rumbo. No es habitual que tantas personas entren en contacto con alguien —ni con Jesús, ni con Mahavira, ni con Buda—, y ellos tampoco fueron abandonados por tantas personas. Es importante analizar este hecho. Incluso Gautama Buda, que era una persona muy perceptiva, estaba dispuesto a ceder en ciertas cuestiones ante sus discípulos. El discípulo se siente enormemente feliz si el maestro está de acuerdo con él, aunque para el maestro el hecho de estar de acuerdo con el discípulo sea como estar de acuerdo con la oscuridad, o que la verdad esté de acuerdo con lo que no es verdad, o que la vida esté de acuerdo con la muerte. Pero muy poca gente abandonó a Buda, a Mahavira, a Jesús, o a otros maestros, por haber cedido en cuestiones menores.

Yo soy una persona no acomodaticia. O estás conmigo totalmente, sin esperar nada de mi parte... Porque yo no puedo estar de acuerdo en algo, por más insignificante que sea, si no es verdad.

La verdad es indivisible. No se puede decir: «No acepto toda la verdad, pero sí una parte, un trozo, un fragmento». La verdad no es divisible. La verdad es casi como una circunferencia. ¿Alguna vez has visto medio círculo? Seguramente lo hayas malinterpretado, porque si ves medio círculo, ya no es un círculo; un círculo solo puede estar completo. Medio círculo no es un círculo, es un arco. Del mismo modo que un círculo es indivisible, también lo es la verdad, la vida, la existencia, el amor, el éxtasis.

Puedes tenerlo, o puedes no tenerlo.

Si lo tienes, no tiene sentido estar aquí. Y si no lo tienes, entonces está absolutamente claro que no lo tienes, porque es muy peligroso vivir con la ilusión de que tienes solo una parte.

¿Qué puedo aprender de vosotros? ¿A ser inconsciente, a tener codicia, a ser envidioso, a ser violento? ¿Qué puedo aprender de vosotros?

A medida que he ido conociendo a más gente, mi fe en la humanidad ha ido desapareciendo. Si quieres llamar a esto aprendizaje, hazlo.

Yo no veo la posibilidad de un futuro. Y queda tan poco tiempo antes de que baje el telón que no deberías perderlo con inutilidades. Dedica tu vida a lo más esencial, a lo fundamental; concéntrate solamente en tu iluminación.

Sacrifica todo lo demás por esto, porque no podrás posponerlo para mañana. Es posible que no haya un mañana.

Osho:
¿Podrías hablar del compromiso y la espontaneidad? ¿Son los polos opuestos de la misma energía?

El compromiso y la espontaneidad son, sin duda, los polos opuestos de la misma energía. El compromiso es parecido a la muerte, y la espontaneidad es parecida a la vida. El compromiso es como la oscuridad, y la espontaneidad es como la luz.

Aunque forman parte de la misma energía en dos polos opuestos, debes empezar por ser espontáneo. Todas las religiones quieren que empieces por el compromiso, todos los partidos políticos quieren que empieces por el compromiso.

Empezar por el compromiso puede ser muy peligroso, porque simplemente es otra forma de decir esclavitud. Esto es decir y prometer algo que no está en tus manos. Es decir: «Mañana seguiré siendo el mismo». Pero ¿quién sabe lo que puede ocurrir mañana?

El compromiso quiere decir: «Voy a cerrar los ojos a todo lo que pueda cambiar mi compromiso». Por eso las creencias ciegan a las personas. Tienen que cerrar los ojos por miedo, ya que podrían ver algo que vaya en contra de su creencia o de su compromiso.

El Papa anuncia todos los años una lista negra de los libros que los católicos no deberían leer. Si lo haces, irás al infierno con toda seguridad. El Papa añadió algunos de mis libros a la lista de los libros que los católicos no deben leer, y yo lo estaba comentando con un obispo en Nagpur; leerlos es trazar tu camino al infierno. Pero no es nada nuevo: la Iglesia católica lleva practicándolo desde hace casi mil ochocientos años.

En siglos anteriores, solían quemar y destruir cualquier libro que consideraran peligroso para los católicos. Ahora ya no pueden hacerlo, pero intentan evitar que los católicos —que son setecientos millones de personas, una gran mayoría del mundo— los lean.

«Alguien debe de estar leyendo mis libros», le dije al obispo de Nagpur, «si no, ¿cómo han hecho para tomar esa decisión? Seguramente los leerá el Papa en persona o algún cardenal subordinado del Vaticano; no se puede decidir que un libro es peligroso para la fe católica sin haberlo leído antes.»

El obispo se vio en un compromiso; no podía decir que sí, pero tampoco podía decir que no. Si decía «sí, los lee alguien», esto implica que esa persona irá al infierno. Y si esa persona no va al infierno, entonces no tiene sentido, porque nadie iría al infierno. No permiten que la gente sepa ciertas cosas que van en contra de sus creencias; lo hacen para taparles los ojos.

El compromiso exige que te tapes los ojos, que no tengas mente, ni razonamiento, ni lógica, ni inteligencia, ni conciencia. Es casi como estar muerto. Nunca empieces algo comprometiéndote.

El misterio de la vida es inmenso... Empieza por la espontaneidad, estando naturalmente despierto, sin comprometerte con nada, siempre dispuesto, abierto y al alcance de todo lo nuevo que pueda aparecer en tu camino. Solo una forma de vida espontánea te conducirá a tu verdadero ser.

Entonces ocurre el milagro, porque vivir con espontaneidad te lleva a una claridad de visión, a una inteligencia pura, destruyendo toda la oscuridad que hay en tu alma y haciendo que todo sea luz dentro de ti, y entonces la espontaneidad misma se convierte en compromiso.

No es algo que venga impuesto desde el exterior, sino algo que crece dentro de ti. Te comprometes con tu experiencia; te comprometes con tu comprensión. Te comprometes con tus propios ojos, con tu propia conciencia, con tu propia inteligencia, con tu propia experiencia.

Este compromiso tiene belleza y está vivo.

Es una espontaneidad que ha madurado.

Si la espontaneidad era como un niño, el compromiso es madurez, es consolidarse. No se puede empezar a vivir por la mitad o por el final; todo el mundo tiene que empezar por la niñez. Aunque todos los niños se hagan mayores, y todo lo que nazca, muera..., nadie puede empezar por la muerte. Si se vive la vida con alegría, con baile y con amor, la muerte, que es su culminación, no será oscura. No será el final de algo, sino un nuevo comienzo, el comienzo de una espontaneidad más elevada en otro plano.

Pero las religiones han engañado muy astutamente a toda la humanidad. Si no estás muy despierto, te costará entender todas las formas en las que te han engañado. La espontaneidad y el compromiso son los dos polos de la misma energía, pero hay un compromiso que es falso, porque ha sido impuesto desde el exterior, y no ha sido un florecimiento de tu propia espontaneidad. Ser católico, hinduista, musulmán o judío es un falso compromiso. No nace dentro de ti, no te lo has ganado. No es la madurez de tu conciencia ni la consolidación de tu ser, sino algo que te han impuesto otras personas desde arriba.

No es algo que haya arraigado en tu interior. Por eso en el mundo hay tantas religiones, y, sin embargo, no hay religiosidad. No hay un florecimiento de los valores religiosos, sino justamente lo contrario; la humanidad vive a niveles casi infrahumanos.

Empieza por la espontaneidad. Las tradiciones, las culturas y las civilizaciones no te lo permitirán, porque solo pueden controlar a las personas cuando están muertas. Y las controlan a través del compromiso.

Una persona espontánea no puede ser esclavizada. Y si una persona espontánea progresa, llegará al compromiso, pero será su propio compromiso con la existencia, será un compromiso de ella con la existencia. Entre esa persona y esta existencia inmensamente bella, esta maravillosa vida, la divinidad que hay en todo, no puede haber un intermediario, un sacerdote, un Papa, un imán o un shankaracharya.

Su espontaneidad acabará llevándola a un compromiso, pero es un compromiso que surge de su propia libertad. Estará arraigado en su ser. No es cristiano, pero podrá ser un Jesucristo. No es budista, pero podrá ser un Gautama Buda. No es hinduista, pero podrá ser un Krishna. No es jainista, pero podrá ser un Mahavira.

Por eso insisto en que la religión es un asunto privado, personal e individual. No se puede organizar. En cuanto lo organizas, lo destruyes. Si queremos que la humanidad sea religiosa, tendrán que desaparecer las religiones, porque son un obstáculo.

Hay trescientas religiones en el mundo. Las religiones separan a los seres humanos, les imponen distintos compromisos, y esos compromisos no tienen nada que ver con el tiempo y el espacio en el que nos encontramos.

Cuando el compromiso surge de la espontaneidad, siempre es oportuno, nunca está muerto; se incrementa con todos los cambios que van ocurriendo. Es como el agua de un río, que fluye porque no está congelada.

Pero como estos dos fenómenos están íntimamente relacionados, es muy fácil engañar a la gente. Y todo el mundo se halla en un estado de sueño profundo, sin estar alerta, por eso no pueden discriminar entre estas dos experiencias tan similares.

Pero basta un pequeño giro para cambiarlo todo. Empezando por el compromiso nunca alcanzarás la espontaneidad; es empezar por la muerte. Pero si empiezas por la espontaneidad, llegarás al compromiso, y ese compromiso no será una muerte. La muerte no puede surgir de la espontaneidad, sino una vida cada vez más grande e infinita.

Pero tienes que estar atento, ser un poco consciente...

Capturaron a dos delincuentes y fueron a la cárcel. Allí entablaron amistad, y pasaban la mayor parte del día ideando la forma de escapar. Una mañana, uno de ellos estaba tan contento que su amigo le preguntó: «Oye, ¿qué te ha pasado anoche?».

«Bueno», dijo el otro, «pero antes cuéntame cómo has pasado la noche.»

«De acuerdo», dijo el amigo. «He tenido un sueño maravilloso: la reja se abría sola y yo me fui andando. En la calle me encontré una bicicleta de carreras con diez marchas, me subí y me fui. Genial, ¿no? Y ahora cuéntame lo tuyo.»

El amigo dijo: «Yo también he soñado que se abría la reja, entonces entraron dos chicas preciosas que se desnudaron y empezaron a bailar la danza del vientre».

En ese momento, el amigo no se pudo reprimir y le preguntó: «¿Y cómo es que no me has llamado?».

«Imposible», respondió el otro. «¿Es que no te acuerdas? ¡Te habías ido en bicicleta!»

Nuestra vida no difiere mucho de los sueños. ¿Te has dado cuenta de que los sueños te parecen muy reales? Tan real como la vida misma cuando estás despierto, o incluso más, porque cuando estás despierto puede asaltarte la duda.

Puedes dudar, ahora mismo puedes dudar y pensar que a lo mejor es cierto, o a lo mejor es un sueño.

En el mundo ha habido grandes filósofos, como Shankara en Oriente y Bradley en Occidente, y toda su filosofía consiste únicamente en una declaración muy reveladora: que el mundo es una ilusión. No hay ninguna forma de demostrar que sea real. Lo único cierto es que puedes dudar de él. Pero en los sueños no existe la duda. Los sueños son tan increíblemente realistas que no se puede soñar y al mismo tiempo pensar que se trata de un sueño. No, el sueño te invade por completo.

Aunque tengamos los ojos abiertos, estamos viviendo distintos sueños. Y esos sueños no nos permiten darnos cuenta de cosas muy simples, por ejemplo, de que se aprovechan de nosotros destruyendo nuestra dignidad como ser humano y convirtiendo en santos religiosos a las personas más estúpidas e idiotas, que no tienen un ápice de inteligencia. Pero buscamos excusas muy raras...

Hace justamente unos días, una joven monja jainista se escapó de un monasterio con un joven. Esto provocó una convulsión dentro de la comunidad jainista de esa zona, cerca de Indore, que fue aún mayor cuando la chica declaró a la prensa, y escribió una carta a sus padres, que decía: «Ahora tengo veintiún años y puedo elegir el estilo de vida que deseo para mí. No voy a ser monja, y si seguís insistiendo...». Porque la estaban buscando, tratando de encontrarla. Los jainistas son muy ricos. Tenían el apoyo del gobierno y de la policía.

Entonces ella declaró a los periódicos: «Si insisten en obligarme a ser monja, revelaré la verdad, todo lo que ocurre dentro del monasterio. Nadie sigue la doctrina que enseñan a los profanos que están fuera. Hay toda clase de corrupción. Se supone que los monjes no deberían tener dinero; sin embargo, tienen mucho dinero. Se supone que los frailes y las monjas no deberían tener relaciones sexuales, pero las tienen. Y me han acosado de tantas maneras que si seguís insistiendo le diré al mundo toda la verdad. Mi hermana pequeña sigue ahí dentro. Ella también quiere salir del monasterio, pero todavía tiene dieciocho años.»

Sin embargo, en la India el dinero hace milagros. Deben de haber sobornado a la policía y al juez, porque presentaron una orden de detención. Esa chica no le ha hecho nada a nadie,

¿acaso no es libre de decidir cómo quiere vivir? Si ella no quiere ser monja, ¿por qué pueden obligarle a hacerlo la policía, el gobierno y la justicia? Y los padres decidieron ayunar. Esto es una forma de tortura, y aunque la gente crea que esto no es violento, lo es. El padre y la madre iniciaron un ayuno delante del monasterio, y declararon que no volverían a comer hasta que volviera la chica. Esto es una forma indirecta de presionarla para que ella regrese.

Estaban en juego el prestigio de la familia, la religión y el monasterio. Pero la chica debe de ser muy valiente, y se negó a volver. Huyeron antes de que la policía encontrara el sitio donde se había escondido con el chico. Espero que vengan aquí, porque no van a encontrar ningún lugar donde vivir con dignidad y con respeto. Vayan donde vayan, los tratarán como si fueran delincuentes.

De hecho, ella merece muchísimo respeto y merece ser honrada, porque ha sido un acto muy valiente. Pero solo les interesa encontrarla viva o muerta. Tienen miedo de que saque a la luz la realidad de este convento, que es la realidad de todos los conventos.

He conocido a muchos monjes jainistas cuando he viajado por la India, y me he quedado asombrado. Me he ganado la confianza de algunos frailes y monjas..., y cuando cerraban la puerta, me ofrecían Coca-Cola y Fanta que escondían en sus bolsas. Yo les dije: «Pero ¡esto es un milagro! ¿De dónde lo habéis sacado? En principio, no deberías tener este tipo de cosas...». No pueden tener nada. Todos tienen dinero, pero lo esconden. Todos tienen algún intermediario que les trae cosas de comer; incluso por la noche. Y ninguno es célibe.

Me encantaría que esa chica apareciera por aquí, porque aquí tendría libertad para ser ella misma. No tenemos un sistema de creencias ni compromisos. Y aquí podría manifestar todo lo que le ha ocurrido.

Osho:

El famoso psiquiatra R. D. Laing se hizo la siguiente pregunta refiriéndose a las situación actual del mundo y la humanidad: «¿Qué se puede hacer cuando no sabemos qué hacer?». Por favor, ¿podrías responderle a él y a todos nosotros?

Chidananda, R. D. Laing, sin duda, es uno de los psiquiatras más perceptivos del mundo. De hecho, fue el responsable de que la madre de Chidananda, Pratiti, viniera a conocerme. Ella había sido paciente suya durante doce años, y me la mandó cuando no supo qué hacer para curarla. Después de venir Pratiti, también vino Chidananda.

El propio hecho de que Laing aceptara que la meditación puede lograr lo que no consigue la psiquiatría es una prueba de su sensibilidad y su entendimiento. La pregunta que hace Chidananda es: «¿Qué se puede hacer cuando no sabemos qué hacer?». Si realmente quiere una respuesta oriental —porque conoce muy bien todas las respuestas occidentales, y no han servido—, esta respuesta puede encontrarse en el haiku de Basho:

> *Sentado tranquilamente, sin hacer nada*
> *llega la primavera*
> *y la hierba crece sola.*

R. D. Laing debe de conocer este pequeño haiku de Basho. En la vida hay momentos que no sabes qué hacer. Pero sigues haciendo cosas, como si todas las preguntas necesitaran que hagas algo para encontrar la respuesta, como si todas las preguntas se pudiesen contestar haciendo cosas. En Oriente hay un punto de vista diferente. Dicen que las preguntas no se pueden resolver haciendo, que solo pueden resolverse no haciendo. No intentes hacer cosas nuevas; hay preguntas que no se resuelven con la acción. De hecho, todo lo que hagas lo complica más.

Por ejemplo, una noche no puedes dormirte, pero quieres

hacerlo y preguntas: «¿Qué puedo hacer?». Entonces alguien te contesta: «repite este mantra o este cántico; cuenta hasta cien, y luego al revés»; pero todos estos esfuerzos solo te mantendrán despierto. No te dejarán dormir, porque para hacerlos tienes que estar despierto y no dormido.

En cambio, yo te diría que te olvides del sueño. ¿Qué problema hay? Si no puedes dormir, disfruta de ello. Quédate tumbado en la cama sin hacer nada, y cuando llegue la noche te dormirás.

Hay determinadas cosas que no necesitan que hagas nada, solo debes permitir que ocurran. En Occidente existe únicamente una categoría de cosas: todo hay que hacerlo. Si no lo haces, ¿cómo va a ocurrir? Pero se olvidan de que hay otra categoría que no depende de lo que hagas, sino de la relajación, del no hacer nada.

He visto un libro americano sobre la relajación cuyo título es ¡*Tienes que relajarte*! La misma palabra hace que incluso la relajación sea un enorme esfuerzo. Y el libro ha vendido millones de copias, porque Estados Unidos es uno de los países donde hay más insomnio.

Las personas humildes no se pueden permitir el lujo de tener insomnio; es una enfermedad de los ricos. Los pobres duermen a pierna suelta, y los ricos sufren. Al hombre le cuesta trabajo algo tan natural en todos los animales y árboles como dormir, y esto se debe a que nos pasamos el día haciendo cosas. Y después de estar tan activos, cuando nos acostamos tenemos que permitir que la mente pierda el hábito de hacer, pero antes de permitir que lo haga buscamos otra cosa: un método para dormir. Y de ese modo sigues con la misma rutina de hacer cosas. Nunca llegas a ese punto de tu ser en el que todo se relaja, todo descansa, nada se mueve..., solo hay un silencio eterno.

Ahora es el momento, sin duda, de encontrar la respuesta correcta a la pregunta de R. D. Laing: «¿Qué se puede hacer cuando no sabemos qué hacer?». Él sigue preguntando: «¿Qué se puede hacer?». Este es el condicionamiento de la mente occidental. En realidad la pregunta correcta sería: «Qué es lo que no hay que hacer cuando no sabemos qué hacer?».

Hacer cosas ha sido un fracaso. Intentemos no hacer, y no hacer es otra forma de decir relajación, meditación.

Basho tiene razón. En el mundo ha habido grandes poetas, pero quizá ninguno de ellos ha sido un meditador, como Basho; de ahí que su poesía no sea simplemente poesía, sino la esencia misma de su meditación. Cada palabra contiene una inmensidad.

Cuando digo el haiku de Basho, no te quedes en las palabras. Intenta sentir el contenido de las palabras, no el continente; las palabras son meros continentes.

Sentado tranquilamente, sin hacer nada
llega la primavera
y la hierba crece sola.

Él ha dicho todo lo que se puede decir acerca de la meditación; nos ha dado sus ingredientes esenciales. No es algo que tengas que hacer, sino algo que ocurre. Solo tienes que esperar, y ocurrirá a su debido tiempo. Cuando llega la primavera la hierba crece sola. Pero no basta con estar sentado, porque puedes estar sentado y que tu mente esté vagando por todo el mundo. Por eso añadió «sin hacer nada», ni con el cuerpo, ni con la mente. Sentarte como una estatua de Gautama Buda y esperar a la primavera... No hay que ser impaciente: la primavera siempre llega, y cuando lo hace crece la hierba.

El mundo ha llegado a un punto..., y ha llegado a este punto por la actitud occidental de la acción constante, y el menosprecio de la inacción. Oriente puede ser de gran ayuda en este momento. La acción está bien, es necesaria, pero no es lo único que hay.

Con la acción solo conseguirás las cosas mundanas de la vida. Si lo que buscas son los valores más elevados de la vida, estos están más allá del alcance de la acción. Tienes que aprender a estar quieto y abierto, dispuesto, en estado de oración, confiando en que la existencia te lo dará cuando estés maduro, y cuando tu silencio sea completo, estará lleno de bendiciones.

Lloverán flores sobre ti.

Solo tienes que ser un no hacedor, nadie, nada.

Los grandes valores de la vida —el amor, la verdad, la compasión, el agradecimiento, la oración, Dios, todo— ocurren en la nada, en un corazón absolutamente callado y receptivo. Pero Occidente está anclado en la acción. Y es posible que no haya tiempo suficiente para aprender a no hacer.

A lo mejor te sorprende, pero la India nunca ha invadido un país; sin embargo, ha sido invadida por casi todos los países del mundo. Todo el que quisiera podía invadir la India, porque era facilísimo. No es que la gente no fuera valiente, no es que no fuesen guerreros, pero la idea de invadir el territorio de otras personas les parecía horrible.

Hubo un conquistador musulmán, Mohammed Gauri, que asombrosamente invadió la India en dieciocho ocasiones, y fue expulsado por un gran rey guerrero, Prithviraj. Mohammed Gauri tuvo que retroceder, pero Prithviraj no invadió su territorio.

Muchas veces le dijeron: «Esto está yendo demasiado lejos. Ese hombre volverá a reunir un ejército, e invadirá de nuevo el país dentro de unos años. Es mejor que acabemos con él de una vez por todas. Has salido victorioso muchas veces, podrías haber ido un poco más allá. Su país es pequeño y está pegado a la India; podrías haberlo invadido y... ¡se acabó! Si no, será una preocupación constante».

Pero Prithviraj dijo: «Eso iría contra la dignidad de mi país. Nunca hemos invadido a nadie. Basta con que le obliguemos a irse. Y tiene tan poca vergüenza que a pesar de haber sido derrotado docenas de veces ¡sigue volviendo!».

En la decimoctava invasión, Mohammed Gauri fue derrotado, todo su ejército había sido liquidado, y él estaba escondido en una cueva pensando «¿qué voy a hacer ahora?». Entonces vio a una araña tejiendo su telaraña. Estaba ahí sentado sin tener nada que hacer, de modo que se dedicaba a observar a la araña. La vio caerse una y otra vez. Para ser exactos, se cayó dieciocho veces, pero la decimonovena vez logró tejer la telaraña y eso le dio una idea a Mohammed Gauri: «Tengo que hacer un último esfuerzo. Si esta araña no se ha desanimado después de fracasar dieciocho veces, ¿por qué habría de desanimarme yo?».

Volvió a reunir a su ejército, y la decimonovena vez conquistó a Prithviraj. Prithviraj había envejecido, y después de haber pasado toda la vida luchando su ejército estaba hecho trizas, destrozado. Lo apresaron, lo esposaron y lo encadenaron, algo que estaba completamente en contra del estilo de vida oriental.

Cuando otro rey, Poras, fue derrotado por Alejandro Magno y lo llevaron encadenado ante él, este le preguntó: «¿Qué trato deberías recibir?».

Poras dijo: «¿Qué clase de pregunta es esa? Un emperador debe ser tratado como un emperador».

Durante un instante hubo un profundo silencio en la corte de Alejandro Magno. Era lógico que Poras hiciera esta pregunta, porque su derrota realmente no había sido una derrota; se debió a la enorme astucia de Alejandro. Alejandro había enviado a su mujer a encontrarse con Poras, que estaba esperándola en la otra orilla del río. En esa época, en la India, las hermanas le ataban un cordón en la muñeca a sus hermanos, que recibía el nombre de rakshabandhan o atadura, como señal de que había prometido defenderlas.

Cuando llegó la mujer de Alejandro, fue recibida como una reina. Poras mismo fue a recibirla, y le preguntó: «¿Por qué has venido? Deberías haberme informado y yo habría ido a vuestro campamento».

Esto forma parte de la tradición oriental; iban al campamento del enemigo al atardecer —simplemente para hablar de cómo había ido el día, cuántos muertos había habido, o lo que había ocurrido. Como si fuera un partido de fútbol—; no se lo tomaban demasiado en serio.

Pero la mujer dijo: «He venido porque yo no tengo hermanos. He oído que tenéis una tradición, y por eso quiero que seas mi hermano».

Y Poras dijo: «Qué coincidencia, yo tampoco tengo hermanas».

De modo que le ató el cordón, y le dijo a Poras que le prometiera que: «Pase lo que pase en la guerra, recuerda que Alejandro es mi marido y tu cuñado, y no querrás que me quede viuda. No lo olvides».

Un día, al ser atacado por la espada de Poras, el caballo de Alejandro murió y Alejandro cayó al suelo. Poras se bajó del caballo con la espada, y cuando estaba a punto de clavársela en el pecho a Alejandro, vio el cordón que tenía en la muñeca y se detuvo.

Alejandro dijo: «¿Por qué te has detenido? Tienes la oportunidad de matarme».

Poras dijo: «He hecho una promesa. Entregaré mi reino, pero no romperé mi promesa. Tu mujer es mi hermana y me ha recordado que no debo dejarla viuda». Y se dio la vuelta.

Alejandro trataba como a un criminal incluso a personas como esta. Entonces le preguntó a Poras: «¿Qué trato deberías recibir?».

«Deberías tratarme como un emperador trata a otro emperador. ¿Has olvidado que si hubiese pasado un segundo podrías estar muerto? Y se lo debes todo a tu mujer, el mérito es suyo.»

Pero le habían tendido una trampa. En Oriente no se hacen este tipo de cosas. Mohammed Gauri encarceló a Prithviraj a pesar de ser uno de los mejores arqueros de su época. Y lo primero que hizo fue sacarle los ojos.

Al mismo tiempo capturaron al amigo de Prithviraj, que era poeta. Prithviraj le dijo: «Ven conmigo a la corte. Nadie sabe nuestro idioma, y para dar en el blanco no me hace falta ver, solo dime a qué distancia está».

Mohammed Gauri temía tanto a Prithviraj que no se sentó en su trono habitual, sino en el palco, y el resto de la corte estaba abajo. Entonces Chandra Bardaj, el poeta, le describió exactamente la altura que había y la distancia. «Mohammed Gauri estaba sentado...» Se lo dijo cantando, y, gracias a su descripción, Prithviraj pudo matar a Mohammed Gauri. La flecha se clavó justo en su corazón.

Sin embargo, Chandra Bardaj estaba asombrado porque Prithviraj tenía los ojos llenos de lágrimas. Prithviraj dijo: «Lo que he hecho no está bien, me ha obligado a hacer algo que va en contra de nuestra tradición».

Oriente tiene un enfoque de las cosas completamente distinto. Si Occidente aprende algo de Oriente, lo más importante será que todas las cosas grandes surgen del no hacer, de la no agresividad, porque, en potencia, todos los actos son agresivos. Solo cuando estás en un estado de no acción no eres agresivo. Estás receptivo, y en ese estado toda la existencia te colma con sus tesoros.

La pregunta de R. D. Laing es muy significativa. Chidananda, mándale también mi respuesta. Ha leído mis libros y me conoce perfectamente. Y ha tenido mucha influencia en el campo de la psicología en Occidente; quizá sea la figura más influyente y más original de este momento.

Si se lo propone —en lugar de ideas psicológicas, psicoanalíticas o psiquiátricas— puede difundir lo que Occidente necesita: una comprensión profunda de la meditación, de la no acción, permitiendo que la existencia siga su propio camino.

8

Tenemos el alma cargada de armas nucleares

Osho:

En las últimas semanas has hablado mucho de que el mundo se dirige a un punto muerto a toda velocidad, sin mostrar esperanzas de que las cosas vayan a cambiar. Por otro lado, hasta hace unos meses, hablabas de la posibilidad de que la presencia de doscientos iluminados o incluso de uno, podrían salvar el mundo. ¿A qué se debe este cambio de enfoque? ¿Has renunciado a la otra posibilidad? ¿Ha ocurrido algo en las últimas semanas que te haya hecho cambiar de opinión?

Es verdad que he estado hablando mucho de que el mundo se dirige a un punto muerto a toda velocidad. Y el motivo es que, en realidad, es lo que está ocurriendo. Aunque también ocurría antes. Ahora lo que pretendo es que se grabe en vuestra conciencia para que no pospongáis vuestra transformación. La mente del hombre es tan estúpida que si puede posponer para mañana, lo hará, a menos que llegue a un callejón sin salida donde no pueda avanzar y se vea obligado a dar media vuelta.

Pero no ves lo que está ocurriendo en el mundo. Podrías seguir durmiendo mientras el mundo se muere. Es urgente tomarse en serio que el mundo quizá no exista mañana. No hay tiempo que perder en nada que no sea tu propio despertar.

Sé que el mundo se salvaría si hubiera doscientos iluminados, pero jamás he dicho que un solo iluminado pudiera salvar el mundo. Es una carga demasiado pesada. Un solo iluminado no podría soportarla, tiene que haber al menos doscientos. ¿Y de dónde van a salir esas doscientas personas? Tienen que salir de vosotros, vosotros tenéis que convertiros en esas doscientas personas. Y vuestro crecimiento es tan lento que me temo que el mundo desaparezca antes de que os iluminéis.

No estáis poniendo toda vuestra energía en meditar, en ser conscientes. Es una de las muchas cosas que estáis haciendo, y ni siquiera es una prioridad en vuestras vidas. Quiero que sea vuestra prioridad. Y la única manera de que se grabe profundamente en vuestra conciencia es sabiendo que el mundo se va a acabar pronto.

Si no estás despierto antes de que acabe, te perderás en un largo viaje, porque la evolución volverá a empezar desde el principio en algún otro planeta. El hombre ha tardado cuatro mil millones de años en aparecer en este planeta. Su vida surgió en el océano en forma de pez. Si se destruye el planeta, la vida seguirá en otro, pero tendrá que volver a empezar desde el principio, y quizá al cabo de cuatro mil millones de años vuelvas a ser un ser humano. Es un riesgo muy grande.

En el mundo no ha cambiado nada; todo va en dirección a la muerte —por supuesto, un poco más deprisa— y el momento de la aniquilación total está muy próximo. Todo depende de tus prioridades. Si tu prioridad es iluminarte y estás dispuesto a sacrificarlo todo para conseguirlo, entonces habrá una esperanza.

Ya os he contado esa vieja historia del Antiguo Testamento, aunque ahora no sirve para nada, porque la situación es distinta. En el Antiguo Testamento había una historia de dos ciudades casi del tamaño de Hiroshima y Nagasaki. Se llamaban Sodoma y Gomorra. Los habitantes de esa ciudad se habían pervertido tanto que sus actos eran antinaturales y psicopatológicos. Habían perdido el rumbo de su sexualidad. Debían de ser la California del Antiguo Testamento.

La historia es que Dios intentó que esa gente cambiara de todas las formas posibles. Pero es muy difícil cambiar a alguien, incluso para un dios, porque el hecho mismo de que alguien intente cambiarte, aunque sea para bien, crea un resistencia, incluso si la persona que quiere cambiarte no tenga un interés personal en ello. Pero la idea de que alguien quiera cambiarte, crea una resistencia inconsciente para no cambiar.

Finalmente, Dios renunció a su propósito y decidió destruir las dos ciudades, porque constituían un peligro. Podría extenderse su enfermedad al resto de la humanidad. En Sodoma, la perversión había llegado hasta el extremo de que la gente hacía el amor con los animales; de ahí proviene el término sodomía. En Gomorra se habían vuelto homosexuales; la heterosexualidad había desaparecido completamente. Según el Antiguo Testamento, Dios arrasó las dos ciudades, pero los místicos jasídicos tienen otra versión.

El judaísmo nos ha dado una de las ramas místicas fundamentales: los jasídicos. Los judíos ortodoxos no los aceptan; los ortodoxos nunca aceptan a los religiosos. Pero de todas las religiones establecidas surgen grupos rebeldes no organizados, que tienen otra interpretación y otro estilo de vida. El jasidismo es una de las formas más bellas de encontrarse a uno mismo y descubrir la realidad de la existencia.

Los jasídicos tienen una versión diferente, porque no admiten que Dios tuviera que destruir esas dos ciudades; debía haber alguna forma de salvarlas. Ellos dicen que cuando Dios decidió destruirlas un jasídico se le acercó y le hizo una pregunta: «Vas a destruir estas dos grandes ciudades, pero ¿alguna vez te has parado a pensar que podría haber doscientas personas buenas entre las dos ciudades? Y si las destruyes, no será un buen precedente. Tendrás que cambiar tu decisión, aunque solo sea por el bien de esas doscientas personas».

Dios pensó un instante y dijo: «Nunca lo había mirado desde ese punto de vista. Seguro que hay personas buenas que serán destruidas junto a las malas. Si puedes demostrarme que hay doscientas personas buenas, no destruiré esas dos ciudades».

El jasídico dijo: «Pero imagínate que no hubiera doscientas, sino solo veinte, diez en cada ciudad. ¿Destruirás a esas personas buenas? ¿Es más importante para ti la cantidad que la cualidad? ¿Qué importa que haya doscientas o veinte personas buenas?».

Dios tuvo que admitir el argumento del jasídico, y dijo: «Por supuesto. Demuéstrame que hay veinte personas buenas».

El jasídico respondió: «Si solo hubiese un hombre bueno que vive seis meses en una ciudad y seis meses en la otra, ¿qué harías? ¿Destruirías las dos ciudades? ¿Sería una buena acción? Se puede matar al noventa y nueve por ciento de la gente si son personas malas para salvar al uno por ciento de personas buenas; pero no se puede matar al uno por ciento de las personas buenas para salvar al noventa y nueve por ciento de personas malas».

Dios dijo: «Eres muy convincente. De acuerdo, enséñame a ese hombre bueno».

El jasídico dijo: «El hombre bueno soy yo, y vivo seis meses en una de las ciudades para ayudar a la gente a transformar su forma de vivir, y otros seis meses en la otra por el mismo motivo. ¿Qué vas a hacer? ¿Me matarás a mí también? ¿Un solo hombre bueno no vale más, no tiene más peso que doscientas personas malas?». Según la historia jasídica, Dios accedió a no destruir las dos ciudades. Los judíos ortodoxos no creen en esta historia porque no está en el Antiguo Testamento. Es posible que sea mentira, pero para mí es más verdadera que ninguna verdad. Aunque no esté en el Antiguo Testamento, es tan coherente que no puede ser mentira. Aunque no sea histórica, tiene una realidad espiritual.

Por eso estoy diciendo que se podría salvar el mundo si hubiera doscientas personas iluminadas. La creación es muy generosa; no puede matar a doscientas personas despiertas, que hayan alcanzado la cima de la conciencia, algo que nos ha llevado cuatro mil millones de años de evolución. ¡Pero tenéis que convertiros en esas doscientas personas! Os digo que el final está muy cerca para que os despertéis. Y esta vez no es una parábola.

Esta es la misma estrategia que usó Jesús: decir que el fin del mundo y el día del juicio final estaban muy cerca. Antes de partir —antes de que los enemigos lo detuvieran y se supiese que sería crucificado al día siguiente—, los discípulos le preguntaron, le hicieron su última pregunta: «¿Cuándo volveremos a verte?». Y él dijo: «En esta vida, porque el fin está próximo, pero haced lo que os he dicho».

Pero ni siquiera los cristianos sabían lo que estaba diciendo. La última noche, antes de ser detenido, les dijo a sus discípulos cuando estaban en las montañas: «Puede ser que sea la última noche que estemos juntos, y quiero irme a rezar. Permaneced despiertos mientras yo rezo detrás del matorral. Es fundamental que os quedéis despiertos para apoyar mis plegarias. ¡No os durmáis!».

En mitad de sus rezos, volvió y se los encontró a todos dormidos. Los despertó diciendo: «¿Es que no me habéis entendido? Os he pedido que permanezcáis despiertos. ¿No podéis estar despiertos ni siquiera una noche? Ya no volveré a estar con vosotros. Saber que me van a matar mañana, ¿no os sirve para quedaros despiertos?». Ellos estaban desolados, dijeron que lo intentarían, y él se fue. Esto volvió a repetirse unas cuatro o cinco veces; cada vez que volvía, se los encontraba dormidos.

Para mí esta fue su última enseñanza: mantenerse despierto. Pero el cristianismo se ha olvidado de esto completamente. No he visto ni un solo comentario de los cristianos sobre el sentido de que Jesús repitiera insistentemente: «¡Mantente despierto!». Estaba haciendo todo lo posible, porque después de desaparecer tendrían muchas probabilidades de quedarse dormidos como el resto de la humanidad, y empezar a hacer cosas en sus sueños, que realmente no habían hecho. Solo puedes evitar cosas que no hay que hacer cuando estás despierto, alerta.

Su última lección fue estar despierto, pero sus discípulos le fallaron, no solo los doce discípulos más próximos, sino que le han fallado todos los discípulos a lo largo de dos mil años. La frase misma «estar despierto» ha desaparecido del concepto cristiano de las transformación del ser humano. Jesús repetía constantemente: «El fin está muy cerca». Esto era una estrategia, porque, si crees que todavía tienes tiempo, ¿por qué no dormir un poco más? ¿Qué prisa tienes? Pero si no tienes tiempo, es posible que esta impresión te haga despertar.

Lo que para Jesús solo era una estrategia, para mí no lo es. Es una realidad. El mundo se va a acabar. He intentado daros esperanzas, porque tengo que hacer dos cosas: por un lado tengo que dejaros claro que el mundo está llegando a un suicidio absoluto, y por otro lado tengo que daros esperanzas de que tenéis posibilidades de despertaros.

Tu despertar es inmensamente importante; nunca ha sido tan importante, ni con Jesús ni con Gautama Buda, porque en esa época tenían tiempo suficiente. Pero ahora nos hemos quedado sin tiempo, estamos en el maldito fin de los tiempos.

Es absolutamente necesario que toméis conciencia de la realidad, para que hagáis un esfuerzo por manteneros despiertos, un esfuerzo por ser más conscientes y no perderos en cosas sin importancia. Por eso, seguiré insistiendo en ello, porque el fin cada día está más cerca.

El ser humano está tan dormido que es como un coma, y todas sus acciones surgen de ese estado de coma; de lo contrario, el mundo no tendría por qué acabarse. Pero tenemos el alma cargada de armas nucleares. Todo se acabará por culpa de nuestra ignorancia, por estar profundamente dormidos.

Un polaco estaba cruzando el desierto del Sahara a camello. Después de pasar dos meses él solo con el camello, soñando con hermosas mujeres, empezó a encontrar atractiva a la camella y decidió hacer el amor con ella. Pero en cuanto estuvo preparado, el camello se levantó, avanzó unos pasos y se paró. El polaco volvió a intentarlo, pero de nuevo el camello se levantó, dio unos pasos y se paró. El polaco volvió a intentarlo de nuevo, sin conseguirlo.

Un día se encontró los restos de un avión que se había estrellado en el desierto y, a poca distancia, había una mujer inconsciente, pero viva. Él la cuidó durante varios días hasta que ella se recuperó completamente. Una mañana se acercó a él muy coqueta, le abrazó y le dijo que estaba muy agradecida por haberle salvado la vida. «Has sido muy bueno conmigo», dijo, «y me gustas tanto que haría por ti lo que tú me pidas.»

Viendo su bello rostro, el hombre le preguntó: «¿Lo dices en serio?».

«Sí», respondió ella.

«No sabes cuánto te lo agradezco», respondió el polaco. «¿Te importaría sujetarme el camello?»

Esta es la situación de la humanidad. Aunque solo seáis vosotros, tenéis que salir de ahí, y necesitáis que os den un golpe en la cabeza para no olvidar que no es una época ordinaria. En la historia del humanidad nunca ha habido un momento de tanto peligro como el que estamos atravesando ahora. No es momento de pelear ni de discutir por temas teológicos; no es muy inteligente que te consueles pensando que habrá un milagro y que la guerra mundial se pospondrá. No es solo la guerra mundial; el ataque es multidimensional.

La ecología del mundo está a punto de colapsarse.

Hay miles de submarinos en el océano dando vueltas por la Tierra, y cada uno de ellos posee armas nucleares tan potentes que un solo misil nuclear supera con creces toda la energía que se usó en la Segunda Guerra Mundial. La Unión Soviética tiene sus submarinos, y Estados Unidos tiene los suyos. Si dos submarinos chocaran por accidente, la vida se esfumaría de todo el planeta. Y los políticos solo van acumulando cada vez más armas nucleares.

La población del mundo aumenta a tal velocidad que solo eso será motivo suficiente para que la mitad de la humanidad muera de hambre y de sed.

Estas son las formas multidimensionales en las que la muerte está acercándose a la Tierra.

Hemos talado tantos bosques que encima de la atmósfera se ha acumulado una densa capa de dióxido de carbono, a varios kilómetros de la Tierra, donde termina el aire. Esa capa es tan gruesa que ha hecho que aumente la temperatura, y ahora es más alta que nunca en la Tierra; el aumento de la temperatura está derritiendo el hielo del polo norte y del polo sur. Si el hielo sigue derritiéndose —y no hay forma de impedirlo—, el nivel del agua de los océanos aumentará más de un metro. Todas las grandes ciudades son puertos; se inundarán y no se podrá vivir en ellas.

Si esta capa de dióxido de carbono sigue aumentando, las nieves eternas del Himalaya y los Alpes, que nunca se han derretido, empezarán a hacerlo. En el Himalaya hay tanto hielo acumulado que el nivel del océano aumentará más de diez metros si se derrite todo el hielo. Todas vuestras ciudades quedarán sumergidas, y esa inundación no va a remitir.

Una de las cosas más peligrosas que están ocurriendo actualmente es que el dióxido de carbono seguirá acumulándose. Los árboles absorben el dióxido de carbono. Pero al talar los árboles estás abortando dos cosas: el suministro de oxígeno para vivir y la absorción del dióxido de carbono. Es un arma de doble filo, y es absolutamente innecesaria.

El hombre ha intentado llegar a la Luna y a Marte, pero no somos conscientes de que previamente, donde se acaba el aire, a varios kilómetros de la Tierra... hay una gruesa capa de un gas, el ozono (O_3), que es una protección. La vida ha sido posible en la Tierra gracias a esa capa. El ozono solo tiene una función: no permitir que pasen los rayos de sol perjudiciales para la vida; los rebota. Solo permite que pasen los rayos de sol que dan vida.

Los cohetes que van a la Luna y a Marte han perforado la capa de ozono por primera vez. Y esos agujeros permiten el paso de todos los rayos solares hacia la Tierra, incluso los perjudiciales para la salud.

Cuando digo que el fin del mundo no está lejos, no estoy haciendo lo que hizo Jesús, no lo estoy usando como un recurso. Hacia finales de siglo xx podrás comprobar que todas estas dimensiones están provocando más muerte. Tengo que recalcarlo:

hasta que no seas absolutamente consciente de la muerte, no podrás emplear toda tu energía en transformar tu ser.

A la gente le cuesta trabajo cambiar, les resulta más fácil quedarse como están, como si fuesen piedras, rocas. El cambio requiere cierto esfuerzo; tienes que comprometerte a cambiar tu energía, a tomarte tu ser completamente en serio y no derrocharlo en tonterías.

Falleció un famoso playboy, y sus mejores amigos decidieron celebrar el duelo con una fiesta. Cuando estaba muy avanzada la noche, alguien sugirió llamar al infierno para saber dónde estaba él. «¿Y cómo vas a llamar al infierno?», preguntó alguien.

«Bueno», respondió el hombre, «supongo que será como una llamada de larga distancia.»

Sacaron la guía telefónica para saber cómo se hacía una llamada al espacio, y llamaron al infierno. A los pocos segundos contestó una voz muy áspera: «Esto es el infierno. ¿Qué quiere?».

Aterrorizados por la diabólica voz, dijeron: «Estamos buscando a un amigo».

«¿Cómo se llama?»

«Peter Thompson.»

«No está aquí.» Y el diablo colgó el teléfono.

Totalmente sorprendidos, y sin saber qué hacer, decidieron llamar al purgatorio. Marcaron el número del purgatorio y cuando les contestó una voz menos agresiva, más profesional, sintieron cierto alivio. Le dijeron que estaban buscando a un amigo que acababa de morir y que no estaba en el infierno.

«Bueno», dijo la voz, «aquí tampoco está. Intentad buscarlo en el cielo.»

«¡Pero él era playboy!», dijeron sus amigos.

«En algún sitio tiene que estar. Mirad en el cielo.»

Así que llamaron al cielo y oyeron una voz celestial muy suave, que decía: «Hola. Esto es el cielo. Soy la Virgen María. ¿En qué puedo ayudaros?».

Le explicaron avergonzados toda la historia.

«No», dijo la preciosa voz con un eco. «No está aquí. Gracias por llamar. Vuelve a llamar otro día.»

Todos los días llamaban al cielo y recibían la misma respuesta. Llamaron y llamaron, y una semana más tarde, un domingo por la mañana, les contestó una voz muy sexy y seductora: «Ey, soy María. ¿Qué queréis, chicos...?».

Todos se miraron sonriendo, y exclamaron al mismo tiempo: «¡Ya ha llegado!».

Es muy difícil cambiar. Un playboy seguirá siendo un playboy en el cielo o en el infierno; siempre seguirá repitiendo lo mismo.

Estar alerta significa dejar de ser un robot. Cambiar tus costumbres, moverte más conscientemente, hacer que todos tus actos sean objeto de atención. Entonces los pocos años que quedan te bastarán y serán más que suficientes. Si enfocas toda tu energía en la transformación, la destrucción de la Tierra no será tu destrucción. Si puedes morir conscientemente habrás encontrado la llave para una vida más elevada, una vida eterna, una vida divina.

Osho:
¿Por qué me nace esa risita en el corazón cada vez que veo que usas a todo el mundo como un truco para nuestro crecimiento, y a nosotros como un truco para todo el mundo? ¿Podrías comentarlo?

Sarjano, tendrás que olvidarte de esas risitas del corazón. No es un truco. No queda tiempo para trucos. Tu risita es una justificación; no quieres creer que el mundo se va a acabar, porque no quieres cambiar. Quieres que te diga que solo es un truco para poder relajarte, relajarte en el patrón fijo de tu vida. Pero no puedo mentirte.

Cuando uso recursos, os digo que son recursos. Pero esto —transformar al mundo por medio de ti, o transformarte a ti por medio del mundo— no lo es. Solo estoy mencionando un hecho muy triste. Tu risita solo es un intento de mitigar el impacto que estoy intentando crear.

Te puedes reír de todo lo demás, pero no te rías de tu transformación. Tu risa es tu inconsciente intentando engañarte, diciéndote que ocurrirá algo para que no tengas que preocuparte.

El inconsciente no quiere que desaparezcas. Tu inconsciente es nueve veces más grande que tu consciente, y nueve veces más fuerte. Tienes que estar muy alerta para que no te atrape el poderoso inconsciente; o, si no, cerrará todas las puertas, todas las posibilidades y todo el potencial de transformación.

Apoyo tu risa sobre todas las demás cosas del mundo, excepto sobre la transformación necesaria en ti. Y el problema es que te tomas en serio todo lo demás, pero no te tomas en serio tu propio mundo interior.

El Papa polaco llegó a Estados Unidos en su gira mundial. Al salir del avión había una larga fila de personas esperándole con banderas y gritando: «¡Elvis, Elvis!».

El Papa los miró con expresión de santidad, y besó el suelo diciendo con suavidad: «Hijos míos, mirad, yo no soy Elvis, soy el Papa».

Al entrar en el aeropuerto había una multitud de gente bailando, agitando banderas y gritando: «¡Elvis, Elvis!».

Un poco indignado, el Papa los bendijo y dijo suavemente: «No, mis queridos corderos, yo no soy Elvis, soy el Papa».

Más tarde, al llegar a su hotel, no podía dar crédito a lo que estaba viendo; en el hall había cientos de personas blandiendo banderas y gritando: «¡Elvis!».

Un poco extrañado juntó las manos, hizo la señal de la cruz, sonrió con cara de bendición y anunció: «Mis queridos corderos, yo no soy Elvis, soy el Papa».

Una vez se hubo recuperado, subió a su suite en el piso de arriba, y, al abrir la puerta, se encontró encima de la cama a dos bellas señoritas desnudas tumbadas, agitando banderas y gritando extasiadas: «¡Elvis, Elvis!».

El Papa se quitó la ropa inmediatamente y empezó a cantar: «You ain´t nothing but a hound dog...».[1]

---

1. «No eres más que un perro rastreador», famosa canción de Elvis Presley.

El inconsciente siempre está ahí y es tan potente —seas el Papa o no— que siempre saldrá ganando. Tienes que fortalecer tu conciencia para que el inconsciente vaya debilitándose, poco a poco, y muera. Ese es el significado de una persona iluminada: alguien cuyo inconsciente ha desaparecido del todo, y cuyo ser se ha llenado de conciencia.

Diga lo que diga, tengo el claro presentimiento de que el mundo está llegando a su fin. No te rías para restarle importancia. No intentes justificarlo; eso no servirá.

No hay tiempo que perder con consuelos inconscientes. Es necesaria una transformación absoluta; el ser humano nunca ha tenido tanta urgencia; en cierto modo, tienes la mala suerte de que no haya futuro. Y en otro sentido, eres afortunado, porque esta crisis es tan profunda que quizá te despiertes.

Osho:
Cuando vengo a verte, a menudo quiero que me reconozcas, quiero una señal de que me ves, de que sabes que existo, una mirada, un gesto o incluso que respondas a una pregunta. Pero nunca me respondes. Cuando siento la tensión y el dolor que me produce este anhelo, lloro y después me relajo. Mi corazón se abre y miras hacia mí. Osho, ¿tengo que ir siempre a través de todo ese dolor y esas lágrimas para entrar en contacto con mi ser interior? Tengo un condicionamiento judío, ¿podría ser este el motivo?

Tu condicionamiento judío lo explica todo. Pero tu pregunta podría ser la pregunta de muchas personas.

Dices: «Cuando vengo a verte, a menudo quiero que me reconozcas». Esta es una de las enfermedades del alma. Toda la existencia te reconoce: los pájaros con sus canciones, los árboles con sus flores, el sol con sus rayos, la luna con su belleza, todos te reconocen. Pero lo has olvidado. Quieres que te reconozcan en términos humanos, quizá a través del lenguaje.

La existencia es silenciosa, su reconocimiento es en silencio.

Lo único que tienes que hacer es estar en silencio para entenderlo.

En lo que a mí respecta, al iniciarte en el camino del misticismo, te he dado mi reconocimiento. No te he preguntado si eres digno de ello o no, si lo mereces o no. He reconocido tu potencial espiritual sin necesidad de examinarte ni hacerte una prueba.

Dices: «... quiero una señal de que me ves, de que sabes que existo, una mirada, un gesto o incluso responder a una pregunta». Yo sé que existes, pero mi intención es que no lo hagas; ¡por eso evito mirarte! Porque si te miro, te estaría dando energía y fomentando tu existencia, pero no es la verdadera existencia; es tu ego, es tu complejo de inferioridad. Quiero que dejes de lado ese ego hambriento de reconocimiento. Cuando lo dejes, inmediatamente verás que el reconocimiento existe.

Dices: «Nunca me respondes. Cuando siento la tensión y el dolor que me produce este anhelo, lloro y después me relajo». Si entiendes correctamente tu pregunta, ya tienes la respuesta. Lloras y después te relajas.

«Mi corazón se abre y miras hacia mí.»

Cuando estás relajado toda la existencia está inmensamente feliz. No solo te miro yo, todo te está mirando. Pero es porque estás relajado, es por tus lágrimas. Las lágrimas te limpian, y tu relajación no permite que se forme el ego. Has descubierto el secreto, que miro hacia ti...

«Osho, ¿tengo que ir necesariamente a través de todo este dolor y estas lágrimas, para entrar en contacto con mi ser interior?» Eso solo depende de ti; si te gusta, si quieres ir por ese camino, tendrás que admitir que también hay dolor y lágrimas. De lo contrario, también puedes ir a través de la risa, del canto y del baile. Lo único que importa es que en el dolor y las lágrimas, o en el canto y el baile, desaparezca el ego, y es tu elección.

Un hombre vio un cartel en un restaurante que decía: «Bienvenido, aquí siempre te sentirás como en casa. Pasa, así tendremos la oportunidad de demostrártelo».

El hombre entró. Cuando vino la camarera le pidió cuatro chappatis quemados. La camarera no podía creer lo que estaba oyendo, «verduras sosas», y cosas así. «¿Está bromeando?», le preguntó.

«No», dijo él. Ella se fue, quemó los chappatis y le trajo los platos sintiéndose desconcertada y pensando que era un hombre muy raro. «¿Algo más?», le preguntó.

«Sí», dijo él. «Siéntate enfrente y dame la lata.»

«Eres un tipo muy raro», dijo ella. «No soy tan raro», respondió él. «El cartel que hay en la puerta dice: "Te sentirás como en tu casa", y yo quiero sentirme como en casa. Esto es lo que pasa todos los días en mi casa: los chappatis están quemados, las verduras están sosas, todo está mal, y finalmente mi mujer se sienta enfrente y me da la lata. Y no puedo ni decirle que los chappatis están quemados y que las verduras están sosas...»

Depende de ti, tienes las dos posibilidades. Puedes relajarte con el dolor y las lágrimas... pero no es la mejor elección. Puedes relajarte cantando, bailando y regocijándote; y verás cómo te relajas. Inténtalo de esta forma.

Dices: «Tengo un condicionamiento judío. ¿Podría ser ese el motivo?». Obviamente sí. Pero cuando te haces sannyasin, dejas de ser judío. Un sannyasin es simplemente un ser humano. Tu condicionamiento sigue estando ahí, pero, en vez de llorar y sufrir, ponte a cantar y a bailar. Aunque te cueste un poco al principio, puedes cambiar tu condicionamiento; puedes des-condicionarte.

Cuando acabó de examinar al paciente, el médico le pidió que pasara a su despacho, con una expresión seria. «Lamento tener que ser yo quien se lo diga, pero tengo que informarle de que le quedan seis meses de vida», dijo.

«¡Ay, Dios mío!», exclamó el paciente palideciendo. Cuando asumió la noticia, le preguntó al médico: «Me conoce desde hace mucho. ¿Podría darme algún consejo de cómo aprovechar al máximo los meses que me quedan?».

«¿Alguna vez ha estado casado?», le preguntó el médico.

El paciente respondió que siempre había sido soltero. «Quizá debería pensar en tener una mujer», sugirió el médico. «A fin de cuentas, va a necesitar que alguien le cuide durante la enfermedad.»

«Es un buen consejo, amigo», dijo. «Si solo te quedan seis meses de vida es mejor aprovecharlos al máximo.»

«¿Puedo darle otro consejo?», preguntó el médico.

Cuando el paciente asintió, dijo: «Cásese con una chica judía».

«Una chica judía..., ¿y eso por qué?», preguntó.

El médico respondió: «Porque seis meses le parecerán seis vidas».

Tú decides, pero mi consejo es que ya estás casado con el condicionamiento judío; ahora tienes que divorciarte. Sé simplemente un ser humano feliz, bailando, cantando. Y si hay lágrimas, que sean de alegría, de dicha, de paz, de silencio. Cuando estés relajado, todos los poros de tu ser se llenarán de éxtasis. Toda la existencia te reconocerá, no solo yo.

El éxtasis se puede explicar de otro modo: es un reconocimiento por parte de toda la existencia de que eres necesario, de que eres bello, de que la existencia sería menos rica sin ti.

9

Este es el último baile

Osho:

Cuando estoy solo, leyendo tus libros y escuchando tus cintas, me siento inmensamente feliz y me pongo a llorar, lloro y bailo en soledad. Pero no puedo expresar mis sentimientos delante de los demás, aunque me gustaría mucho poder hacerlo. Por favor, dime qué puedo hacer.

Uno de los problemas básicos del ser humano es este, porque nuestra educación crea una división en la mente. Tienes que mostrarle una cara a la sociedad, a la multitud, al mundo, no es necesario que sea la verdadera; de hecho, no debe ser tu verdadera cara. Tienes que enseñar la cara que a todo el mundo le gusta, la que aprecian, la que ellos pueden aceptar —por su ideología y sus tradiciones—, y tienes que guardarte para ti tu rostro original.

Esta división crea una gran separación, porque la mayor parte del tiempo estás rodeado de gente, conociendo a gente, relacionándote con gente, y muy pocas veces estás solo. Y, como es natural, esa máscara empieza a formar más parte de ti que tu propia naturaleza.

La sociedad inculca el miedo a todo el mundo: el miedo al rechazo, el miedo de que se rían de ti, el miedo a perder tu reputación, el miedo al qué dirán. Tienes que adaptarte a todo tipo de gente ciega e inconsciente. No puedes ser tú mismo. Hasta el momento, esta es la tradición básica en todo el mundo: nadie puede ser él mismo. Y este es el origen del problema: todo el mundo tiene el mismo problema.

Tú preguntas: «Cuando estoy solo, leyendo tus libros y escuchando tus cintas, me siento inmensamente feliz y me pongo a llorar, lloro y bailo en soledad. Pero no puedo expresar mis sentimientos delante de los demás, aunque me gustaría mucho poder hacerlo».

En cuanto hay otro, te preocupas menos por ti; te preocupa más lo que el otro opina de ti. Cuando estás solo en el baño, te vuelves casi como un niño, a veces pones caras en el espejo. Pero, si de repente te das cuenta de que alguien está espiándote por la cerradura, aunque solo sea un niño, cambias inmediatamente y te vuelves el ser normal y ordinario, serio y circunspecto que todo el mundo espera que seas.

Y lo más sorprendente es que esas persona te dan miedo, y ellos te temen a ti; todo el mundo teme a todo el mundo. Nadie expresa sus sentimientos, su verdadera realidad, su verdadero ser, pero todo el mundo quiere hacerlo, porque reprimir tu rostro original es un acto suicida.

No es vivir, sino representar un papel. Y como todo el mundo te está mirando, tu inconsciente de cientos de años te atrapa y no te permite expresarte, no te permite salirte de la máscara de tu personalidad. Todo el mundo se esconde detrás de algo falso, y eso duele.

Ser mentiroso, no ser sincero contigo mismo, es el peor castigo que puedes infligirte.

Y no vas a perjudicar a nadie, solo quieres llorar y tus lágrimas serán lágrimas de felicidad; quieres bailar, y tu baile no es un pecado ni un delito. Simplemente quieres compartir tu éxtasis, estás siendo generoso. A pesar de todo, tienes miedo de que el resto de la gente no acepte tu estado de felicidad. Alguien podría decir que es mentira, que estás fingiendo, que estás hipnotizado.

Es curioso; si eres infeliz, nadie dice nada. Encajas perfectamente dentro de una sociedad infeliz. Pero cuando alguien empieza a bailar en un sitio donde todo el mundo es infeliz, deja de estar en sintonía con el resto.

Quieres expresar tu alegría y no tienes la valentía de estar solo..., pero, en realidad, ¿a quién le importa? Es posible que, como mucho, al principio piensen que estás un poco loco, y cuando lo acepten, no tendrás nada que temer. ¿Qué tiene de malo que te llamen loco? En el mundo ha habido locos maravillosos...; de hecho, las personas más notables siempre han estado un poco locas, locas a los ojos de la gente.

Su locura se manifestaba en que no estaban tristes, no sufrían, no temían a la muerte, no les preocupaban las insignificancias. Vivían cada momento con totalidad e intensidad. y gracias a eso, su vida se convirtió en una bella flor; estaban llenos de perfume, de amor, de vida, de risa,

Pero, evidentemente, a mucha gente que tienes alrededor esto le duele. No pueden aceptar que lo has conseguido y ellos se lo han perdido. Intentarán hacer que seas infeliz de todas las formas posibles. Sus reproches solo son un intento de hacerte infeliz, de acabar con tu baile, de quitarte la alegría para que vuelvas al rebaño.

Tienes que ser muy valiente. Y cuando digan que estás loco, disfruta con eso, y diles: «Tenéis razón; en este mundo solo los locos son alegres y felices. He elegido la locura con felicidad, con dicha, con baile; tú has elegido la cordura con desdicha, sufrimiento e infierno; tenemos gustos distintos. Tú sigue cuerdo e infeliz, y a mí déjame solo con mi locura. No te ofendas; yo no siento que me estés ofendiendo en absoluto; hay tantas personas cuerdas en el mundo, y sin embargo yo no me ofendo».

Solo es cuestión de un breve espacio de tiempo. Enseguida aceptarán que estás loco y no te molestarán; entonces podrás brillar con tu verdadero ser y dejar a un lado toda la falsedad.

Yo estaba estudiando en la universidad... No había elegido ir a la universidad porque sí, sino porque había un profesor que estaba vivo, lleno de amor y sin miedo al mundo. Había escogido a ese profesor. Y como enseñaba en la universidad, me invitó a asistir a sus clases..., y me dijo que me daría todas las facilidades.

Me quería muchísimo porque todos los años asistía a un torneo de debate interuniversitario, y durante cuatro años consecutivos fui el ganador. El primer año él era uno de los jueces. En un aparte, me dijo: «No puedo decírselo a nadie, pero tampoco puedo callármelo. Solo quiero que sepas que te he dado un noventa y nueve por ciento de nota en el debate, y lo siento, porque quería darte el cien por cien. Pero no he tenido el coraje de hacerlo porque la gente puede pensar que no estoy siendo imparcial y que te estoy favoreciendo. Perdóname por quitarte ese uno por ciento que te corresponde».

Todos los años forma parte del jurado, y el cuarto año, al graduarme, me invitó a seguir con mi posgrado en la universidad. Yo le dije: «Solo lo hago por usted».

El primer día me llevó a ver al vicerrector, y por el camino me dijo: «No discutas con él, porque este hombre, el vicerrector, es muy testarudo, y tienes que ser muy diplomático».

«Usted, si quiere, puede ser diplomático, yo simplemente seré yo mismo», dije.

«¿Qué quieres decir?», preguntó.

«Ser diplomático significa ser otra persona, la diplomacia es otra forma de decir hipocresía», dije. «Usted puede ser diplomático, y yo seré yo mismo. Si las cosas se ponen feas, en el peor de los casos, no me otorgará la beca de estudios de dos años y otras ayudas, pero no puedo ser deshonesto conmigo mismo para recibir esas ayudas.»

«¿Podrás quedarte callado, al menos?», preguntó. «No digas nada, déjame hablar en tu nombre.»

«No puedo prometer nada, porque si dice una tontería no podré resistir la tentación de decir que lo está haciendo», dije.

«Hasta ahora no me había dado cuenta de que eras tan duro», exclamó.

«Está bien saberlo desde el principio», dije. «Hoy es el primer día; todavía está a tiempo de decirme que me vaya, y lo haré.»

«No», respondió, «lo intentaremos.» Y me llevó al vicerrector.

Yo siempre intentaba vivir como quería, y el vicerrector había sido profesor en Oxford, y había vivido casi toda su vida en Inglaterra; se había convertido en un genuino inglés. Dijo algo sobre la barba que estaba empezando a dejarme: «¿Por qué no te has afeitado?». Mi profesor temía que esto fuese el principio del fin.

«Es la pregunta equivocada», respondí. «En realidad yo soy quien debería preguntar por qué se ha afeitado la barba, porque yo no estoy haciendo nada; la barba crece sola. Esta pregunta no tiene sentido, podría preguntarme por qué no me he cortado los dedos o algo parecido. Lo natural es que un hombre tenga barba, usted no está siendo natural. Tiene que responderme, ¿por qué se afeita la barba?»

Mi pobre profesor, que estaba sentado a mi lado, empezó a darme codazos. «Deje de darme codazos», tuve que decirle. «Todas las becas por las que me ha traído a ver al vicerrector no me interesan. Lo único que me interesa en este momento es que acepte que la pregunta que ha hecho es errónea.»

Hubo un profundo silencio durante un instante, y el anciano dijo: «De hecho, intelectualmente tienes razón. Y ahora mismo no tengo una respuesta, porque nadie me lo había preguntado, y nunca lo había pensado.»

«Es su barba y lleva cortándosela y afeitándosela unos cincuenta años, pero nunca ha pensado en lo que hacía», dije. «De acuerdo, le daré tiempo. Vendré todos los días a las once en punto, cuando abra la oficina; podemos encontrarnos en la puerta. Tiene que hallar una respuesta.»

Pero mi profesor dijo: «¡No hemos venido a discutir sobre la barba! Se trata del futuro de tu educación, de tu posgrado, y él es quien tiene la última palabra».

«Me da igual», contesté. «De momento, solo me interesa que se dé cuenta de que ha vivido inconscientemente.»

El anciano dijo: «¿Has empezado por la barba, y has llegado a "ha vivido inconscientemente"?». «¿Cuáles son los requisitos?», le pregunté a mi profesor. «Le otorgaré una beca de dos años.» Alojamiento y pensión completa gratis, lo firmó todo, y dijo: «¡Pero no te quedes frente a mi puerta! Si necesitas algo, ven a pedírmelo y te prometo que no te preguntaré nada, ha sido culpa mía».

«¿Esta claro?», dije. «Si me hace una pregunta y eso se convierte en mi prioridad, tendré que sacrificar lo que haga falta.»

«Te lo prometo», dijo, «y tu profesor es testigo de ello.» Pero no fue fácil para él, y tampoco lo habría sido para otra persona, porque yo solía ponerme una túnica sin botones, dejando ver el pecho... La siguiente vez, fui porque quería que me diera una autorización para sacar de la biblioteca todos los libros que quisiera, para llevármelos a mi habitación, y que no me aplicaran la norma de que solo se podía sacar un libro por vez.

«Ya hablaremos de eso, pero ¿qué ha pasado con los botones?», preguntó.

«Se está metiendo en líos; ha olvidado su promesa», dije. «De hecho, yo tendría que preguntarle cómo es que lleva corbata y abrigo en verano, en un país tan caluroso como la India donde se suda. Yo no llevo botones porque quiero sentir el aire fresco en el pecho. ¿Está mal?»

«No, no está mal», respondió.

«¿Es inmoral?», pregunté. «¿Va contra las normas de la universidad? ¿Por qué le preocupa? Es mi pecho y quiero que me dé el aire.»

«Me había olvidado de mi promesa», respondió. «Puedes llevarte todos los libros que quieras. Ni siquiera voy a preguntarte para qué los quieres, porque no quiero entrar en discusiones. He decidido que es mejor no discutir contigo.»

En el primer encuentro al que asistí, él habló del cumpleaños de Gautama Buda. Era un buen orador y también un buen actor. Cuando habló de Gautama Buda se le llenaron los ojos de lágrimas, y dijo: «Siempre he pensado que si hubiese vivido en tiempos de Gautama Buda, habría ido a sentarme a sus pies para que me enseñara a ser más consciente, a iluminarme».

Yo estaba sentado en el medio de la sala, y me puse de pie. Al verme de pie, me preguntó: «¿He dicho algo que esté mal?».

«No solo ha dicho algo que está mal, sino que su comportamiento es muy falso», dije. «No debería ser tan poco sincero, al menos con sus alumnos. No cree en nada de lo que está diciendo, sus lágrimas son falsas.»

Estaban presentes en la sala todos los profesores de la universidad y todos los estudiantes. Se quedaron escandalizados de que le dijera al vicerrector, delante de todo el mundo: «Es usted poco sincero».

«¿Ha oído hablar de Ramana Maharshi?», le pregunté.

«Sí», respondió. «He oído hablar de él.»

«¿Se ha sentado alguna vez a sus pies?», le pregunté. «Porque tiene la talla y la misma conciencia que Gautama Buda. Puedo afirmar tajantemente que habría ido a ver a Gautama Buda si hubiese vivido en esa época. Y tampoco faltan iluminados en este siglo. Debe retirar sus palabras.»

Todo el mundo sabía que era muy testarudo..., pero es posible que nunca hubiese conocido a alguien tan auténticamente sincero para mostrar su verdadero rostro a la gente. Se secó las lágrimas, y dijo: «Quizá tengas razón, no habría ido. Era simple elocuencia, nada más; no lo decía sinceramente. En este encuentro, es posible que el único que esté escuchando seas tú, y no solo las palabras, sino el significado que encierran.

»Me encantaría invitarte a cenar esta noche, porque quiero que hablemos un poco más. En toda mi vida, nunca había conocido a alguien que me haga mostrar mi verdadero rostro a la gente. Y es muy raro, porque no estoy enfadado contigo; pero siento tristeza por mí. ¿Por qué no puedo ser auténtico? Sin embargo, nadie me lo había dicho».

Todo el mundo quiere ser auténtico, porque el ser auténtico te da mucha felicidad, abundancia y dicha... ¿por qué querrías ser falso? Hay que ser valiente para profundizar un poco más. ¿Por qué tienes miedo? ¿Qué puede hacerte el mundo? Si quieren reírse, les sentará bien..., la risa siempre es una medicina, es sana. La gente puede pensar que estás loco..., pero no te vuelves loco porque ellos lo piensen.

Y si eres auténtico en lo que concierne a tu felicidad, tus lágrimas y tu baile..., llegará un momento en que la gente empezará a entenderte, y es posible que se unan a tu caravana. Yo mismo empecé solo en el camino, luego empezó a llegar gente, y ahora se ha convertido en una caravana mundial. Yo no he invitado a nadie; solo he hecho lo que me salía del corazón.

Me siento responsable de mi corazón y nada más. Cada uno es responsable de su propio ser. No vayas en contra de tu ser, porque eso es cometer un suicidio, es destruirte. ¿Y qué ganas? Aunque la gente te respete y piense que eres una persona muy cabal, con buena reputación, honorable, todas estas cosas no alimentan el alma. No van a permitirte profundizar en la vida y en toda su belleza.

Y más aún cuando todo el mundo está pendiente de sus propios problemas, ¿quién se va a preocupar de que estés riéndote o bailando? ¿Quién tiene tiempo para eso? Es tu mente la que cree que todo el mundo piensa en ti. Lo que yo he podido comprobar es que todo el mundo está preocupado con un montón de pensamientos sobre sí mismo, su vida y sus problemas, ¿y crees que tienen tiempo de fijarse o de pensar en ti?

Un médico judío le dijo a otro: «Me paso el día escuchando historias de dolor y sufrimiento: "Doctor, mi espalda...; doctor, mi estómago...; doctor, mi mujer". Es horrible, de verdad. ¿Y cómo es que tú estás tan sereno después de escuchar los problemas de todo el mundo?».

Y el segundo médico contesta: «¿Quién ha dicho que esté escuchando?».

No deberías preocuparte en absoluto. Todo el mundo está ocupado con su propio mundo, y no tienen tiempo ni energía de preocuparse por ti. Y aunque tuvieran una opinión, no es tu problema. Tú estás solo en el mundo; has venido solo, estás solo y te irás solo. Todas sus opiniones quedarán atrás, y lo que te acompañará, incluso más allá de la muerte, será tu sentimiento original, tu verdadera experiencia.

La muerte no puede quitarte tu baile, tus lágrimas de felicidad, la pureza de tu soledad, tu silencio, tu serenidad, tu éxtasis. Tu verdadero tesoro es aquello que la muerte no se puede llevar; y lo que sí se puede llevar no es un tesoro, solo está ahí para engañarte.

¿Cuántos millones de personas han vivido antes en la Tierra? No sabes ni cómo se llamaban; su existencia no cambia absolutamente nada. Ha habido santos, y también ha habido pecadores, ha habido personas muy respetables y todo tipo de excéntricos y locos, pero todos han desaparecido..., no han dejado ni un rastro en la Tierra.

Tu única preocupación debería ser cuidar y proteger los dones que te llevarás cuando la muerte destruya tu cuerpo, tu mente, porque esos dones serán tus únicos compañeros. Son los únicos valores verdaderos, y solo la gente que los ha alcanzado vive de verdad; los demás creen que viven.

> La KGB llama a la puerta de Yussel Finkelstein por la noche. Él abre la puerta. El hombre de la KGB pregunta si vive ahí Yussel Finkelstein.
>
> «No», responde Yussel en su ajado pijama.
>
> «¿No, entonces cómo te llamas?»
>
> «Yussel Finkelstein». El hombre de la KGB le da un puñetazo y lo tira al suelo. «¿No acabas de decir que no vivías aquí?»
>
> El hombre le dice: «¿Y a esto lo llamas tú vivir?».

Vivir no es siempre lo que parece. Fíjate en tu vida. ¿Podrías decir que es una bendición? ¿Podrías decir que es un regalo, un obsequio de la existencia? ¿Te gustaría que esta vida se repitiera indefinidamente? Está vacía. Y tus rezos están vacíos por el mismo motivo. No puedes llenarlos de agradecimiento. ¿Agradecido a qué? Solo estás representando un papel de una obra de teatro, no estás siendo tú mismo.

Esto me recuerda a una hermosa mujer que fue a ver a un gran pintor, Picasso. Cuando vio una foto de Picasso en la pared, le preguntó: «¿Es usted?».

Picasso dijo: «No».

«Qué raro, se parece muchísimo. ¿Tiene un hermano gemelo? Es tan parecido...», dijo la mujer.

«Aunque se parezca a mí, no está vivo. Y si fuera yo, habría salido del marco y le habría dado un beso. Obviamente, no soy yo», dijo Picasso.

¿Realmente eres tú, o estás fingiendo ser alguien que la multitud quiere que seas? Bajo mi punto de vista, el buscador de la verdad debería renunciar a todo lo que es falso, porque lo falso no puede buscar la verdad. Lo falso es la barrera entre tú y la verdad. Si dejas a un lado lo falso, no tendrás que buscar la verdad, porque la verdad llegará a ti. En realidad, cuando digo «la verdad llegará a ti», solo son palabras. Porque en cuanto dejes lo falso, te convertirás en la verdad.

Nada viene y nada se va.

No hay que hacer ningún viaje.

Osho:

Aunque pueda parecer ridículo, en medio de todo ese pesimismo respecto al futuro del mundo, a mí sinceramente no me importa que mañana se acabe todo. ¿Qué sentido tiene ponerse a hablar sobre ello y darle más fuerza al fuego de la fatalidad, que ya es inmenso y parece arder eternamente en la deprimida mente de la humanidad? Ya es suficiente. He entendido que es «ahora o nunca», de modo que hagámoslo ahora. ¡Vamos a bailar!

Es muy fácil decir: «Sinceramente no me importa el mundo», pero deja que lo sienta tu corazón. El mundo no solamente está fuera de ti, también está en tu interior. Tú eres el mundo.

Y este tema de la oscuridad que se acerca cada vez más debería ser importante, para que tu elección sea «ahora», y dejes de posponerlo. Es verdad, «ahora o nunca», pero hay muy pocas personas dispuestas a vivir el ahora. Siempre están viviendo el ayer o el mañana.

¿Por qué recalco que por primera vez es posible que no vuelva a haber un mañana? Hay un antiguo proverbio: el mañana nunca llega. Pero ese viejo proverbio solo era un proverbio, y, a pesar del proverbio, siempre ha llegado el mañana. Nunca llega como un mañana, sino como un hoy, y, en ese sentido, el proverbio tiene razón.

Pero la situación actual es completamente distinta.

El mañana quizá no llegue nunca.

Quiero que, en vuestro interior, se grabe profundamente que hemos llegado al final del camino y que solo nos queda bailar y festejar. Para que sea ahora, destruyo por completo tu mañana. Lo saco de tu mente, que está completamente asociada al mañana. Aunque digas que sabes que mañana se puede acabar el mundo, tu mente, en el fondo, está diciendo: «Ha habido miles de guerras y el mundo siempre ha sobrevivido. Una guerra más no va a cambiar mucho las cosas».

La mente es muy hábil a la hora de buscar excusas diciendo que habrá algo que evite la destrucción. No estoy diciendo que no haya que evitarla. Lo que estoy diciendo es que tu mente no debería buscar una excusa para seguir posponiéndolo y enfocar toda tu energía en el ahora para que no se difunda en el futuro. Si toda la energía se concentra en este punto, este momento podría ser el momento de la iluminación.

La iluminación es cuando tu consciencia se concentra en un solo punto, aquí y ahora.

Tú dices: «Ya es suficiente». No, Vimal. Desde el punto de vista del hombre, nunca es suficiente. La gente sigue viviendo de una forma inconsciente esperando, en contra de toda esperanza, que el mundo siga estando ahí, aunque siempre haya habido personas, como Jesús y Buda, que han predicho el fin del mundo. Pero esta vez es distinto. No estoy prediciendo el fin del mundo; pero está volviéndose tan innegable, tan lógicamente cierto que me parece imposible evitarlo.

Pero lo que me interesa no es evitarlo —si se puede, se evitará—; solo quiero dejarte muy claro que es inevitable, para que no tengas un futuro donde puedas invertir tu energía y te obligue a ponerla toda en el momento presente. Cuando toda la energía se convierte en una balsa, en el aquí y ahora, hay una explosión de luz, y por primera vez eres tú mismo, un ser eterno e inmortal, que no conoce la muerte ni ha conocido la oscuridad.

Tú dices: «Hagámoslo ahora. Bailemos». Pero tiene que ser un baile total, porque puedes seguir bailando pensando en el futuro; puedes bailar pensando que mañana seguiremos bailando.

Baila como si fuera la última vez.

Baila abandonándote por completo, sin guardarte nada.

Eso transformará tu ser, y habrá una posibilidad de que transformes también a otras personas.

Un político estaba dando un discurso, y dijo: «Queridos electores, debemos restaurar el statu quo». Un hombre gritó desde la audiencia: «¿Qué significa "statu quo?"».

El político respondió, en un raro alarde de honestidad: «En realidad, en latín quiere decir "el lío en el que estamos metidos"».

En la superficie parece que todo va perfectamente, pero, en el fondo, hay una gran convulsión en las capas inconscientes del ser humano. Ni siquiera eres consciente de tus pesadillas nocturnas, y la humanidad nunca ha sufrido como sufre ahora.

Hay más inquietud de la que haya habido nunca. La humanidad ha olvidado el lenguaje de la relajación, ha olvidado el lenguaje de la totalidad, ha olvidado el lenguaje de la intensidad. Todas esas cualidades son necesarias para que tu meditación provoque una revolución dentro de tu ser. No es una cuestión de moralidad, sino una cuestión de carácter; no es una cuestión de virtud, porque todas las religiones han estado interesadas en esas cosas desde hace miles de años, y no han conseguido cambiar al hombre. Es un enfoque completamente distinto, otra dimensión: es la dimensión de la energía y de la concentración de la energía.

Igual que la energía atómica es la división de un pequeño átomo en los electrones, protones y neutrones que lo constituyen —aunque no sea visible, es una explosión tan potente que puede destruir una gran ciudad como Hiroshima o Nagasaki—, la explosión de una célula viva es comparable. La energía atómica es externa y es destructiva; es objetiva y destructiva. La energía interna, la célula subjetiva de tu ser, tiene las mismas características y la misma potencia cuando explota, pero es una energía creativa.

Es una reacción en cadena; cuando explota una célula en tu interior, las demás empiezan a explotar en cadena. La vida se convierte en un festival de colores. Cada gesto es un baile; cada momento es una felicidad absoluta. El hecho de que subraye que no hay un futuro no tiene nada que ver con la desesperación, sino contigo. Si puedes olvidarte del todo de la idea de futuro, podrás iluminarte inmediatamente. Y es una buena oportunidad para olvidarte de la idea de futuro, porque el futuro mismo está desapareciendo. Pero no sigas manteniendo la idea de que esto también es una estratagema, ni en un oscuro rincón de tu mente. La mente te juega este tipo de trucos para que sigas siendo el mismo zombi.

La mente es muy astuta. Si quieres despertarte pronto por la mañana, pones el despertador, y cuando suena, la mente es tan hábil que puede empezar a soñar que te encuentras en una iglesia y que están repicando las campanas. El pobre despertador solo puede sonar; la mente ha inventado un sueño para que sigas durmiendo.

Las viejas religiones se basaban especialmente en una cosa: el futuro. Y fíjate bien: el futuro no era en esta vida, sino en el más allá. Su programa consistía en quitarte la energía para usarla en una vida futura, lejana, después de la muerte. Y su estrategia funcionó; le arrebató toda la alegría a la vida humana. La gente solo esperaba llegar al paraíso, y este lugar, la Tierra, se convirtió en algo parecido a una sala de espera de una estación.

Todo el mundo está esperando al tren. El tren nunca llega, y la gente consulta los horarios. Pero no acondicionan la sala de espera, porque es una sala de espera..., especialmente en la India. He viajado muchísimo —cientos de salas de espera— y he visto que la gente se comporta de una forma diferente en una sala de espera que en su casa. Comen plátanos y tiran la piel al suelo; a fin de cuentas, solo es una sala de espera; no están viviendo ahí. El tren llegará pronto y ellos se irán. Las salas de espera están sucísimas, los baños son indecentes, y nadie se preocupa de la suciedad, porque todo el mundo está mirando hacia el futuro. Consultan los horarios, y se irán cuando llegue el tren.

Todos los textos religiosos dicen que este mundo es una sala de espera y que tu verdadero hogar está muy lejos, más allá de las nubes. La verdadera vida es ahí; aquí solo estamos esperando.

Yo intento cambiar el patrón de todo el pensamiento religioso. Quiero informaros de que esta es vuestra casa; este momento mismo es el paraíso. Para bailar con totalidad, no hay que ser un virtuoso; para bailar con totalidad, no tienes que ser un erudito; para bailar con totalidad, no tienes que ser beato. Para bailar con totalidad, lo único que tienes que hacer es aceptar la realidad de este momento. Cuando llegue el siguiente momento, aceptaremos su realidad, pero no estaremos esperándolo.

Todas las religiones te han enseñado a esperar. Yo os enseño a vivir, a amar, a bailar, a cantar...; no esperéis.

En Semana Santa, un sacerdote estaba calculando el coste de los arreglos florales de la iglesia. Un florista católico le dijo: «Trescientos dólares».

«Eso es demasiado», dijo el sacerdote, pero el florista pertenecía a sus feligreses.

Un florista protestante le ofreció hacer los arreglos por doscientos cincuenta dólares.

«Es más barato», pensó el sacerdote, «pero no es de mis feligreses, y no hay tanta diferencia.»

Mientras lo estaba pensando, alguien le ofreció hacerlo por setenta y cinco dólares.

«Arreglado, se lo encargó a él.»

La mañana de Pascua, los feligreses entraron en la iglesia, que estaba repleta de maravillosas azaleas, camelias, claveles y rosas, y sobre el altar había un mensaje escrito con narcisos:

«Jesucristo ha subido al cielo, pero mis precios nunca suben.»

10

El amor siempre es un emperador

Osho:

Hace algún tiempo dijiste que había llegado la primavera y que muchos sannyasins iban a florecer. «Florecer», «despertar» y «autorealización», ¿todas estas palabras significan iluminación, la verdad última? ¿O hay alguna diferencia? ¿Después de alcanzar ese estado, una persona puede volver a caer en la identificación con la mente?

Hay una diferencia entre florecer, despertar, autorealización e iluminación. La iluminación es la verdad última: desaparece el buscador y aparece la verdad. Desaparece el peregrino y aparece Dios. Es importante que comprendas la diferencia...

No hay ninguna posibilidad de volver a caer de la iluminación, no puedes caerte porque ya no estás ahí. Solo es posible mientras sigas allí.

La única garantía de que no te vas a caer es tu ausencia.

Florecer es el comienzo de la entrada en tu interior, como entrar en un jardín. Es enormemente importante, porque si no entras, nunca podrás llegar al centro. Pero en el florecimiento reconoces por primera vez tu potencial, tu posibilidad. El florecimiento es un período de transición de lo humano a lo divino. Pero puedes caer de nuevo, porque el florecimiento es nuevo y es frágil, y el pasado es tan viejo y fuerte que puede tirar de ti; sigue estando ahí.

El despertar es cuando te acercas mucho a tu centro. Y a

medida que te acercas más, es más difícil caerte, porque la nueva experiencia gana fuerza, poder, y lo viejo empieza a perderla. Pero sigue estando ahí; aún no ha desaparecido. Normalmente, la gente no suele caerse del despertar, pero puede ocurrir.

La autorealización es alcanzar tu centro. Hay muchas religiones que creen que es el final, por ejemplo, el jainismo. Creen que has alcanzado la verdad última, pero no es verdad. La autorealización solo es una gota de rocío que ha despertado, está alerta, contenta, satisfecha. Es casi imposible caerse de aquí, pero digo «casi imposible», porque no es completamente imposible, porque tu yo puede engañarte; puede volver a aparecer el ego.

El yo y el ego son muy parecidos. El yo es lo natural y el ego es sintético, por eso a veces ocurre que una persona autorealizada se convierte en un egoísta muy pío. Su egoísmo no perjudica a nadie, pero le impide caer en el océano y desaparecer del todo.

La iluminación es cuando la gota de rocío cae de una hoja de loto al vasto e infinito océano. Cuando cae en el océano, ya no puedes encontrarla, y la posibilidad de que vuelva no surge.

La iluminación, por lo tanto, es la verdad última. Lo que empieza a florecer sigue por el camino del despertar hasta la autorealización. Luego hay un nuevo salto cuántico y desapareces en lo eterno, en lo infinito.

Ya no estás, solo está la existencia.

Os he hablado de Kabir, el más grande de los místicos hindúes. Cuando era joven se autorealizó, y escribió unos versos:

> *Herat, herat he sakhi*
> *Rahya, Kabir, herai*

«Después de tanto buscar, amigo mío, se perdió el buscador. Buscando y buscando, se perdió el que buscaba.»

> *Bund samani samund mein*
> *Sokat herijai*

«La hoja de rocío ha caído en el océano; ahora no se puede recuperar.»

Pero era demasiado pronto para decirlo. La gota de rocío aún estaba ahí, resbalando hacia el océano, pero todavía no había caído.

Kabir se iluminó cuando estaba a punto de morir. Llamó a su hijo Kamal, y le dijo: «He escrito una cosa, pero me he dado cuenta de que está mal. Cuando la escribí, creía que había alcanzado lo último. Pero antes de morir, quiero que anotes esto para que lo cambies».

Solo era un pequeño cambio de palabras, pero muy grande en cuanto a la experiencia. Volvió a usar las mismas palabras:

Herat, herat he sakhi

«Oh querido, después de tanto buscar, el buscador se ha perdido.»

Samund samund bund mein
Sokat herijai

«Y el océano ha caído dentro de la gota; ahora es imposible encontrarla.»

Solo un pequeño cambio en las palabras... «La gota de rocío ha caído en el océano», todavía queda algo del ser en la gota. Pero «el océano ha caído en la gota»..., es una inmensa experiencia de iluminación. La primera afirmación es sobre la autorealización, pero la segunda es sobre la iluminación.

Es imposible caerse desde la iluminación. Cuando te vas, te vas para siempre; no queda una sombra ni una huella de ti.

Hasta la autorealización sigue existiendo la posibilidad, aunque sea cada vez menor, pero está. Puedes volverte egoísta en cuanto a tu autorealización: «Yo sé, soy una persona realizada. Soy un santo, he visto a Dios», pero ese «yo», aunque sea muy beato, sigue estando ahí. Incluso su sombra es peligrosa, porque puede hacer que vuelvas a caer.

Hay una historia muy bella de Jesús...

Jesús estaba caminando por Jerusalén, cuando vio a una multitud indignada que la emprendía a gritos con una mujer. Se acercó y oyó a la turba acusando a la mujer de adulterio. Jesús se puso delante de la multitud, levantó los brazos y dijo: «El que esté libre de pecado que tire la primera piedra».

La turba quedó en silencio, pero una viejecita se acercó a la primera fila, cogió una piedra enorme y la lanzó contra la mujer que sollozaba. Jesús sujetó a la mujer suavemente del brazo y le dijo con serenidad: «Madre, ¿por qué siempre me haces pasar vergüenza?».

¡La madre de Jesús! Ella es un ejemplo de virtud, hasta el punto de haber dado luz a Jesús sin haber tenido contacto con otro ser humano. De toda la historia de la humanidad, ella es la única que puede decir que es la Virgen María después de haber dado a luz a un hijo. Probablemente, se obsesionó con esta idea. Su bondad, su piedad, se ha convertido en un ego muy sutil, porque Dios la ha elegido a ella para que sea la madre de su único hijo. Los demás no eran bondadosos. Cuando Jesús dijo: «El que esté libre de pecado que tire la primera piedra», nadie se movió. Todos estaban en el mismo barco.

Y esto es lo que pasa con vuestros santos..., tienen un ego extraño pero muy sutil. Han convertido la espiritualidad en su meta. Para algunos son las riquezas, para otros la belleza, para otros la fuerza, y para algunos la piedad. Lo que realmente importa no es lo que nutre el ego, porque cualquier idea puede hacerte caer.

Uno no puede detenerse hasta que llegue al punto en el que ya no está; cuando no hay nadie que pueda reclamar nada, después de haber recorrido todo el círculo y haber vuelto al mundo sin ser nadie. Probablemente, no será reconocido como un gran santo, y creo que la mayoría de los santos han permanecido inadvertidos, porque solo entiendes el lenguaje del ego. No entiendes el lenguaje de la ausencia del ego.

El sabio más grande puede parecerte un hombre normal, nada especial, sin ningún talento en particular, sin ánimo de poseer nada, ni poder, ni destrezas, ni conocimiento..., una persona que no se otorga nada. Se ha convertido en un cero absoluto. Pero no es un cero negativo, sino que está lleno de divinidad, está desbordando divinidad.

Osho:
Aunque siempre haces hincapié en que vayamos a nuestro interior para salvarnos como individuos, creo que quizá sigo siendo muy infantil cuando pienso que nuestro amor, nuestro baile y nuestra felicidad pueden salvar este maravilloso planeta. ¿Podrías decir algo más acerca de esto?

Esta pregunta es muy relevante, pero es difícil de entender. Tu pregunta es: «Aunque siempre haces hincapié en que vayamos a nuestro interior para salvarnos como individuos, creo que quizá sigo siendo muy infantil cuando pienso que nuestro amor, nuestro baile y nuestra felicidad pueden salvar este maravilloso planeta».

Aunque pueda salvar al maravilloso plantea, no deberías creértelo, porque acabará con tu amor, con tu baile y con tu alegría. Si piensas que puedes salvar al planeta con tu amor, tu baile y tu alegría, en el fondo, esto sigue siendo una artimaña del ego. Te conviertes en un salvador. Te vuelves tan importante que puedes salvar a todo el planeta solo con tu amor, tu baile y tu alegría.

Aunque sea complejo, trata de entenderlo. Si los individuos están llenos de amor, y su vida no es un aburrimiento, sino un baile..., es posible que el planeta se salve a consecuencia de esto. Pero solo es el resultado, tú no tienes el mérito de haber salvado al mundo.

El problema es que bailar pensando que con eso podrás salvar al mundo es destruir tu baile. No lo estás haciendo con totalidad, no estás bailando aquí y ahora; tu baile se convierte en un medio para salvar al mundo. Tu amor no es amor puro, sino un medio para salvar al mundo. Te voy a contar una historia sufí para que lo entiendas mejor...

Había un místico sufí tan lleno de amor y felicidad que su vida entera era risa, música y baile. Se cuenta que a Dios le interesó mucho, porque nunca pedía nada ni rezaba. Toda su vida era una oración, no tenía necesidad de rezar.

A Dios mismo le intrigó ese extraño místico, y le dijo: «Me siento inmensamente feliz, porque yo quiero que la gente sea como tú, no quiero que recen durante una hora, y hagan todo lo contrario las veintitrés horas restantes. No quiero que sean muy piadosos cuando entran en la mezquita, y, al salir, se olviden y sigan siendo la misma persona: airada, envidiosa, llena de preocupaciones y de violencia.

»Te he estado observando y me encanta cómo eres. Eso es lo que hay que hacer: convertirse en la oración. Ahora mismo, tú eres el único ejemplo que hay en el mundo de que hay algo que está por encima del hombre; aunque nunca lo hayas declarado, y ni siquiera hayas pronunciado mi nombre. Todas esas cosas son superficiales..., pero tú sabes vivir, amar y estás tan lleno de felicidad que no necesitas expresarlo con palabras; tu propia presencia justifica mi existencia. Quiero darte mi bendición. Pídeme lo que quieras».

El sabio dijo: «No necesito nada. Me siento tan feliz que no puedo imaginarme nada mejor. Perdóname. No puedo pedirte nada, porque realmente no lo necesito. Eres muy generoso, amoroso, compasivo; pero me siento tan colmado que no tengo espacio para nada más. Tendrás que perdonarme, no puedo pedirte nada».

Dios dijo: «Suponía que no querrías pedir nada, así que no

pidas para ti, pide para los demás, porque hay millones de personas infelices, enfermas, que nunca han tenido nada que agradecer. Te otorgaré el poder de hacer milagros, para que puedas transformar la vida de esas personas».

El sabio dijo: «Eres muy obstinado, acepto tus regalos, pero con una condición».

«¿Cuál es tu condición?», preguntó Dios. «Eres realmente extraño, ¿cuál es tu condición?»

«Mi condición», dijo, «es que no quiero ser consciente de lo que ocurre a través de mí, gracias a ti. Quiero que ocurra sin yo saberlo; a través de mi sombra, pero no de mí. Si paso junto a un árbol muerto y este revive y vuelve a estar verde, lleno de flores y de frutos, cuando mi sombra recae sobre él, no quiero saberlo, porque no quiero volver a caer.

»Porque si lo supiera, si supiera que yo lo he hecho, o que Dios me ha elegido como su instrumento para hacerlo, sería peligroso para mí. Por eso mi condición es que si un ciego empieza a ver, ni él ni yo sepamos que ha sido por mí. Quiero que mi sombra haga los milagros a mis espaldas.

»Si aceptas mi condición, y recuerdas que yo no debo saberlo..., porque estoy lleno de felicidad y de dicha. No vuelvas a arrastrarme al mundo miserable. No vuelvas a arrastrarme para convertirme de nuevo en un "yo".»

Y se cuenta que Dios le dijo: «No solo eres extraño, sino que, además, eres único y singular. Así lo haré, nunca sabrás los milagros que ocurren a tu alrededor. Dondequiera que vayas, habrá milagros a tu alrededor. Pero esas personas no sabrán que los haces tú, y tú tampoco lo sabrás. No me olvidaré de esta condición».

Existe la posibilidad de que un individuo alcance la iluminación, y la celebración afecte al destino de toda la humanidad. Pero solo es una consecuencia de esto. Es algo que ocurre a tus espaldas y a través de tu sombra, no gracias a ti. Hay un peligro incluso en adivinar, porque puede devolverte el ego y destruir así tu alegría, tu baile. Si tu alegría, tu amor y tu baile se destruyen, entonces ninguna consecuencia podrá salvar el planeta.

Mis sannyasins no van a convertirse en salvadores. En el mundo ha habido demasiados salvadores, y el mundo no se ha salvado. Y es porque no fueron tan conscientes como el místico sufí; empezaron a alardear de sus milagros, alimentaron sus egos con sus milagros. Entonces, los milagros se convirtieron únicamente en magia, en trucos bien hechos. No tienen nada de milagroso.

El mayor milagro del mundo es bailar y desaparecer en el baile, para que el baile en sí haga todo lo que pueda hacer. Amar y desaparecer en el amor, para que el amor haga todo lo que pueda hacer. No puedes adjudicarte que tú lo estás haciendo, porque has desaparecido.

En tu desaparición está la posibilidad de que ocurra un milagro. Por favor, no adivines, o, en lo más hondo, tu amor será un amor a medias, y lo estarás haciendo por algún motivo. Cuando hay un propósito, el amor deja de ser amor. Tu alegría se vuelve falsa, porque si eres feliz para que ocurra algo en el mundo, realmente no eres feliz, sino que estás utilizando la alegría. Y si tu baile busca un fin, no puede ser total. Mientras tu baile no sea un fin en sí mismo, no habrá posibilidades de ser total.

Solo un baile total, un verdadero amor, una alegría de todo corazón pueden hacer milagros a tu alrededor. Pero no serás tú quien los hace; no podrás alardear de nada. Solo ocurrirán cuando tú no estás ahí.

Dios solo ocurre cuando te quitas de en medio y te quedas completamente vacío, lleno de espacio. Es un fenómeno muy extraño; el invitado solo entra en la casa cuando el anfitrión se va.

Osho:

A veces, después de un momento de luz y de claridad, siento que los viejos conocidos, como los sentimientos de violencia, ira, etcétera, vuelven con más fuerza que nunca, como si hubiesen estado esperando a la vuelta de la esquina para aprovechar la ocasión. ¿Podrías hablar de esto?

Puedo decir algo, pero los sentimientos de violencia, envidia y rabia seguirán esperando a la vuelta de la esquina. No van a desaparecer simplemente porque yo diga algo; aunque no lo sepas, estás alimentándolos; aunque no lo sepas, tu deseo de librarte de ellos es muy superficial.

No estás haciendo justo lo que digo constantemente, sino lo contrario. Estás luchando con la oscuridad, y no estás llenándola de luz. Puedes seguir luchando con la oscuridad todo el tiempo que quieras, pero nunca ganarás. Eso no significa que seas más débil que la oscuridad, simplemente quiere decir que lo que estás haciendo no influye en la oscuridad.

La oscuridad solo es una ausencia de algo.

No puedes hacer nada directamente, solo puedes aportar luz.

Y si aportas luz, la oscuridad no sale corriendo por la puerta. La oscuridad es la ausencia de algo..., si hay luz, ya no hay ausencia. La oscuridad no se va a ningún sitio, porque no existe separadamente.

Leeré tu pregunta: «A veces, después de un momento de luz y de claridad, siento que los viejos conocidos, como los sentimientos de violencia, ira, etcétera, vuelven con más fuerza que nunca, como si hubiesen estado esperando a la vuelta de la esquina para aprovechar la ocasión».

Tu claridad y tu luz solamente son momentáneas. Si aportas un momento de luz, y luego apagas la vela, la oscuridad volverá a estar ahí; no es que estuviese esperando en la esquina, sino que has vuelto crear una ausencia de luz.

La antorcha de la conciencia debería arder constantemente; de ese modo no habría oscuridad.

Esos sentimientos que consideras tan peligrosos son casi impotentes. La violencia existe porque no has desarrollado tu propio potencial de amor; es la ausencia de amor. La gente sigue haciendo tonterías. Intentan no ser violentos reprimiendo la violencia, hacen tremendos esfuerzos para no ser violentos.

Pero no es necesario no ser violento, estás yendo por un camino equivocado. La violencia es negativa, e intentas destruirla no siendo violento. Yo te diría que te olvides de eso. La violencia es la ausencia de amor, vuélvete más amoroso. Pon toda la energía que inviertes en reprimir la violencia y en no ser violento en ser amor.

Es una lástima que Mahavira y Gautama Buda usaran el término no violencia. Entiendo su problema. Su problema es que la gente entiende por «amor», el amor biológico; para evitar ese malentendido, usaron un término negativo, la no violencia. Esto crea la impresión de que la violencia es algo positivo, y la no violencia es negativa. En realidad, la violencia es negativa y el amor es positivo, pero tenían miedo de usar la palabra amor.

Y por ese miedo a que el «amor» se tradujera en la mente de las personas por el amor ordinario, usaron una palabra poco afortunada —no violencia—, y la no violencia se ha estado practicando desde hace veinticinco siglos. ¿Alguna vez has visto la cualidad del amor, la presencia del amor, en un discípulo de Gautama Buda o de Mahavira? Están practicando la no violencia, y ahí está el error. Los verás encogidos y muertos, su inteligencia no ha florecido, su conciencia no parece haber florecido. El hecho de usar un término inadecuado ha sido la causa de que miles de personas se torturaran durante veinticinco siglos.

Quiero que sepáis que el amor es positivo; el amor no significa solo amor biológico. Tú también puedes entenderlo: amas a tu madre, a tu hermano, a tu amigo o a tu maestro, sin que intervenga la biología. Estas experiencias de amor no biológico están al alcance de todos. Cuando amas una rosa, ¿interviene la biología? Cuando amas una preciosa luna, amas la música, amas la poesía, amas la escultura, ¿interviene la biología? Tomo estos ejemplos de la vida corriente para mostrarte que el amor tiene muchísimas dimensiones.

Existe el amor carnal, biológico. Existe el amor entre dos mentes, el amor entre dos amigos. Existe el amor entre dos corazones, el amor entre el discípulo y el maestro. Y existe el amor entre dos seres. Es el amor entre el devoto y el maestro.

El amor tiene estas cuatro dimensiones, y cada dimensión tiene muchas posibilidades.

En lugar de que haya momentos de luz y claridad, intenta ser más amoroso: ama los árboles, ama las flores, ama la música, ama a las personas. Enriquece tu vida con todas las clases de amor, y la violencia desaparecerá. Un hombre amoroso no puede hacerle daño a nadie. Hay ejemplos raros y únicos de esto...

Un místico sufí, Sarmad, tenía una herida en el pecho; los musulmanes ortodoxos habían intentado asesinarlo. No lo consiguieron, pero fue herido de gravedad, y era una herida muy peligrosa..., porque tenía unos pequeños parásitos visibles que le estaban chupando la sangre.

Cuando un musulmán hace su *namaz*, su rezo, se inclina hacia la tierra, se incorpora, y vuelve a inclinarse muchas veces. Cuando lo hacía, los parásitos caían de la herida de Sarmad, y él volvía a ponerlos sobre la herida. La gente le decía: «¿Te has vuelto loco?».

«Mi cuerpo va a morir de todas formas, porque el veneno se ha extendido por todo el cuerpo», dijo. «¿Por qué tienen que morir también estos pobres parásitos, si yo puedo ayudarles a seguir vivos? De cualquier forma son los parásitos de mi herida, y yo no soy el cuerpo. Mi cuerpo será alimento de los animales. Mientras yo siga vivo, siento dolor por la muerte de un parásito. Por eso, los volveré a poner sobre la herida mientras siga vivo.» Y cuando terminó de rezar, dijo: «Puedo rezar sin practicar el ritual, pero no puedo infringirle un daño a estas criaturas».

Sin embargo, no murió por el veneno que se estaba extendiendo por todo su cuerpo —es probable que su gran amor se convirtiera en un antídoto—, y los musulmanes tuvieron que decapitarlo en las escaleras de Jama Masjid, en Nueva Delhi. Su único delito había sido... Los musulmanes tienen una oración que consta de una frase: «Un Dios; un libro sagrado, el Corán; un mensajero de Dios, Hazrat Mahoma». La oración contiene estos tres nombres.

Pero los sufíes repiten la parte que habla de un Dios. En su oración no hablan del «sagrado Corán», ni del «mensajero de Dios». Aseguran que ha habido otros mensajeros, Mahoma no tiene el monopolio; y también hay otros textos sagrados, el Corán no es el único. Y en el futuro habrá otros mensajeros y otros textos sagrados. Lo único que podemos decir es que «la existencia es un solo Dios».

Y ese fue su delito; los musulmanes obligaron a Sarmad a pronunciar toda la oración, porque era un sacrilegio decir media oración.

Pero él dijo: «No podéis obligarme. En lo que se refiere a orar, yo soy libre, es algo que solo le concierne a Dios y a mí. Si hay una respuesta, Dios me la dará, y no vosotros. No os estoy rezando a vosotros, sino a Dios, y si lo hago mal, solo es un asunto que nos concierne a Dios y a mí. ¿Qué tenéis que ver vosotros?». Pero ellos tenían mucho poder —porque el rey era musulmán—, estaban indignados, y lo decapitaron.

Esta mezquita de Nueva Delhi tiene muchos escalones..., cuando le decapitaron se rió, y la cabeza cayó rodando por los escalones. Las miles de personas que se congregaban allí pudieron comprobar un extraño fenómeno: la cabeza bajó rodando por los escalones..., de la cabeza salía sangre, el cuerpo estaba de pie al principio de la escalera, y la cabeza seguía repitiendo su media oración.

Aparentemente, no es un hecho histórico, sino mitológico; sin embargo, hay testimonios de muchas personas que lo vieron y oyeron hablar de esto, y no eran musulmanes...

A lo mejor el amor puede hablar sin necesidad del cuerpo. A lo mejor el cuerpo no es necesario. Para mí no tiene importancia que sea histórico o no, lo importante es que, a pesar de asesinarlo cortándole la cabeza, no sintió ira, ni reproches, ni malos deseos, ni les maldijo.

Era un hombre absolutamente inocente; rezar es una cuestión personal. Incluso cuando su cabeza bajó rodando por los escalones, solo tenía una oración, su media oración.

El amor sabe perdonar.

El amor no puede hacer daño ni ser violento.

Los sentimientos de violencia no van a desaparecer mientras su energía no se transforme en amor. En el amor verdadero no hay celos. Si hay celos, evidentemente no se trata de amor verdadero, sino de un instinto biológico.

A medida que vayas subiendo del cuerpo a la mente, y del corazón al ser, estos sentimientos duros desaparecerán. En el amor de un ser a otro no hay celos.

¿Cómo vas a encontrar ese tipo de amor? Es lo que emite tu silencio, tu paz, tu bienestar interno, tu dicha. Sientes tanta dicha que quieres compartirla; ese compartir es amor.

El amor no es un mendigo. Nunca dice: «Dame amor». Siempre es un emperador. Solo sabe dar. Nunca espera ni se imagina nada a cambio.

Sé más meditativo, sé más consciente de tu ser. Deja que tu mundo interior se quede en silencio, y el amor empezará a fluir a través de ti. Estos problemas son comunes a todo el mundo. Aunque lo problemas sean distintos —la violencia, la envidia, la infelicidad, la preocupación—, solo hay una medicina para todos ellos, y es la meditación.

Quiero recordaros que la palabra medicina y la palabra meditación provienen de la misma raíz. Medicina es lo que cura el cuerpo, y meditación es lo que cura el alma.

La meditación es meditación porque es una medicina para las enfermedades más profundas.

Había un vendedor de vaselina que había visitado varias casas de una ciudad la semana anterior, dejando unas muestras, y preguntando entre la gente si sabrían descubrir alguna aplicación ingeniosa de la vaselina. Ahora volvía a las casas para ver si habían descubierto algo.

En la primera casa, un acaudalado ciudadano le dijo: «La he usado con fines medicinales. Siempre que mis hijos se raspaban los codos o las rodillas, les ponía vaselina».

El señor de la segunda casa dijo: «Yo la uso con fines mecánicos, para engrasar los rodamientos de mi bicicleta y mi cortacésped».

El hombre de la tercera casa, un hombre andrajoso y desaliñado de clase obrera, dijo: «Yo lo he usado con fines sexuales».

Sorprendido, el vendedor le preguntó: «¿Qué ha querido decir?».

«Bueno», dijo el hombre desaliñado, «¡unto el picaporte de la puerta de la habitación con vaselina para que no entren los niños!»

Si le das la misma cosa a distintas personas, le darán diferentes usos, de acuerdo a su conciencia. Pero si son inconscientes, solo hallarán un uso.

Había un hombre que era el arzobispo de Japón, y fue a ver a un gran maestro, Nan-In, cargado con el Nuevo Testamento. Estaba seguro de que cuando escuchara las declaraciones de Jesús, especialmente el sermón de la montaña, Nan se convertiría al cristianismo.

El arzobispo fue recibido con mucho cariño, y dijo: «He venido con mi libro sagrado, y quiero leer algunas frases... que podrían cambiar su vida».

Nan-In dijo: «Ha llegado un poco tarde, porque yo he cambiado completamente, he tenido una transformación. Pero, de todas formas, le permitiré leer algunas frases porque ha recorrido un largo camino».

De modo que empezó a leer, y, al cabo de una o dos frases, Nan-In dijo: «Suficiente. Quien fuera que escribió esas frases será un buda en su futura vida».

El arzobispo estaba muy sorprendido, porque le había dicho que en una vida futura ese hombre tenía muchas posibilidades de convertirse en buda. Y respondió: «¡Pero es el hijo único de Dios!».

Nan-In se rió y dijo: «Ese es el problema. Esto es lo que le impide convertirse en buda. Hasta que no renuncie a esas ideas tan bobas, su potencial no florecerá.

»Tiene algunas ideas buenas, pero también tiene ideas estúpidas. Dios no existe, de manera que no puede ser el hijo único de Dios. Pero en alguna vida futura —no te preocupes— tendrá que renunciar a ellas; parece inteligente, ya ha sufrido bastante por sus estúpidas ideas. Ha sido crucificado, y es castigo suficiente. No deberías aferrarte a las partes estúpidas de sus declaraciones».

El arzobispo dijo: «Pero la base y el fundamento de nuestra creencia es el hecho de que Jesús es el hijo único de Dios, que hay un Dios creador del mundo, y que Jesús nació de una virgen».

Nan-In se rió y dijo: «Si ese pobre hombre pudiera renunciar a todas esas fantasías, ya sería un buda. Si lo encuentras, tráemelo y lo enderezaré. No era necesario que lo crucificaran; lo único que necesitaba era el maestro correcto, alguien que le introdujera en los misterios de la meditación».

La meditación probablemente es la llave de todos vuestros problemas. Más que luchar con los problemas individuales..., eso te llevará varias vidas sin que consigas desterrarlos del todo. Se quedarán en una esquina esperando su oportunidad y, naturalmente, si tienen que esperar demasiado, se vengarán de todo.

La meditación no hace nada directamente con la violencia, y tampoco hace nada con la envidia o con el odio. Simplemente lleva luz a tu casa y luego desaparece la oscuridad. *(Aparece un pato en el jardín, en el exterior de la sala, y empieza a graznar con fuerza.)*

Solo es la reencarnación del arzobispo japonés. Es normal que proteste, esto es lo que suele ocurrirles a los arzobispos; he vuelto a provocarle...

¿Lo vuelvo a hacer?...

11

Tienes que volver a casa

Osho:

Cuando hablaste de la muerte final de este mundo, de repente me encontré profundamente solo, oyendo esta voz en mi interior: «Recuerda que siempre estás solo». Osho, ¿cuando hayamos muerto, seguirás estando de alguna forma misteriosa en nuestra conciencia errante?

La soledad es la realidad última. Uno llega solo y se va solo; y entre esas dos soledades inventamos todo tipo de relaciones y luchas para engañarnos, porque en la vida también estamos solos. Pero la soledad no es algo que deba entristecernos, sino alegrarnos. Hay dos palabras, y aunque el diccionario diga que significan lo mismo, la existencia les da un significado opuesto. Una es sentirse solo, y la otra es la soledad. No son sinónimos.

Sentirse solo tiene un sentido negativo, como la oscuridad. Sentirse solo significa echar de menos a alguien; sentirse vacío y tener miedo en este vasto universo. La soledad tiene un sentido completamente distinto; no significa echar de menos a alguien, sino haberte encontrado a ti mismo. Es absolutamente positivo.

Cuando te encuentras, encuentras el sentido de la vida, la importancia de vivir, la alegría de vivir, el esplendor de la vida. Encontrarse a uno mismo es el mayor descubrimiento que puede haber en la vida de un hombre, y solo es posible estando solo. Cuando tu conciencia no está abarrotada de cosas ni de personas, cuando está completamente vacía, en ese vacío, en esa nada, ocurre un milagro. Y ese milagro es la base de todas las religiones.

Este es el milagro: cuando tu conciencia no tiene nada de qué ser consciente, se vuelve hacia sí misma. Se convierte en un círculo. Al no haber obstáculos, al no haber objetos, vuelve a su origen. Cuando se cierra el círculo, dejas de ser una persona ordinaria y te conviertes en parte de la divinidad que envuelve a la existencia. Ya no eres tú, te conviertes en todo el universo, el latido de tu corazón es el latido del universo.

Esta es la experiencia que han buscado los místicos a lo largo de toda su vida, a lo largo de la historia. No hay una experiencia que sea más extática y más dichosa. Esta experiencia transforma toda tu visión, y donde había oscuridad, ahora hay luz; donde había infelicidad, hay dicha; donde había ira, odio, posesividad, envidia, solo hay una hermosa flor de amor.

Toda la energía que se desperdiciaba en las emociones negativas deja de desperdiciarse; ahora todo da un vuelco positivo y creativo. Por un lado, ya no eres tu antiguo yo; y por otro, por primera vez, eres tu auténtico ser. Lo viejo se va y llega lo nuevo. Lo viejo estaba muerto; lo nuevo forma parte de la eternidad, lo nuevo forma parte de la inmortalidad.

Y por esta experiencia, los profetas de los Upanishads declararon que los seres humanos eran amritasya putrah, «los hijos e hijas de la inmortalidad».

Mientras no sepáis que sois seres eternos y formáis parte de la totalidad, seguiréis temiendo a la muerte. El miedo a la muerte es producto de no ser consciente de la fuente de la vida eterna. Cuando te das cuenta de la eternidad de tu ser, la muerte se convierte en la mayor falacia de la existencia.

La muerte no ha ocurrido nunca, no ocurre, ni ocurrirá, porque lo que es siempre seguirá siendo, con diferentes formas y en diferentes niveles, pero sin interrupción.

La eternidad del pasado y del futuro te pertenecen. El momento presente se convierte en el punto de encuentro de esas dos eternidades: una va hacia el pasado y la otra va hacia el futuro.

Tú preguntas: «Cuando hablaste de la muerte final de este mundo, de repente me encontré profundamente solo, y dentro de mí oía esta voz: "Recuerda que estás solo en todo momento"». No debe ser algo que recuerde solo tu mente, sino todas las fibras de tu ser, todas las células de tu cuerpo; no como una palabra sino como un profundo sentimiento.

El término inglés para «pecado» (*sin*) ha sido desvirtuado por el cristianismo, y le han dado un significado incorrecto. El significado original es olvidar. Olvidarte de ti mismo es el único pecado que existe, y la única verdad es recordar quién eres.

Gautama Buda insistió durante cuarenta y dos años en una sola palabra, de la mañana a la noche, y esta palabra es *sammasati*, que significa «recordar correctamente». Puedes recordar muchas cosas y convertirte en la Enciclopedia Británica; tu mente es capaz de recordar todas las bibliotecas que hay en el mundo, pero eso no es recordar correctamente.

Solo hay un recuerdo correcto: recordarte a ti mismo.

Gautama Buda solía ilustrar este punto con una antigua historia de una leona que iba saltando de un monte a otro, y entre los dos montes había un gran rebaño de ovejas. La leona estaba preñada, y dio a luz mientras saltaba. Un cachorro cayó entre el rebaño de ovejas, que lo criaron; naturalmente, se consideraba una oveja. Era bastante extraño, porque era mucho más grande y muy distinto, pero quizá solo era un fallo de la naturaleza... Era vegetariano.

Fue creciendo, y un día un viejo león que estaba buscando comida se acercó al rebaño y no pudo creer lo que estaba viendo. En medio del rebaño había un joven león en todo su esplendor al que las ovejas no temían. Se olvidó de comer y se puso a perseguir al rebaño..., y cada vez le parecía más inexplicable, porque el león también huía como el resto de las ovejas. Finalmente lo apresó. El león le suplicó al viejo león llorando y sollozando: «Por favor, ¡déjame volver con mi rebaño!».

Pero el viejo león se lo llevó a un lago cercano, a un lago tranquilo, sin ondas, como un espejo, y le obligó a mirarse en el agua y el reflejo del viejo león. De repente, se produjo una transformación. Entonces, el joven león se dio cuenta de quién era, lanzó un gran rugido, y su eco se oyó por todo el valle. Era la primera vez que rugía, porque jamás había pensado que fuese algo diferente a una oveja.

El viejo león dijo: «He cumplido mi misión, ahora solo depende de ti. ¿Quieres volver al rebaño?».

El joven león se rió y dijo: «Perdóname, me había olvidado por completo de quién era. Te estoy inmensamente agradecido por haberme ayudado a recordarlo».

Gautama Buda solía decir: «La función del maestro es ayudar a recordarte quién eres». No formas parte del mundo terrenal; tu hogar es el hogar de la divinidad. Estás perdido en el olvido; te has olvidado de que Dios está escondido en tu interior. Nunca miras en tu interior, porque todo el mundo mira al exterior, y tú haces lo mismo.

Estar solo es una gran oportunidad, una bendición, porque, en tu soledad, te tropezarás contigo mismo y recordarás quién eres por primera vez. Saber que formas parte de la existencia divina es liberarte de la muerte, liberarte del sufrimiento, liberarte de las preocupaciones, liberarte de todo lo que ha sido una pesadilla para ti durante muchísimas vidas.

Está bien que te des cuenta de tu profunda soledad, y no pierdas la pista; céntrate más en ella. Eso es meditar: centrarte en tu propia soledad. La soledad tiene que ser tan pura que ni un solo pensamiento ni un sentimiento se interpongan. En cuanto tu soledad sea absoluta, lo que experimentarás será tu iluminación. La iluminación no es algo que llegue de fuera; es algo que se desarrolla en tu interior.

Olvidarte de tu ser es el único pecado que hay. Y recordar tu ser, en su gran belleza, es la única virtud, la única religión. No tienes que ser hindú, ni musulmán ni cristiano; para ser religioso solo necesitas ser tú mismo.

Es maravilloso que todo tu ser haya resonado con estas palabras: «Recuerda que estás solo en todo momento». También preguntas: «Osho, ¿cuando hayamos muerto, seguirás estando de alguna forma misteriosa en nuestra conciencia errante?».

No estamos separados, ni siquiera ahora estamos separados; toda la existencia es una unidad orgánica. La idea de la separación surge por culpa de tu olvido. Es como si todas las hojas de un árbol pensaran que están separadas, separadas de las demás hojas..., pero en el fondo reciben el alimento de las mismas raíces. Aunque tenga muchas hojas, es el mismo árbol. Aunque haya muchas manifestaciones, solo hay una existencia.

Ahora mismo estoy contigo. He estado contigo desde siempre y seguiré estando durante toda la eternidad; solo puede ser así. Cuando te conoces a ti mismo hay una cosa que queda clara: y es que nadie es una isla, todos somos un continente, un vasto continente, una existencia infinita sin fronteras. La misma vida fluye por todos nosotros, el mismo amor llena nuestros corazones y las misma alegría danza en todo ser. Pero creemos que estamos separados por culpa de un malentendido.

La idea de separación es una ilusión. La idea de unidad será nuestra experiencia de la verdad absoluta.

En un avión volaban seis personas: el piloto, Gorbachov, Ronald Reagan, Rajiv Gandhi, el Papa católico y un joven hippy. Entonces se produjo una avería, y el piloto anunció que usaría para él uno de los paracaídas y que debían decidir cómo repartirse los otros cuatro.

Gorbachov dijo que él era la única esperanza que tenía el comunismo para seguir avanzando, se puso el paracaídas y saltó. Ronald Reagan dijo que él era la única esperanza para defender al mundo del comunismo, y tomó el otro paracaídas y saltó.

Rajiv Gandhi se levantó. «Yo soy el líder de la mayor nación y de la mayor democracia del mundo, la India, y soy el líder más inteligente y el más joven; tengo que saltar.» Y también saltó del avión.

Entonces se levantó el Papa y le dijo al joven hippy: «Hijo, yo soy viejo y he vivido muchos años. Toma el paracaídas y salta». Pero el joven hippy protestó, diciendo: «Padre, dese prisa. Solo hay dos paracaídas, uno para cada uno. Póngase uno y salte».

«¿Y eso cómo puede ser?», preguntó el Papa. El joven dijo: «El tipo que dijo que era el más inteligente y el líder más joven del mundo ¡ha usado mi saco de dormir!».

Con un poco de inteligencia podrás salir del pesimismo, de la infelicidad y del infierno que está viviendo toda la humanidad. El secreto para salir de este infierno es recordar quién eres. Y este recuerdo solo es posible si entiendes que estás solo.

Aunque hayas vivido con tu mujer o con tu marido durante cincuenta años, seguís siendo dos personas. Tu mujer está sola, y tú estás solo. Habéis intentado proyectar una imagen de que «no estamos solos», «somos una familia», «somos la sociedad», «somos una civilización», «somos una cultura», «somos una religión establecida», «somos un partido político organizado». Pero todas esas ilusiones no os van a ayudar.

Por muy doloroso que pueda parecerte al principio, tienes que reconocer que «estoy solo en tierra extraña». Este reconocimiento es doloroso la primera vez. Se lleva todas tus ilusiones, que eran un profundo consuelo. Pero cuando te atreves a aceptar la realidad, el dolor desaparece. Y escondido detrás del dolor, encontrarás el mayor regalo de la vida: conocerte a ti mismo.

Eres la inteligencia de la existencia; eres la conciencia de la existencia; eres el alma de la existencia. Formas parte de esta inmensa divinidad que se manifiesta en miles de formas: en los árboles, en los animales, en los seres humanos..., pero sigue siendo la misma conciencia en diferentes estadios de la evolución. Y cuando un hombre se reconoce a sí mismo y descubre que el dios que estaba buscando fuera por todo el mundo reside en su propio corazón, llega al punto más alto de la evolución. No hay nada más elevado.

Por primera vez, tu vida adquiere sentido, significado, es religiosa. Pero no serás hindú, ni cristiano, ni judío; simplemente serás religioso. Siendo hindú, musulmán, cristiano, jainista o budista, estás destruyendo la pureza de la religiosidad, porque no necesita ningún adjetivo.

El amor es el amor; ¿alguna vez has oído hablar del amor hinduista, o del amor musulmán? La conciencia es la conciencia; ¿alguna vez has oído hablar de la conciencia hindú o de la conciencia china? La iluminación es la iluminación: es igual que le ocurra a un cuerpo blanco o a un cuerpo negro, que le ocurra a una persona joven o vieja, a una mujer o a un hombre; todo eso no tiene importancia. Sigue siendo la misma experiencia, tiene el mismo sabor, la misma dulzura, el mismo aroma.

La única persona que no es inteligente es aquella que va dando vueltas por el mundo buscando algo, sin saber exactamente lo que busca; a veces piensa que es dinero, otras veces cree que es poder, a veces cree que es prestigio y a veces piensa que es reputación.

Una persona inteligente busca primero dentro de sí, antes de salir a buscar por todo el mundo. Es lo más sencillo y lo más lógico: buscar dentro de tu casa antes de salir a buscar por todo el mundo. Y los que han buscado en su interior lo han encontrado; no hay ninguna excepción.

Gautama Buda no es budista. La palabra buda quiere decir el que ha despertado, que ha salido del sueño. Mahavira, el jainista, no es jainista. La palabra jainista significa «aquel que ha conquistado», el que se ha conquistado a sí mismo.

En el mundo tiene que haber una gran revolución, para que cada individuo encuentre su religión dentro de sí. Cuando las religiones se organizan, se vuelven peligrosas; se convierten en política con la máscara de la religión. Por eso todas las religiones del mundo intentan convertir a su religión a más gente. Es una política de cantidades; el que tiene más adeptos tiene más poder.

Pero parece que nadie tiene interés en que millones de individuos descubran su ser. Mi propósito es que salgáis de todo intento organizado, porque la verdad no se puede organizar. Tienes que hacer la peregrinación tú solo, ya que es una peregrinación a tu interior. No puedes ir con nadie. Y tienes que dejar todo lo que te han enseñado los demás, porque esos prejuicios van a distorsionar tu visión, y no serás capaz de ver la desnuda realidad de tu ser. La desnuda realidad de tu ser es la única forma de descubrir a Dios.

Dios es tu realidad desnuda, sin adornos, sin adjetivos.

No se limita a tu cuerpo, no se limita a tu nacimiento, no se limita a tu color, no se limita a tu sexo, no se limita a tu país. No está limitada por nada.

Solo tienes que dar un paso hacia dentro, y habrás llegado.

Te han dicho, desde hace miles de años, que el camino hacia Dios es muy largo. El camino no es largo, Dios no está lejos de ti. Dios está en tu respiración, en tus latidos, en tu sangre, en tus huesos, en tu médula; el único paso que tienes que dar es cerrar los ojos y entrar dentro de ti.

Puede llevarte un tiempo, porque los viejos hábitos tardan en morir, y, aunque cierres los ojos, los pensamientos seguirán abrumándote. Esos pensamientos vienen de fuera, y el método que han seguido todos los grandes sabios del mundo ha sido observar los pensamientos, simplemente ser un testigo de ellos. Sin juzgarlos, sin justificarlos, sin razonarlos. Mantente a un lado, indiferente, deja que se vayan..., y se irán.

El día que tu mente esté completamente quieta, sin interferencias, habrás dado el primer paso que te lleva al templo de Dios.

El templo de Dios está formado por tu conciencia. No puedes ir allí con tus amigos, con tus hijos, con tu mujer, con tus padres. Todo el mundo tiene que ir por su cuenta.

No olvides la experiencia que has tenido, la sensación de profunda soledad y de una voz en tu interior que te dice: «Recuerda en todo momento que estás solo». El día de tu esplendor no está lejos.

Osho:

Me llenas de amor y me da tanta vergüenza que a veces no puedo ni mirarte. Sé que no tengo nada para darte dentro de mí, y lo poco que hay no me parece adecuado. Osho, tengo el corazón roto. Ayúdame, por favor.

Milarepa, tu pregunta me sorprende porque tú me das mucho amor. Te has entregado a mí con tu música, con tu poesía, con tu baile. ¿Qué puede tener más valor? Has confiado en mí, que soy un extraño. ¿De qué puedes avergonzarte? Deberías sentirte feliz, porque me has dado todo lo que tenías sin guardarte nada. Me has dado tu corazón.

Pero quizá pienses que tus canciones, tu música, tu baile, tu amor y tu confianza no tengan valor. En cambio, son muy valiosos, aunque no tengan precio.

No eres pobre. El hecho de no tener dinero no te hace pobre; el hecho de no tener poder, no ser presidente o primer ministro de un país no hace pobre a una persona. Lo que hace pobre a una persona es no tener alma. Y tu alma está llena de canciones, de baile, de risas; no tienes que sentirte avergonzado. Me has dado los mejores regalos que has podido darme. Aunque es probable que tú no lo veas así.

En el mundo hay personas muy ricas, y, en cambio, son tan pobres por dentro que su dinero no vale nada. El dinero está fuera y la pobreza está dentro; nada que esté fuera puede acabar con la pobreza interior. La pobreza interior solo se puede destruir con los valores internos: el amor, la compasión, el silencio, la oración, la meditación; estas son las cosas que hacen realmente rica a una persona. Aunque en la calle sea un mendigo, eso no importa, porque incluso los emperadores tendrán envidia de él.

Hay un malentendido y tienes que aclararte.

Adolf Hitler se muere y va al cielo. En el cielo se comporta tan bien que san Pedro le ofrece como recompensa volver a la Tierra una semana. Al cabo de veinticuatro horas está de vuelta, llamando a las puertas del cielo.

«¿Qué ocurre, Adolf?», pregunta san Pedro. «Todavía te quedan seis días.»

«¡Déjame entrar, déjame entrar!», grita Adolf. De modo que san Pedro abre la puerta y le deja pasar. «¿Qué ha pasado, Adolf? ¿No te ha gustado?»

«¿Qué si me ha gustado?», exclama Hitler. «¿Gustado? Desde que me fui de allí, todo el mundo se ha vuelto loco. Vuelvo y ¿qué me encuentro? A los judíos peleando ¡y a los alemanes haciendo dinero!»

Obviamente, Adolf Hitler debía de estar muy sorprendido. Su vieja idea de que los judíos hacen dinero y los alemanes pelean ya no es aplicable. Ahora los judíos mantienen una dura lucha, y los alemanes están haciendo más dinero que nadie en Europa.

Milarepa, tú también tienes esa vieja idea de que el hombre que posee cosas es rico, y el que no posee nada es pobre. Eso no es verdad. El verdadero hombre rico es el que posee cosas en su interior, y el que posee cosas en el exterior solo se engaña y se cree rico, pero en el fondo sabe que es un mendigo.

He conocido a gente muy rica, y cuando me abren el corazón, se les llenan los ojos de lágrimas, porque aunque tengan todo el dinero del mundo…, el dinero no puede comprar el amor, el dinero no puede comprar la paz, el dinero no puede comprar el silencio, el dinero no puede comprar la oración, el dinero no puede comprar a Dios. ¿Para qué sirve entonces? Su ser interior sigue estando en la oscuridad, vacío.

Y lo que cuenta, al final, es tu ser interior, porque la muerte se llevará todo lo demás, y solo te dejará lo que está dentro. La muerte debería ser el criterio de lo que es la riqueza y la pobreza. Lo que se puede llevar la muerte no es riqueza, y lo que la muerte no puede destruir es la verdadera riqueza.

Milarepa, tú eres rico. Y ahora eres más rico aún. Y no tendrá fin hasta que te ilumines y llegues a la cumbre del Himalaya de la conciencia. Esa debería ser la meta de cualquier persona con un poco de inteligencia.

Osho:

¿Puedes hablarnos de la diferencia entre sentirse inseguro y ser consciente de uno mismo? ¿Sentirse inseguro es una forma de inconsciencia, o hay algo de conciencia en ello?[1]

La inseguridad es una patología, una enfermedad. Ser consciente de ti mismo es salud, es totalidad. Aunque las dos palabras parezcan iguales, el hecho es que el lenguaje ha sido creado por personas inconscientes, que no saben distinguir claramente.

Sentirte inseguro es la conciencia del ego, y la conciencia de uno mismo es la conciencia del alma. Tu ego es una entidad falsa. El hecho de tener mucho dinero, el hecho de tener mucho poder, el hecho de haber nacido en una familia importante, tu educación, tu posición en la vida..., todas estas cosas conforman el ego. Pero tu alma llega contigo al nacer, no tiene nada que ver con otras cosas. No importa que tengas cultura o no —Kabir no era una persona culta, Jesús no era una persona culta—, y ni siquiera importa el hecho de que procedas de una familia culta.

No se sabe si Kabir nació en una familia hinduista o musulmana. Swami Ramananda, un sannyasin, se lo encontró a orillas del Ganges; sus padres lo habían abandonado allí. Es posible que no fuera un hijo legítimo. Pero Kabir se convirtió en uno de los seres humanos más ricos que haya habido. No tenía familia, no sabía a qué religión pertenecía, no tenía educación ni riquezas, y siguió siendo un tejedor el resto de su vida. Después de tejer, iba al mercado todos los días para vender su ropa, y eran sus únicos ingresos, que le duraban una semana.

En cambio, no encontrarás a alguien más rico y lleno de dicha; cada una de sus canciones sigue conteniendo algo vivo. Han pasado siglos, pero las canciones de Kabir siguen transmitiendo algo, como si estuviera vivo. Ha puesto todo su corazón en sus canciones; son palabras de oro.

1. En inglés *self-consciousness* y *self-awareness*. (N. del T.)

Jesús era el hijo de un carpintero, era muy pobre, no tenía cultura; no sabía nada de las escrituras, no tenía educación ni instrucción, pero, aun así, tenía una riqueza y una conciencia, e incluso estando en la cruz, no se olvidó de orar a Dios. Sus últimas palabras en la Tierra fueron: «Padre, perdona a esta gente que me está crucificando, porque no saben lo que hacen, son personas inconscientes».

Esta compasión nace de la conciencia de uno mismo. Y esto no depende de lo que hay fuera, solo depende de ti. Tienes un alma, solo hay que despertarla. Es un despertar.

Olvídate de sentirte inseguro; eso es una enfermedad del alma, ahonda más en la conciencia de ti mismo, porque es tu verdadera realidad.

Un día, una mujer joven se levantó de la cama, se puso la bata, subió la persiana, destapó a su loro, puso la cafetera, respondió al teléfono, y oyó una voz masculina que decía; «Hola, cariño. Mi barco acaba de atracar en el puerto y voy para allá». La mujer quitó la cafetera del fuego, tapó al loro, bajó la persiana, se quitó la bata, se metió en la cama, y oyó que el loro decía: «Madre mía, ¡qué día tan corto!».

El ser humano está menos despierto que ese loro. Vives como un zombi —llevas una vida rutinaria que se repite todos los días— sin pararte a pensar que todavía no has hecho lo más importante, que es encontrarte a ti mismo. Todavía no eres consciente de quién eres, sigues entretenido engrandeciendo tu ego en todo lo posible.

Pero el ego no es tu amigo, sino tu enemigo. El ego te causa heridas y te hace sufrir. El ego te vuelve violento, iracundo, envidioso, competitivo. El ego siempre está comparando y sintiéndose desdichado.

Ser consciente de quién eres es ser consciente de tu mundo interior, del reino de Dios. Y cuando te das cuenta de la enorme belleza de tu propio ser —de la felicidad y la luz que tienes, de la riqueza, del amor desbordante—, te sientes tan bendecido que podrías bendecir a todo el mundo sin hacer diferencias.

Mata a tu ego, porque está ocultando tu verdadera alma. Y descubre tu alma; eso es ser consciente de uno mismo.

Ser consciente de uno mismo es el camino hacia tu propio reino, que es también el reino de Dios. Está dentro de ti.

No tienes que ir a ningún sitio, solo tienes que volver a casa.

12

Como mucho podrás desaparecer

Osho:

Todas las mañanas, cuando voy a tu discurso, tengo este pensamiento: ¿qué he hecho para merecer la extática experiencia de estar a tus pies? Espero tu mirada con alegría, y a veces con lágrimas, y anhelo un nuevo amanecer, que me permita volver a estar en tu presencia... Osho, ¿esto también se puede llamar codicia?

La existencia es tan generosa, la vida es tan bondadosa que no hace falta merecer ni ser digno de recibir sus regalos. Al contrario, si eres completamente humilde, si no eres nadie —si eres receptivo, estás disponible, abres todas las puertas de tu corazón, confías—, la existencia te colmará de flores como si llovieran sobre ti. Esta experiencia aumenta tu humildad y aporta una nueva cualidad a tu ser, de la que muchas veces no somos conscientes, que es el agradecimiento, el estar agradecido a todo, agradecido a la totalidad.

¿Merecemos vivir? ¿Merecemos el amor? La idea misma de merecer es algo que te han inculcado desde el exterior. ¿Los árboles merecen algo? En cambio, el sol sale todos los días, las estrellas todas las noches, y los árboles meditan constantemente en silencio. Ellos también están esperando.

Esperar no es codicia, esperar es sencillamente nuestra naturaleza, esperar quiere decir tener las puertas abiertas, preparados para recibir al huésped cuando quiera llegar.

Hay un precioso poema de Rabindranath Tagore, «El rey de la noche»... Había un gran templo muy grande, era tan grande y había tantas estatuas de los dioses en su interior que tenían cien sacerdotes para rendirles culto. Una noche, el sumo sacerdote tuvo un sueño, un sueño tan intenso que le despertó; no podía creerlo, pero tampoco podía dejar de creerlo.

En su sueño, vio a Dios en persona que le decía: «Mañana hay luna llena. Limpia el templo y prepárate, porque podría aparecer en cualquier momento. Este templo lleva invocándome desde hace miles de años, pero nunca le he prestado atención, porque era una invocación profesional. Sin embargo, la tuya no lo es. Eres el primer sumo sacerdote de este templo con un corazón lleno de anhelo, de oración, de espera. No te limitas a hacer los rituales, sino que pones en ello toda tu alma. No te olvides que mañana estaré aquí, y te aviso antes para que puedas preparar el templo para recibir al huésped para el que se construyó hace muchísimos siglos».

Le resultaba difícil creer que Dios le había hablado, porque él no era nadie, no lo merecía. Al contrario, tenía muchas debilidades e imperfecciones a las que son proclives todos los seres humanos... Pero, por otra parte, ¿cómo no iba a creerlo? Este sueño era más real que lo que llamamos vida verdadera.

No sabía cómo decírselo a los demás sacerdotes, porque tenía miedo de que se burlaran de él. El templo llevaba allí muchos siglos y Dios no había ido nunca. Pero tenía que hacerlo, aunque pareciera extraño y le diese vergüenza, y él solo no podía limpiar todo el templo, porque era enorme, gigantesco...

Despertó a los sacerdotes y les dijo: «Tenéis que perdonarme por interrumpir vuestro sueño, pero tengo un dilema: he tenido un sueño...». Y los sacerdotes se burlaron de él, porque ellos son los únicos que no creen en Dios. Saben perfectamente que Dios solo es un invento para aprovecharse de la gente.

«Solo ha sido un sueño», le dijeron. «Sigue durmiendo.»

Pero el sumo sacerdote no pudo dormir. Por la mañana dijo: «Puede que todo haya sido un sueño, ¿quién sabe? Pero si llega Dios y lo encuentra todo sin preparar, me dará mucha vergüenza. De modo que os ordeno, como sumo sacerdote, que limpiéis el templo y lo decoréis con flores y velas. Quiero que lo perfuméis con incienso, y nos dispongamos a esperar. Aunque solo haya sido un sueño y no aparezca Dios, no pasa nada. El templo necesita una limpieza, así que es una buena ocasión para hacerlo».

Estuvieron limpiando y decorando el templo durante todo el día. Prepararon manjares deliciosos para Dios, pero no hubo ninguna señal. El sumo sacerdote estaba esperando en la puerta, mirando el horizonte, donde el cielo se junta con la tierra —el templo estaba en un lugar muy solitario—; pero la carretera estaba vacía, no llegó nadie.

Después del día, vino la noche. Tenían hambre, porque querían servir a Dios primero cuando llegase. El resto de los sacerdotes dijo: «Te lo habíamos dicho, solo ha sido un sueño. ¿Alguna vez has oído decir que Dios visitara un templo? Eres muy ingenuo, muy simple, muy inocente. Vamos a comer, porque estamos hambrientos y cansados, y luego nos iremos a dormir».

Cerraron las puertas y comieron todo lo que habían preparado para Dios. Y luego se durmieron enseguida, porque estaban muy cansados después de estar todo el día limpiando, decorando y preparando el templo.

En medio de la noche, apareció una carroza dorada por la carretera que llevaba al templo. Se oyó el ruido de la carroza…, y el sumo sacerdote, que en el fondo no creía que Dios pudiera defraudarlo tanto, porque nunca le había hecho nada malo, despertó a los sacerdotes al oír el ruido, diciendo: «¡Está llegando! Acabo de oír el ruido de la carroza, escuchad».

Todos estaban medio dormidos, y le dijeron: «¡Vete a dormir! Te estás volviendo loco por culpa de ese sueño. No es una carroza, es el ruido de los truenos». Nadie le creía. Y le mandaron callar.

La carroza llegó a la entrada. Dios subió por las escaleras

que llevaban al templo, y llamó a la puerta. El sumo sacerdote dijo: «¡Acabo de oír que llaman a la puerta! Puede ser que sea Dios, que ha venido». Esto era demasiado, les estaban interrumpiendo en mitad de la noche…, y estaban absolutamente exhaustos y cansados. Alguien le gritó: «¡Cállate y vete a dormir! Es el viento que está batiendo las puertas. Dios no ha venido, ni ha llegado ninguna carroza; eso no ha ocurrido nunca». Y le volvieron a callar.

A la mañana siguiente…, el sumo sacerdote no había podido dormir, porque la espera le había mantenido despierto, y el anhelo le había quitado el sueño. Se levantó temprano y abrió la puerta: «¡Dios mío!», dijo. «Ha estado aquí.» En la carretera había señales de una carroza hasta la entrada, y por las escaleras había rastros de alguien que había subido hasta la puerta. Los observó cuidadosamente…, se distinguían perfectamente las huellas de unos pies en el polvo de las escaleras. Y solo podían ser de Dios, porque esas huellas que había en el polvo eran exactamente iguales a las que se describen en las antiguas escrituras; eran las huellas de los pies de Dios.

Con los ojos llenos de lágrimas, entró corriendo y despertó a todos los sacerdotes. Y dijo: «No me habéis hecho caso, esos ruidos no eran truenos, sino la carroza de Dios. Y no era el viento batiendo las puertas, sino Dios en persona que estaba llamando. Pero ahora es demasiado tarde».

El significado de este poema es muy profundo. Dios llega a todos los corazones —porque es su templo, su único templo—, y llama a las puertas del corazón. Pero cuando intentas dar explicaciones, cierras todas las puertas.

Tu pregunta es: «Todas las mañanas, cuando voy hacia tu discurso, tengo este pensamiento: ¿qué he hecho para merecer la extática experiencia de estar a tus pies?». Simplemente ser; lo único que necesitas es no ser nadie, no merecer nada. Las únicas virtudes y cualidades que necesitas tener es poseer un corazón sencillo y amoroso, un corazón abierto y listo para recibir al huésped.

«... con alegría, y a veces con lágrimas, y anhelo un nuevo amanecer, que me permita volver a estar en tu presencia... Osho, ¿esto también se puede llamar codicia?». No, la codicia es violenta, la codicia es exigente.

Es una espera y un anhelo llenos de amor. ¿Cómo se puede evitar esperar y anhelar? Hay una diferencia muy clara entre la codicia y el anhelo: la codicia es agresiva, es inevitable que sea así; es una exigencia y una expectativa, eso es lo que la hace fea. Pero si tu corazón simplemente espera sin exigencias no se puede hablar de codicia.

Cuando alguien sabe el secreto de tener el corazón abierto, el secreto de no ser nadie, esa persona merece toda la belleza y la divinidad, todo lo que trasciende nuestra existencia mundana. Es todo lo que necesitas..., pero, para ello, tienes que estar ausente, en un espacio puro, y preparado para recibir al huésped.

Pero los seres humanos creen en Dios de la peor forma posible, porque su Dios solo son todos sus deseos y exigencias. En su plegaria no hay humildad, no es una humilde invitación.

Un hombre estaba contemplando las montañas, maravillado por la extraordinaria belleza de la naturaleza. En un cierto momento, estaba tan absorto en la belleza de las montañas que se olvidó de lo que estaba haciendo y cayó por un precipicio. Al caer, observó que había una rama sobresaliendo de la pared. Alargó la mano y consiguió agarrarse a la rama. Cuando estaba colgando se puso a rezar: «Oh, Señor, ayúdame, por favor. Me estoy quedando sin fuerzas y no podré aguantar mucho tiempo. Sálvame, Dios, por favor».

De repente, los cielos se abrieron y oyó retumbar una voz: «¡Soy el Señor!».

«¡Oh, Señor», exclamó el hombre. «Sálvame por favor!»

«Te salvaré», retumbó la voz. «Pero tendrás que demostrarme tu fe en mí soltando la rama.»

El hombre miró hacia abajo y vio que había un barranco de sesenta metros, pensó un instante y dijo: «¿No hay alguien más ahí arriba con quien pueda hablar?».

Nuestra supuesta idea de Dios solo es un recurso para que nos sirvan. Es probable que nunca te hayas parado a pensar que tu Dios no es más que un sirviente. Tiene que hacer esto, tiene que hacer aquello. Un hombre verdaderamente religioso es un siervo de Dios; no le pide nada. Solo tiene un anhelo, y es que Dios lo utilice para sus propósitos. Quiere convertirse en una flauta de bambú hueca, para que Dios cante su canción a través de él. No quiere convertirse en un obstáculo, sino permanecer completamente vacío, para que Dios pueda hacer lo que quiera con ese vacío.

Esto es confiar. Y nada tiene más valor que la confianza, porque es la forma más pura de amor. Tus lágrimas son lágrimas de amor, y esperas que llegue mañana porque tu corazón lo está anhelando, no es un deseo, porque no estás pidiendo nada.

Vuélvete cada vez más humilde, deja de ser alguien, y haz espacio en tu interior, porque cuando miro, yo no estoy aquí; hace mucho tiempo que me fui. He dejado que Dios tome posesión de mí. He dejado que haga conmigo lo que quiera. Ni siquiera sé cuál será la siguiente palabra, porque no son mías, aunque salgan a través de mí.

Fíjate en mis ojos..., quien mira a través de ellos es otra persona. Fíjate en mis gestos..., no los hago yo. Fíjate en mis firmas..., no las hago yo. Hace tanto tiempo que me perdí la pista, y si me volviese a encontrar, no reconocería a esa persona. Y ser un vehículo de Dios, un vehículo de la existencia, me ha producido tanta satisfacción y felicidad y me ha dado tantas bendiciones que no creo que haya nada más profundo ni elevado.

Me siento absolutamente bendecido.

Yo tampoco lo merecía.

Nunca he tenido una religión, ni he formado parte de ninguna institución religiosa, nunca he estado en los templos, las iglesias y las mezquitas. Desde el principio, siempre he tenido algo claro, y es que no tengo ninguna forma de encontrar a Dios, porque no sé dónde vive, no sé dónde está su casa. ¿Cómo puedo encontrarlo en un universo tan vasto? Lo único que puedo hacer es que cada una de mis células esté anhelante y sedienta, y esperar.

Si Dios quiere encontrarme, lo hará. Solo él puede hacerlo, yo no puedo.

Y puedo afirmar rotundamente que cuando Dios llega a alguien no es porque esa persona busque a Dios, sino por su espera y su anhelo. Cuando tienes tanta sed, es imposible que Dios se siga escondiendo..., esta es la única característica que hace que lo merezca una persona realmente religiosa. Es esperar en silencio, es una oración silenciosa, es un espacio sereno. Y Dios llega.

No intentes buscar explicaciones racionales cuando llegue, diciendo que son truenos o el viento batiendo en la puerta. Deja las puertas abiertas. Abre bien los ojos, deja el corazón abierto. Él llegará. No dudes que lo hará, porque ha llegado a miles de personas en toda la historia de la humanidad.

No recuerdo ni un solo místico que dijera: «He encontrado a Dios porque lo merecía». La idea de merecer algo forma parte del ego. Todos los místicos están de acuerdo en decir que Dios los ha encontrado, porque han llorado mucho y realmente lo han deseado. Y Él ha escuchado sus plegarias; sus lágrimas han llegado a Dios.

Tal vez las plegarias no lleguen, pero las lágrimas sí.

Osho:
Siempre que me desborda la energía, y ocurre con frecuencia, siento que la gente me hace pensar que es demasiado. Esto me provoca un sentimiento de culpa, y mi seriedad alemana vuelve de nuevo. ¿Podrías comentarlo, por favor?

No es posible que la sensación de ser sea demasiado. El ser es infinito..., tu ser no es tu ser, es el ser de todo el universo. Por eso, todo lo que sientas del ser siempre es poco; nunca puede ser demasiado.

¿Se puede amar demasiado? ¿Se puede ser demasiado dichoso? ¿Se puede estar demasiado extático? Esas palabras —amor, éxtasis, dicha— son aspectos de tu ser, y tiene muchos otros aspectos.

No puedes sentir que es demasiado; tienes algún malentendido. Tu pregunta es: «Siempre que me desborda la energía, y ocurre con frecuencia, siento que la gente me hace pensar que es demasiado». ¿Quién es la gente? A lo mejor les parece demasiado porque no han experimentado lo que estás experimentando tú.

Seguramente conoces la vieja parábola de Esopo. Una rana del mar estaba haciendo una peregrinación religiosa. En el camino encontró un pozo, y tenía mucha sed. Miró en su interior y vio que había otra rana. «Tengo mucha sed», dijo. «¿Puedo entrar?»

Y le dejó entrar. La rana del pozo le preguntó al recién llegado: «¿De dónde vienes?».

El recién llegado respondió: «No es fácil explicarte de dónde vengo».

La rana del pozo se rió, y dijo: «Eres bastante impertinente. ¿Acaso tu sitio es más grande que este pozo?». Dio saltos por un tercio del pozo y le preguntó: «¿Tu sitio tiene este tamaño?».

La rana del mar estaba en un gran aprieto; ¿cómo podía explicárselo a esa pobre rana? Y respondió: «Es más grande».

La rana dio saltos por dos tercios del pozo, y le preguntó: «¿Como esto?». La rana del mar le dijo: «Lo siento, pero es muy grande».

La rana del pozo dio saltos por todo el pozo, de un lado a otro, y preguntó: «¿Y ahora qué dices? ¿Sigue siendo más grande?». El recién llegado dijo: «No quisiera ofenderte, pero el sitio de donde vengo es tan grande que no se puede calcular con tu pozo».

La rana, que nunca había salido del pozo, dijo: «¡Creo que estás loco! Vete. He visto muchas ranas, pero ninguna estaba tan loca. Cuando vienen a mi pozo, yo siempre estoy encantada de recibirlas para que me cuenten cosas del mundo. He sido muy generosa contigo, pero tú estás siendo muy descortés».

La rana recién llegada dijo: «Perdóname, a lo mejor estoy loca. Pero te voy a invitar a mi sitio para convencerte. Hasta que no conozcas el mar, no me vas a creer..., entiendo que te enfades conmigo y pienses que estoy loca. Es normal, a mí me pasaría lo mismo en tu lugar».

Debe de ser porque la gente con la que tratas no tiene tanta energía. O quizá su energía esté bajo mínimos y tengan miedo cuando te ven rebosante de energía. Decirte que a veces eres «demasiado» es un reproche. Se enfadan contigo porque has tocado su punto débil.

Más que vivir, están sobreviviendo; en cambio, mi gente hace todo lo posible por vivir al máximo.

¿Por qué vivir al mínimo cuando la vida te da la oportunidad de vivir al máximo y cantar y bailar con entrega absoluta?

Yo te digo que no puede ser que «la sensación de ser sea demasiado», hagas lo que hagas. Eso no es posible. Aunque tu pozo sea cada vez más grande, nunca podrá ser el mar. Y mientras no seas oceánico, no sabrás qué significa ser demasiado.

El problema es que en cuanto te vuelves oceánico dejas de ser; te conviertes en energía vibrando en toda la existencia.

Mientras sigas siendo, nunca alcanzarás tu máximo. Cuando llegas al máximo, desapareces. Y entonces solo es una pura danza de energía.

Y esta danza de energía pura hace que todos tus potenciales lleguen a su apogeo. Solo así podrás decir que ha llegado la primavera, porque floreces en todas las dimensiones de tu ser.

No te preocupes de la gente que diga que tu energía o tu ser es demasiado, o que sientes demasiado. Solo están comparando. Tienes que contestarles: «Sois pobres y vivís en niveles de supervivencia. No sabéis lo que es el amor, ni sabéis lo que es la danza ni la celebración. No sabéis lo que es la vida; estáis vegetando y arrastrándoos como podéis, desde que nacéis hasta que morís».

Una profesora estaba sentada frente a su clase, y preguntó: «Niños, ¿qué parte de la anatomía humana se expande doce veces cuando recibe un estímulo directo?».

Una niña de la primera fila empezó a reírse, tapándose la boca con la mano. En la fila de atrás, un niño levantó la mano. «Dime», dijo la profesora.

El niño se levantó y dijo: «Profesora, el iris del ojo humano se expande doce veces cuando recibe el estímulo de la luz».

«Muy bien», contestó la profesora. «Es la respuesta correcta.» Y dirigiéndose a la niña, le dijo: «Tú eres muy malpensada, pero cuando seas mayor te vas a llevar una decepción».

Osho:

Hace ocho años te vi en la televisión. Te vi hacer un «darshan de energía» con algunas personas, poniendo tu dedo en el tercer ojo, y vi cómo se caían al suelo. En ese momento te reconocí, pero he tardado seis años en poder llegar junto a ti. La primera vez que me miraste, me caí y sentí un destello de luz en la mente. Ahora, cuando cierro los ojos sentada frente a ti, veo un gran punto negro. Dentro de ese punto hay un punto blanco. El punto blanco se va acercando dando vueltas en círculo. Pero siempre abro los ojos antes de que desaparezca el punto negro. Por favor, dime qué está ocurriendo.

Deva Jagat, lo que te ha ocurrido es muy significativo, raro y singular. Es una de las contribuciones de Oriente a Occidente: sabemos que hay un tercer ojo, entre los dos ojos, que normalmente está latente. Cuando te esfuerzas mucho y llevas la energía sexual hacia arriba, en sentido contrario a la gravedad, y esa energía alcanza el tercer ojo, el tercer ojo se abre. Se han usado muchos métodos para conseguirlo, pero cuando se abre, de repente hay un rayo de luz, y en un instante se aclaran muchas cosas que nunca habían estado claras.

Por ejemplo, el yoga ha usado el *shirshasana*, la postura invertida, poniendo la cabeza en el suelo. La intención principal es servirse de la gravedad para llevar la energía al tercer ojo. Seguramente no lo sepan ni los supuestos profesores de yoga actuales, porque no aparece en ningún texto. Era un secreto que transmitía el maestro a su discípulo, diciéndoselo al oído.

También ha habido otros métodos. Cuando recalco que tenéis que observar y atestiguar..., lo digo porque este método para activar el tercer ojo es más refinado, porque observas tu interior. No puedes usar los ojos para hacerlo, porque miran hacia fuera. Tienes que mantenerlos cerrados. Y eso significa que hay algo parecido a un ojo que ve y puede mirar hacia dentro. ¿Quién ve tus pensamientos? No lo haces con estos ojos. ¿Quién ve que surge un enfado dentro de ti? Simbólicamente, ese lugar recibe el nombre de «tercer ojo».

El mejor método es atestiguar, porque la postura invertida puede llegar a ser peligrosa dependiendo de la gravedad de la Tierra. Si hay un flujo muy grande de la energía, y lo inunda todo, se pueden dañar los pequeños capilares que hay en el cerebro. Es difícil imaginarse lo finos que son. En tu cráneo hay millones de nervios que no son visibles, y son muy delicados, muy sensibles; si se produce un aluvión de energía, muchos de ellos serán barridos, se romperán.

Un día, la ciencia investigará este campo. Ya han empezado a investigar por qué el cerebro de los animales no se ha desarrollado tanto. La causa de esto es que los animales caminan con el cuerpo paralelo al suelo, de modo que la energía fluye por igual en todo su cuerpo. Y las delicadas células del cerebro no pueden desarrollarse.

Lo que hizo que esas delicadas células se desarrollaran ha sido que el hombre se irguiera sobre sus dos piernas, y de ese modo la gravedad no afecta tanto al cerebro y no llega tanta energía. Hay pruebas de ello, porque, si te fijas, nunca encontrarás a una persona demasiado inteligente o aguda en el mundo de los yoguis. Aunque sean capaces de contorsionar sus cuerpos, sus caras no muestran rastros de inteligencia. No han contribuido, de modo alguno, a la conciencia del ser humano.

¿Qué les ha ocurrido? Ellos mismos no lo saben. Cada persona debe decidir cuánto tiempo puede estar sobre la cabeza sin que su sistema cerebral sufra daños. Según mis cálculos, tres segundos es más que suficiente. Y es preferible que sea menos, un pequeño flujo de sangre, y volver a la posición normal. Eso debería ser suficiente para nutrir tu cerebro sin destruir su delicada estructura, y te ayudará a abrir el tercer ojo.

Pero es peligroso. Sabes perfectamente que por las noches usas una almohada para dormir. ¿Alguna vez te has parado a pensar por qué lo haces? Para proteger tu cerebro, porque si no usases una almohada, el riego fluiría horizontalmente, como en los animales, y ocho horas de sueño podrían destruir completamente tu cerebro. Depende de lo frágil que sea tu sistema, pero puede ser suficiente con tres segundos. Un idiota podrá estar en la postura invertida durante tres horas sin que le ocurra nada, porque no hay nada que se pueda destruir.

Cuanto más inteligente eres, menos tiempo necesitas. Para un genio es arriesgado ponerse cabeza abajo incluso un segundo. Por eso no me gusta usar este método.

Lo mejor que puedes hacer es atestiguar; cerrar los ojos y ponerte a observar. Cuando lo haces, se empieza a abrir el tercer ojo.

Yo solía poner el dedo en el tercer ojo de la gente, pero tuve que dejar de hacerlo porque me di cuenta de que se puede estimular el tercer ojo desde fuera, si alguien está meditando y observando, ya que esta primera experiencia externa empieza a convertirse en su experiencia interna. Pero los seres humanos son tan estúpidos que si estimulo su tercer ojo dejan de meditar. Prefieren que haya más encuentros energéticos conmigo para no tener que hacer nada.

También me di cuenta de que cada persona necesita un tipo y una cantidad diferente de energía del exterior, y es difícil de determinar. Hay personas que entran en coma, porque se produce una conmoción demasiado fuerte. Y hay personas a las que no les ocurre nada, porque no son inteligentes.

Seguramente, después de ver por la televisión que la gente encontraba un espacio interior cuando les ponía el dedo en el tercer ojo, debes de haber tratado de encontrar ese espacio tú solo durante estos seis años. Por eso, cuando viniste y te vi por primera vez, no tuve que ponerte el dedo en el tercer ojo para que tuvieses esa experiencia. Estabas casi lista, estabas a las puertas de la experiencia.

Mirarte es una forma de tocarte. Es tocar de forma remota.

Después de hacer muchos experimentos, los psicólogos han descubierto que no es ofensivo mirar a alguien durante tres segundos. Sucede de forma fortuita; cuando te cruzas con alguien por la calle, lo miras. Pero si te quedas mirando más de tres segundos, se vuelve ofensivo, porque tus ojos —sin que tú lo sepas ni lo sepa el otro— empiezan a estimular su tercer ojo. Y si esa persona no sabe nada de esto, sentirá que está ocurriendo algo muy extraño.

En hindi, las palabras son muy importantes, porque han sido acuñadas conscientemente. Ojos se dice *lochan*, y cuando alguien mira más de tres segundos, se llama *luchcha*, que proviene de *lochan*. Aunque pueda parecer una coincidencia, he permanecido latente en tu inconsciente durante seis años, en forma de semilla, y cuando has llegado aquí y te he mirado, has sentido un destello y has caído al suelo. Tienes mucha suerte de tener este estado, porque significa que tu tercer ojo se puede abrir fácilmente.

Intenta mirar cerrando los ojos; así el tercer ojo estará cada vez más activo. Y las experiencias del tercer ojo son la puerta a la espiritualidad más elevada.

El tercer ojo es el sexto centro, y el más elevado y último, es el séptimo. El sexto centro está muy próximo al centro más elevado de tu experiencia, y prepara el terreno para el séptimo. En el séptimo centro no eres solo un destello de luz, sino la luz misma. Por eso, cuando alguien llega al séptimo centro, llamamos «iluminación» a esta experiencia. Todo su ser se convierte en luz, sin combustibles, porque una luz que necesita que haya un combustible no puede ser inmortal. Pero no hay ningún combustible, eso quiere decir que es una luz eterna. Es experimentar tu propio ser y el ser del universo.

Lo segundo que dices es: «Ahora, cuando cierro los ojos sentada frente a ti, veo un gran punto negro. Dentro de ese punto hay un punto blanco. El punto blanco se va acercando dando vueltas en círculo. Pero siempre abro los ojos antes de que desaparezca el punto negro».

¿Por qué lo haces? ¿Me lo estás preguntando tú, o debería preguntártelo yo? No deberías abrir los ojos en ese momento.

Pero a veces ocurre a tu pesar. Os he pedido que meditéis con una venda tapando los ojos, para que no podáis abrirlos si quieren hacerlo a vuestro pesar.

Si hubieses dejado que el punto negro desapareciera del todo, habrías entrado en una nueva conciencia, en un espacio completamente nuevo.

Deva Jagat, todo va perfectamente, pero no deberías abrir los ojos. Quizá hayas sentido miedo: «¡Dios mío, toda la oscuridad está desapareciendo! Quiero abrir los ojos para ver qué está ocurriendo». Pero, al abrir los ojos, destruyes toda la experiencia. En ese momento, hay que resistir la tentación de saber lo que está ocurriendo. Deja que ocurra, porque solo lo sabrás cuando haya ocurrido.

Y cuando veas desaparecer ese punto negro... sabrás que ese punto eres tú, y el punto blanco es tu conciencia. El punto negro es tu ego, y el punto blanco es tu ser. Deja que el ser se expanda y desaparezca el ego.

Solo hay que tener un poco de coraje, aunque te parezca la muerte, porque siempre te has identificado con ese punto negro, y ahora empieza a desaparecer. Nunca te has identificado con el punto blanco, no te es familiar, es un desconocido y está tomando posesión de ti. Esta es la razón por la que abres los ojos. No lo hagas.

Tu mente intentará buscar una explicación lógica; no la escuches. Ya que has llegado hasta mí, dame una oportunidad, y escucha lo que te estoy diciendo.

Si tu mente se entromete, apártala.

Tu mente es tu infelicidad, tu mente es tu atadura.

Una viuda, una anciana judía jubilada, paseaba por la playa de Miami, cuando observó de pronto a un viejo judío tumbado solo tomando el sol. Corrió emocionada hacia él y se paró delante, diciendo: «Nunca le había visto por aquí antes. ¿Cómo se llama?».

«Max», respondió él. «Nunca me había visto porque no suelo venir.»

«¿Qué quiere decir?», preguntó la viuda.

«Acabo de salir de la cárcel, ¡eso es lo que quiero decir!», respondió. «He estado un año entre rejas.»

«¡En la cárcel!» La mujer dio un paso atrás, y lo observó con resquemor. «¿Y por qué estaba en la cárcel?»

«Ah, por un robo sin importancia», respondió el anciano, encogiéndose de hombros.

«Ah, ya veo», dijo la mujer, mientras volvía a dar un paso al frente. «Eso no tiene importancia, solo es un pequeño robo. De todas formas, debería avergonzarse.»

«Casi igual que cuando me condenaron a diez años de cárcel», suspiró el anciano.

«¡Diez años!», exclamó la mujer alarmada, retrocediendo varios pasos. «¡Dios mío! ¿Qué hizo para que le condenaran a diez años de cárcel?»

«Ah, bueno, un robo a mano armada», dijo el hombre encogiendo los hombros y girando sobre su toalla.

«¡Un robo a mano armada!... Eso es más grave. Espero que se arrepienta de todo lo que ha hecho», dijo la viuda reprendiéndole, a la vez que se acercaba un poco más para verlo más de cerca.

«Ya lo creo, acababa de cumplir veinte años en el calabozo cuando me impusieron esa sentencia. ¡Casi no había visto la luz del sol!», suspiró el hombre al recordarlo.

«¡Veinte años! Pero ¿qué clase de persona es usted?», dijo la viuda alarmada, alejándose de él varios pasos, y dispuesta a salir corriendo. «¿Qué diablos ha hecho para que le impusieran veinte años de cárcel?»

«Maté a mi mujer», respondió el hombre.

«¿Es usted soltero?», preguntó la mujer mientras acercaba su toalla junto a la de él.

Solo tienes que tener un poco de valentía cuando veas que desaparece completamente el negro..., solo un poco de valentía. Quédate con los ojos cerrados y alcanzarás la transformación que alcanza la gente tras muchos años de esfuerzos. El hecho de que te llegue a esa velocidad solo puede tener un significado, y es que en tus vidas pasadas has hecho un gran esfuerzo pero el trabajo no ha quedado finalizado. Esta vez, debes de completarlo. Haz que esta vida sea la última vida corporal.

Si todo el universo puede convertirse en tu cuerpo, ¿por qué permanecer confinado a un pequeño cuerpo? Eso significa estar aprisionado.

13

El mayor inadaptado

Osho:

Al tiempo que otra de tus comunas levanta el vuelo, yo tengo la profunda sensación de ser un inadaptado. Ni la India, ni la comuna me parecen un lugar donde yo pueda estar cómodo. ¿Hay algún estado que sea «hacer lo que quieras, lleno de felicidad y agradecimiento», sin que sea otra película del ego?

Prem Leeladhar, yo también soy un inadaptado. Y este lugar es mucho más que una comuna. Una comuna es una sociedad alternativa. Pero tiene una organización, unas normas, unas reglas. Para muchos inadaptados es difícil pertenecer a una comuna, por eso yo también he renunciado a esa idea.

Aquí solo hay individuos viviendo juntos. No se pretende que sean residentes fijos; cada cual puede quedarse o irse en el momento que quiera. Estamos intentando crear el espacio que todos los inadaptados necesitan. Uno de mis sannyasins, Veeresh, está creando ciudades para inadaptados en Europa.

Creo que arrastras la idea de la comuna americana. Seguramente te resultó difícil estar allí, porque cuando hay miles de personas que viven juntas, hay que seguir ciertas reglas o, de lo contrario, sería imposible convivir.

Aquí no hay residentes fijos. Puedes quedarte mientras quieras. En cuanto te encuentres incómodo, podrás optar por cualquier otro lugar del mundo; puedes ir a donde te encuentres cómodo. Pero quiero recordarte algo: si no estás cómodo aquí, no podrás estar cómodo en ningún otro sitio.

Voy a leer tu pregunta: «Al tiempo que otra de tus comunas levanta el vuelo...». Eso no es verdad. Ninguna comuna está levantando el vuelo. Aunque lo haya intentado, ha sido imposible. Para que la comuna pueda existir, tiene que haber un compromiso personal. Es completamente natural y necesario. Y apoyo tanto a los inadaptados, que antes de renunciar a ellos, he tenido que renunciar a la idea de la comuna. Ahora aquí solo hay inadaptados.

Los inadaptados pueden entender las necesidades de los demás. Esta necesidad es la de estar contigo mismo y hacer lo que quieras. Por eso aquí no desarrollamos ninguna actividad productiva. No hay que hacer carreteras ni casas. Porque es evidente que tiene que haber una organización para hacer carreteras y casas y granjas, y para tener tus propios productos lácteos.

Leeladhar es cirujano plástico. Aquí ni siquiera vamos a tener un centro médico. Antes de la comuna de Estados Unidos, sí que hubo uno, pero para eso tiene que haber una organización.

Yo quiero que esto sea el paraíso, un centro de vacaciones para relajarte, recibir masajes..., y pronto habrá piscinas, más jardines y praderas. Podrás tocar tus instrumentos cuando quieras y a la hora que quieras. Podrás hacer lo que te apetezca.

Pero ten presente que lo que hagas no debe interferir en la forma de vida de los demás, porque los demás también quieren ser independientes, como tú. Ese es el único compromiso, todo el mundo puede ser libre mientras no interfiera en la vida de los demás. Este límite es absolutamente necesario.

Imagínate que estuvieses durmiendo y unos cuantos inadaptados se pusieran a hacer la meditación dinámica en tu cuarto. Están haciendo lo que les apetece, y no te están diciendo que hagas la meditación dinámica. Y al terminar, llegaran otros inadaptados y se pusieran a tocar sus instrumentos. Nadie te está molestando, ¡si quieres puedes seguir durmiendo! Pero hay que tener en cuenta este punto...

No hay interferencias de ningún tipo. He dejado el trabajo a un lado por completo, a menos que te apetezca hacerlo, y lo hagas porque te gusta. En la comuna era absolutamente necesario trabajar para sobrevivir. Aquí puedes venir siempre que puedas permitírtelo económicamente, y quedarte el tiempo que quieras, pero no tienes ninguna obligación de hacer ningún trabajo. Si te apetece hacer algo, puedes hacerlo, o simplemente puedes descansar, ir a la piscina, hacer grupos, meditar..., o no hacer grupos, ni meditar, y simplemente estar.

«... tengo la profunda sensación de ser un inadaptado», dices. Otra vez vuelves a estar equivocado, Leeladhar, eres un inadaptado nato. No es algo que hayas ido desarrollando. Te conozco perfectamente bien.

Yo fui quien te obligó a permanecer en la sección médica de la comuna, a pesar de que no querías. Y te quedaste porque yo te lo dije, pero eres un inadaptado.

Un inadaptado tiene que admitir algo: que la sociedad corriente no le aceptará. Por el hecho de ser un inadaptado, nunca recibirá premios, distinciones ni reconocimientos. Es más, estoy pensando crear un premio: el premio anual al mayor inadaptado del mundo, y, Leeladhar, tú estás el primero en la lista.

Pero tu malestar no viene del exterior, porque no creo que se pretenda que hagas algo en el exterior. Te sientes incómodo por tu tensión interna; aunque no quieras ser un inadaptado, lo eres. No has aceptado tu inadaptación con amor y felicidad.

No hay nada malo en ello; la sociedad necesita tener algunas personas inadaptadas, porque ellos portan la antorcha de la conciencia de generación en generación.

¿Acaso no crees que Gautama Buda fuera un inadaptado, o que Mahavira fuera un inadaptado? El hijo de un rey yendo desnudo..., su padre y toda su familia se avergonzaban de él. Estaban convencidos, «puedes renunciar al mundo..., pero ¿es necesario que vayas desnudo?». Sin embargo, Mahavira no se sentía incómodo, se aceptaba tal como era.

Ser un inadaptado trae consecuencias, porque la gente deja de sentir respeto por ti. Y tienes que aceptarlo.

La sociedad está constituida por personas cuadriculadas que no transgreden las normas. Un inadaptado siempre es un estorbo. La sociedad inculca a todos los niños la idea de no ser un inadaptado, porque no te honrarán, no te respetarán, te rechazarán. Y sigues teniendo todos esos ideales en tu mente. Tu naturaleza es ser un inadaptado, y la incomodidad es producto de las ideas que te ha inculcado la sociedad, a ti y a todo el mundo. No estás integrado; existe una división. En el fondo, no quieres ser un inadaptado.

Me gustaría sugerirte que renuncies a esas ideas. Ser respetable y recto no tiene sentido si va en contra de tu naturaleza. Si no eres una flor de loto sino una margarita, ¿qué culpa tienes? Disfruta siendo una margarita.

La existencia no ignora a los inadaptados. El sol no hace diferencias, la luna no hace discriminaciones; toda la existencia te acepta como eres. Pero en el fondo de tu ser, sientes un rechazo, estás dividido, tienes un dilema. Y este dilema te hace sentir incómodo estés donde estés, más que aquí, porque aquí nadie te está criticando ni juzgando. Aquí nadie te va a decir: «Leeladhar, no estás como deberías ser». Aquí no hay «deberías».

En la comuna de Estados Unidos no querías seguir siendo cirujano plástico. Ahora tienes la oportunidad, nadie te obliga a hacerlo; y, aunque quisieras, a nadie le interesa la cirugía plástica. A nadie le preocupa que alguien tenga la nariz larga. O la nariz pequeña...; la nariz solo es funcional. Si respiras bien, tengas la nariz larga o pequeña, no hay ningún problema. Aquí a nadie le interesa convertirse en una mujer si es un hombre, o viceversa.

Esto no es una comuna, solo es un grupo variado de personas inadaptadas que no encajan en otro lugar. Aquí pueden celebrar su inadaptación sin perder su honor ni su dignidad.

Dices: «No me parece que la India o una comuna sean lugares donde yo pueda sentirme cómodo».

La India es el primer país que ha permitido la existencia de todo tipo de inadaptados. Es increíble que, en toda su historia, la sociedad india nunca haya crucificado a un Jesús, y ha habido mucha gente que ha afirmado: «Aham Brahmasmi, yo soy un dios», sin que nadie pusiera ninguna objeción, cuando Jesús solo decía «yo soy el único hijo encarnado de Dios». Si ellos están contentos y felices, ¿qué daño hacen?

Gautama Buda no creía en Dios. Mahavira rechazaba por completo la idea de Dios; pero no los crucificaron, los amaban tal como eran.

E incluso antes de ellos, a lo largo de un período de diez mil años..., verás que ha habido un sinfín de personas. Si alguien está cabeza abajo, la gente ni siquiera se da cuenta, no dicen que está loco, o cosas así. Hay gente que está de pie durante años, y para dormir de pie se apoyan en una estructura de madera, y duermen profundamente agarrándose con las manos..., y la gente le permite hacerlo; si ha decidido vivir así, es asunto suyo. Es algo entre Dios y él; ¿quién eres tú para entrometerte?

Conozco a un hombre que lleva tantos años de pie que la parte superior de su cuerpo se ha quedado delgada, y toda la sangre le ha bajado a las piernas. Esto, en medicina, se llama elefantiasis; es una enfermedad. Ahora, no puede sentarse aunque quiera. Las piernas son tan gruesas que han perdido la elasticidad; se han quedado duras. Pero nadie le menosprecia por eso. Al contrario, le llevan pasteles y flores..., porque el pobre hombre está haciendo una proeza; sufre mucho sin necesidad. Pero si a él le parece natural, no pasa nada.

En la India nunca han envenenado a un Sócrates, y ha habido más Sócrates que en ningún otro país, ha habido miles de personas de la misma talla, de la misma inteligencia; incluso con una inteligencia más fina para destruir los prejuicios de la gente. Pero la gente siempre los ha respetado. Puedes estar de acuerdo con él o no, pero tienes que reconocer su agudeza y su inteligencia.

Esto me recuerda a Ramakrishna, que era analfabeto; no encontrarás a nadie más inadaptado que él. Sin embargo, la India ha sido reconocido como una encarnación de Dios.

Cuando tenía nueve años, aunque no lo estuviese buscando, tuvo una experiencia de meditación profunda. Volvía a su casa del campo, y en el camino había un lago, un precioso lago. Era al atardecer, y en el cielo había algunas nubes negras. Estaba a punto de empezar a llover. Al llegar a la orilla del lago, vio un grupo de cigüeñas posadas en los márgenes, que se espantaron al verle llegar. Salieron volando entre las nubes negras.

Una cigüeña blanca es más blanca que la nieve, y había unas doce o quince cigüeñas volando en fila y cruzando las nubes negras..., el atardecer teñía de dorado las aguas del lago. La belleza de ese momento fue tal que Ramakrishna no pudo contenerse y se quedó inconsciente. Para su mente consciente decir simplemente «qué bonito» y volverse a casa era algo impensable.

Al ver que no volvía a casa, la gente empezó a buscarlo. Su padre dijo: «Se fue del campo antes que yo». Buscaron por el lago y lo encontraron inconsciente, pero su cara tenía una expresión muy feliz. Cuando recuperó la consciencia, sus primeras palabras fueron: «He entendido, por primera vez, lo que es la vida. Hasta ahora había estado inconsciente, pero he estado consciente unas horas».

Los padres se asustaron —a cualquier padre le habría pasado lo mismo— porque esto era una señal de que el niño podría convertirse en sannyasin, en un buscador. Desde hace siglos, los padres siempre han pensado que lo mejor es concertar un buen matrimonio. Una mujer le pondría los pies en la tierra.

Tenían miedo de que se opusiera. Pero cuando su padre le preguntó: «¿Te gustaría casarte?». Él dijo: «¡Fantástico! He visto muchas bodas en la ciudad, y es maravilloso ir montado a caballo como un rey».

Su padre pensó: «No sabe lo que es el matrimonio, lo único que conoce son las procesiones de las bodas. Pero menos mal que está dispuesto a casarse».

De modo que buscaron una chica guapa de un sitio próximo, y un día que él fue a verla —era en verano— su madre le metió tres rupias en el bolsillo, y le dijo: «Es para que las uses si te hacen falta, pero no tienes que gastarlas innecesariamente. Somos pobres».

Esta es la costumbre que prevalece aún hoy en la mayor parte de la India: solo puedes ver a la novia de reojo. Ella sale a servir el té, y en ese momento tienes unos instantes para verla, y después desaparece.

Sharda, que iba a convertirse en su mujer, puso unos pasteles en su plato cuando estaban desayunando. Él le dijo a su padre: «¡Dios mío, que chica tan guapa!». Sacó las tres rupias y las dejó a sus pies, se postró ante ella, y dijo: «Madre, tú eres una entre un millón. Me casaré contigo».

Su padre dijo: «¿Tú eres idiota? Primero la llamas "madre", te postras a sus pies... y además le regalas tres rupias. ¿Te vas a casar con ella?».

Los padres de la chica también estaban un poco asustados, porque les parecía que el chico estaba un poco loco. Pero Ramakrishna dijo: «No tengo ningún inconveniente. Es muy guapa, por eso me he postrado a sus pies. Habría que respetar la belleza. Y es muy maternal, lo veo en su rostro. Por eso la he llamado "madre". Todas las chicas serán madres algún día, ¿por qué te alteras? He decidido que si tengo que casarme será con esta chica, o de lo contrario no me casaré».

Las dos familias se persuadieron y convencieron la una a la otra de que el chico no estaba loco, solo era un poco raro, un poco excéntrico, pero no era peligroso. Aunque hiciera cosas que no eran normales, nunca le había hecho daño a nadie.

Después de casarse, la primera noche le dijo a Sharda: «Quiero decírtelo en privado y que no lo sepa nadie. Yo te he aceptado como madre. Deja que los demás piensen que eres mi mujer. Yo sé que tú eres mi madre y que yo soy tu hijo. Y así será nuestra relación». Y esta fue su relación a lo largo de toda su vida. En cambio, en vez de criticarlo por esta extraña relación, siempre le han respetado. Su mujer era una madre para él, y entre ellos nunca hubo una relación de pareja.

Hay muchas historias de inadaptados... Había una reina sudra —era reina, pero, de acuerdo con el sistema de castas hindúes, ella pertenecía a la casta más baja de los intocables— que construyó un maravilloso templo a las orillas del Ganges, cerca de Calcuta, en Dakshineshwar. Ningún brahmin quería ser sacerdote de ese templo. Cuando un sudra, un intocable construía un templo, el templo y el dios que habitaba ese templo también se volvían intocables. En toda Bengala, solo Ramakrishna dijo, cuando oyó hablar del templo: «Es una buena oportunidad». Fue a ver a la reina y le dijo: «Me comprometo a ser el sacerdote del templo», aunque pertenecía a la casta más alta de los brahmines.

«¿Lo has pensado bien?», respondió ella. «Podrían desterrarte de la sociedad podrían expulsarte.»

«Yo no pertenezco a ninguna sociedad», respondió. «¿Qué me importa que me expulsen o convertirme en un marginado? No tengo que responder ante nadie, y seré el sacerdote de este templo.» Y lo expulsaron y lo menospreciaron por esto.

Intentaron persuadirle: «Deja ese empleo y te daremos uno mucho mejor en un templo hindú de la casta alta. Ganarás más dinero». Pero él dijo: «No se trata de dinero. Me encanta este templo, me encanta este lugar y el silencio que lo rodea, los árboles..., y me encanta la diosa que hay dentro del templo».

Fue expulsado; sin embargo, a él nunca le importó. Incluso su familia dejó de ir a verle —por miedo a ser expulsados— y le dijeron que no podía volver a su casa. «Muy bien», respondió él.

Tenía una forma muy rara de rendir culto; a veces lo hacía de la mañana a la noche, bailando y cantando enloquecidamente. La gente iba y venía y, en ocasiones, Ramakrishna cerraba el templo y no volvía a abrirlo durante varios días. Se lo comunicaron a Rashmani, la reina: «¿Qué le pasa a ese sacerdote que has buscado? Los sacerdotes rinden culto como mucho media hora. Pero este hombre parece un loco, el tiempo se detiene cuando rinde culto; se pone a cantar y a bailar de la mañana a la noche. Y a veces cierra el templo, esto es un completo sacrilegio. ¡No hace los rituales, pero tampoco permite que entre nadie!».

La reina lo mandó llamar y le dijo: «Ramakrishna, ¿qué clase de culto practicas?».

«¿Quién ha dicho que esto sea rendir culto?», dijo. «Esto es una historia de amor, y es normal que en una historia de amor a veces me enfade yo o se enfade ella». Estaba hablando de la diosa del templo. «Y cuando me enfado, cierro la puerta y le digo: "Ahora te quedarás tres o cuatro días sin comida y sin rituales, para que recobres la cordura".»

Rashmani exclamó: «¡Pero nunca habíamos oído hablar de una adoración de este tipo!».

Y Ramakrishna contestó: «Tampoco había habido antes un sacerdote como Ramakrishna».

Cuando los sacerdotes rinden culto en los templos, ofrecen alimentos al dios o a la diosa, que después se distribuyen entre los presentes. Pero Ramakrishna lo hacía todo al revés. Primero probaba todas las cosas dentro el templo. Probaba la comida antes de ofrecérsela a la diosa, y luego se la ofrecía. De modo que volvieron a llamarle la atención: «Lo que estás haciendo no está bien. No se hace así».

«A mí no me importa lo que hayan hecho antes», dijo él. «Solo sé que mi madre siempre probaba la comida antes de dármela. Si estaba buena, me la daba; pero si no estaba buena, volvía a cocinar. Y si mi madre hacía eso conmigo..., yo no puedo darle a la diosa algo sin saber realmente si vale la pena comerlo.»

Rashmani debía de ser una mujer muy inteligente para tolerar a una persona tan inadaptada. En vez de censurarlo, la gente empezó a venerarlo. Su amor por la diosa era muy sincero, aunque no fuese ortodoxo. Cuando algo es muy genuino, no puede convertirse en un ritual.

Otro de los grandes pensadores de Bengala, Keshav Chandra, oyó contar que miles de personas iban a ver a Ramakrishna. Él era ateo, era un gran filósofo y un pensador muy agudo. Desafió a Ramakrishna diciendo: «Un día iré a discutir ciertos temas contigo».

Los seguidores de Ramakrishna tenían miedo porque sabían que él no sabía nada, ni conocía las escrituras; él mismo componía las canciones que cantaba en el templo. Era analfabeto y nunca había oído hablar de la lógica ni la filosofía. Para él no se trataba de una cuestión intelectual.

Ellos tenían miedo: «Vamos a pasar mucha vergüenza, porque Keshav Chandra va a derrotar a Ramakrishna en pocos segundos».

Keshav Chandra llegó con sus discípulos. Él tenía su propia asociación, y era un hombre muy egoísta. Ramakrishna dio un salto y se levantó del árbol donde estaba sentado, abrazó a Keshav Chandra y dijo: «Estoy muy contento de que tú también hayas venido a verme».

Keshav Chandra respondió: «Yo he venido a derrotarte».

Y Ramakrishna añadió: «Da igual que me derrotes tú o te derrote yo. A partir de este momento prevalecerá nuestro amor. Puedes empezar a derrotarme, estoy preparado».

Keshav Chandra preguntó: «¿Empezar a derrotarte? Antes tienes que exponer tu filosofía».

«Yo no sé nada de filosofía», dijo Ramakrishna. «Tendrás que hacer ambas cosas: exponer mi filosofía y derrotarla.»

Y entonces, en vez de que Ramakrishna sintiera vergüenza, empezó a sentirla Keshav Chandra... ¿Dónde me he metido?, se preguntó. Pero tenía que hacer algo, y dijo: «De acuerdo, ¿crees en Dios?».

Y Ramakrishna dijo: «¿Creer? Yo lo conozco. ¿Cómo voy a creer en Él? Solo creen los ignorantes». ¡No sabía qué hacer con este hombre! Se puede criticar una creencia, pero si una persona dice que sabe...

A pesar de todo, Keshav Chandra planteó buenos argumentos en contra de Dios, diciendo: «Creer que conoces a Dios es una alucinación, una ilusión, algo que has imaginado». Y cada vez que planteaba un buen argumento, Ramakrishna se levantaba, le abrazaba, y decía: «Eres maravilloso, Keshav Chandra; me encanta oírte hablar, aunque eso no cambie nada. De hecho, tu inteligencia me demuestra que Dios existe, porque tu inteligencia se deriva de la existencia. Tiene que salir de algún sitio, y lo que entendemos por Dios es que el universo es inteligente. Yo soy un pobre hombre, soy inculto. Yo no soy una prueba de la existencia de Dios, pero tú sí».

Por primera vez en su vida, Keshav Chandra se sintió derrotado por su autoridad, su autenticidad y su sinceridad, aunque su contrincante no hubiese discutido. Se postró a los pies de Ramakrishna, y dijo: «Quiero que me aceptes como discípulo tuyo. Cuando te veo, cuando veo tu comportamiento y tu felicidad, me convenzo de que un árido argumento no podrá transformarme. Pero tú eres un hombre transformado. Seguramente tengas razón, y yo no. Aunque yo pueda demostrar que la tengo; pero una cosa es demostrar que tengo razón, y otra muy distinta es tenerla. Tu presencia es tu argumento».

Este país ha amado y aceptado a toda clase de inadaptados, y si crees que estás incómodo en la India, tendrás que quedarte un poco más, para que vivas el ambiente.

Yo he viajado por todo el mundo, y no he visto un ambiente tan agradable en ningún país. Aunque haya países más desarrollados científicamente y tengan una tecnología más avanzada, la India tiene una vibración que ha sido creada por miles de místicos.

Tienes que quedarte aquí más tiempo, Leeladhar, para que puedas empezar a sentir esa delicada vibración.

Mi experiencia es que…, en Estados Unidos hicimos una comuna, pero, en conjunto, la comuna estaba fuera de lugar dentro del ambiente estadounidense. El entorno no la favorecía en absoluto. Después he viajado a muchas partes. He hablado en numerosos países, pero lo extraño es que, aunque estuviese hablándole a mis sannyasins, a los mismos que hay aquí, siempre echaba de menos algo. Yo estaba allí y era la misma gente, pero se notaba que faltaba algo en el ambiente.

Ahora he vuelto a la India con la misma gente... y aquí no falta nada. Hay una esencia, una noosfera, un profundo y antiguo aroma de misticismo, una riqueza interior que hacen que sea más fácil comunicarse.

Adaptarse al ambiente hindú lleva un tiempo, y a lo mejor eso es lo que te hace sentir incómodo. Es como pasar de un desierto a un jardín. Tardarás un tiempo en notar el verdor y el perfume de las flores, porque hay un contraste muy grande.

Tú has crecido en Occidente. Tienes la personalidad de un científico, y este país no sabe nada de la ciencia. Es el país menos científico del mundo. Sin embargo, es una tierra muy religiosa, mística y cordial. Tiene su propia esencia. Dale una oportunidad.

Seguramente no eres más inadaptado que yo.

En la India estoy cómodo. Aquí no existe esa tensión que hay en Occidente, ni tampoco un ritmo de vida tan acelerado. Esto me recuerda a cuando el Imperio británico empezó, por primera vez, a poner las vías del tren.

Un funcionario británico se fijó en un sannyasin hindú que solía ir todos los días a sentarse o tumbarse bajo un árbol, para ver el trabajo de la gente que ponía las vías del tren y hacía todos los preparativos. Jamás había visto a un hombre tan vago, nunca hacía nada, siempre estaba descansando.

Un día, el funcionario se le acercó. Había aprendido un poco de hindi de trabajar con los obreros y peones hindús largos años. Y le preguntó: «Vienes aquí todos los días. Cuando llegamos, tú ya estás ahí, y te vas cuando nos vamos. ¿Por qué eres tan vago y te pasas todo el tiempo tumbado debajo de un árbol? Si trabajases de obrero podrías ganar dinero. Necesitamos mano de obra. Yo podría darte un buen empleo».

El hombre no se molestó en levantarse. Estaba tumbado hablando con el funcionario, y dijo: «Me parece una buena idea, pero no necesito el dinero. Me dan de comer dos veces al día. Todos mis hermanos trabajan en la granja. Pero yo siempre he sido así. ¿Y para qué quiero ganar dinero si no sé qué hacer con él?».

El funcionario dijo: «Cuando hayas ahorrado lo suficiente, podrás jubilarte y descansar». Y el hombre contestó: «No lo entiendo, ¡yo ya estoy jubilado y estoy descansando! ¿Para qué quiero hacer todo ese recorrido? Ganar dinero para jubilarme y luego descansar; yo ya estoy jubilado desde el principio. Y estoy descansando; no hago otra cosa».

En la atmósfera hindú no hay velocidad. Todo va muy despacio. Va tan lento que parece como si no se moviera nada. Podrían pasar siglos...

En Europa, si un hombre saliese de su tumba después de doscientos años, no entendería lo que está pasando, porque Occidente ha cambiado mucho en doscientos años. Pero si un hindú vuelve a visitar la India después de doscientos años, se sentirá como en casa. ¡No ha cambiado casi nada!

Leeladhar, en primer lugar, tu incomodidad es fruto de tu propio condicionamiento. Y, en segundo lugar, no has aceptado tu inadaptación totalmente; si no, ¿por qué estás incómodo?

Tienes libertad para hacer lo que quieras, donde quieras. Yo, por ejemplo, no me he sentido incómodo en ningún lugar del mundo. No he estado incómodo en las cárceles norteamericanas. No he estado incómodo en diferentes culturas, en diferentes países, en diferentes religiones. Acepto mi inadaptación con alegría.

Los primeros tres días que estuve en la cárcel de Estados Unidos, vino a verme el sheriff de la prisión. Se preguntaba qué clase de persona era ¡porque todos los presos se habían vuelto discípulos míos! Yo les hablaba de la meditación. Las enfermeras y el médico —porque era la sección clínica— también se unieron. Finalmente, el sheriff trajo a su mujer y a sus hijos para que me conocieran: «Es posible que no vayamos a ver a esta persona nunca más, y todo lo que dice tiene sentido».

La doctora —una mujer muy guapa— solía venir a la sección clínica una vez cada siete días; el resto del tiempo estaba ocupada en otras partes de la prisión. Había setecientos reclusos. Pero esos tres días vinieron todas las enfermeras, la doctora y el resto del personal. La doctora me dijo: «Esto no había ocurrido nunca. ¡Has convertido mi despacho en tu aula! De lo contrario, estaría vacío, como siempre».

Porque yo tenía una celda muy pequeña..., solo cabían dos personas. Y había doce reclusos en la sección clínica de la prisión. Todos querían pasar el mayor tiempo posible conmigo —las seis enfermeras, el personal, el sheriff, el asistente del sheriff y la doctora—, de manera que me cambiaron al despacho de la doctora. Y ella me dijo: «No hace falta que uses el baño de los reclusos. Mientras estés aquí, puedes usar el mío».

Nirupa y David, que están aquí ahora, se quedaron en el pueblo para cuidarme, traerme ropa limpia o lo que necesitara. El sheriff me dijo delante de ellos: «Me gustaría conocer tu comuna, porque los jóvenes que están viviendo y aprendiendo contigo son personas muy tranquilas y bonitas; son inteligentes, cariñosos».

Y me dijo: «David y Nirupa son la prueba de que el ser humano puede transformarse». Los niños americanos se drogan, incluso en la escuela elemental...; hay niños que han cometido asesinatos, violaciones, o se han suicidado con trece o catorce años. Este es el ambiente en Estados Unidos.

Las cárceles están llenas. Antes de condenar a alguien a la cárcel, los jueces tienen que considerarlo, porque, para hacerlo, tienen que liberar a otro preso. Las cárceles están atiborradas de gente. Si metes a un preso, tienes que sacar a otro.

Cuando venían a verme mis abogados —mi abogado principal era Niren, que está aquí— no podían creer que estuviera tan feliz, porque me sentía como si estuviera en casa. «Nunca había descansado tan bien», les decía. «Todos se preocupan por mi bienestar: los reclusos, las enfermeras, la doctora. Cuando me liberen y pueda volver, todos quieren venir a pasar unos días en la comuna.»

El primer día, el sheriff recibió una llamada preguntando por mí desde Alemania, y le dijeron: «Puede que le parezca sorprendente, porque seguramente es la primera vez que en su cárcel hay alguien como Osho». Él no me conocía, y dijo: «No, ha habido ministros, políticos importantes, así que no es nada nuevo para nosotros».

Pero el tercer día, cuando salí de la cárcel, vino con los ojos llenos de lágrimas y me dijo: «No conozco a la persona que llamó, pero me gustaría disculparme por darle la respuesta equivocada. En estos tres días, han llegado tantas flores que no teníamos sitio donde guardarlas; han llegado muchos telegramas y hemos recibido tantas llamadas telefónicas que hemos tenido que poner dos telefonistas más.

»Si lo ves, pídele disculpas, por favor. Los políticos importantes y los ministros no son comparables. Nunca he tenido a un preso como tú —ni creo que vuelva a tenerlo en todos los años que me quedan de servicio—, por el simple hecho de que has hecho que el clima de mi cárcel cambie por completo.

»Si te quedaras aquí tres o cuatro meses, esto se convertiría en tu comuna. Eres muy peligroso, porque todos las personas de mi equipo vienen con sus mujeres y sus hijos a hacerse fotos contigo».

Los pobres presos no podían hacerse fotos, pero me traían fotos recortadas de los periódicos para que se las firmara: «No vamos a olvidar nunca estos tres días contigo, ha habido un cambio en este tiempo». La gente no hacía ruido. Todo el mundo decía: «No hagáis ruido que le molestáis».

No me he sentido incómodo en ningún momento.

En resumen, la cuestión es aceptarte. Es un sentimiento interior, no tiene nada que ver con lo exterior. Y te repito: si no estás cómodo aquí, Leeladhar, no vas a encontrar un sitio en el mundo donde puedas estar mejor. No hay otro sitio donde se respete la singularidad de cada individuo, donde te quieran como eres. En los demás sitios, siempre tienes que demostrarlo, tienes que merecerlo.

Aquí no hay que demostrar nada, no tienes que merecerte nada. No hay que ser digno de nada. Tú eres así y todo el mundo te acepta. Pero concédete un poco de tiempo.

«¿Hay algún estado que sea "hacer lo que quieras lleno de felicidad y agradecimiento"?»

Sí. Justamente es mi enfoque de la vida: «Hacer lo que quieras lleno de felicidad y agradecimiento...». Y no es una película del ego. Es tu propia naturaleza que no quiere ser alterada.

Aquí no te obligamos a hacer ningún trabajo. Este lugar quiere que lo recuerdes como un sitio para disfrutar completamente, un sitio de silencio y de belleza. Y cuando las personas no interfieren en tu vida, son felices al ver que eres feliz. Nadie tiene envidia, nadie compite contigo. Ni siquiera se comparan contigo.

Pero todo depende de ti.

Aquí he creado un espacio donde se puede cumplir todo esto. Pero el uso que le quieras dar depende de ti.

Durante la Segunda Guerra Mundial, en el frente ruso, un general italiano y un general alemán estaban preparando un ataque. Cuando estaban listos todos los preparativos y a punto de lanzar el ataque, el general alemán llamó a su asistente: «Heinz, tráeme mi abrigo rojo».

«¿Un abrigo rojo?», preguntó el general italiano. «¿Y por qué rojo?»

«Bueno, porque podrían herirme en la batalla, y si mis soldados ven que estoy sangrando, podrían desmoralizarse. Por eso siempre llevo un abrigo rojo en las batallas.»

«¡Qué buena idea!», dijo el general italiano llamando a su asistente.

«Giuseppe, tráeme mis pantalones marrones, ¡deprisa!»

Osho:

Hoy he metido la pata. Un solo momento de inconsciencia puede llevarse todos los momentos conscientes. Mientras estaba podando tu jardín, he cortado un árbol que estaba vivo pensando que estaba seco. En cuanto le di el primer hachazo me di cuenta de que yo sabía, tú sabías y la existencia también sabía, que lo había matado. Sintiéndome culpable, asustado y estúpido, he terminado de talarlo y lo he sacado de tu jardín. Osho, he talado miles de árboles en mi vida y matado a muchos animales, pero nunca me ha dolido como con este árbol. Mukta, tu jardinera, tiene miedo de que le cortes la cabeza. Córtamela a mí, por favor, y a mi inconsciencia también. Lo siento.

Anand Vibhavan, la reverencia por la vida que ha nacido en ti es algo muy bello. No te sientas culpable, no tengas miedo, ni te sientas estúpido, porque esas ideas son parásitos. Solo tienes que hacer una cosa: estar más alerta y, cuando vayas a talar un árbol, asegurarte de que está muerto.

No hay prisa. Solo es la inconsciencia; de lo contrario, te habrías dado cuenta de que estaba vivo. Seguramente se le habían caído las hojas y le iban a salir otras nuevas. Si hubieses esperado y observado..., pero lo que hay que hacer no es sentirse culpable.

Primero le haces daño al árbol y ahora te lo haces a ti.

Reverenciar la vida no significa solo reverenciar la vida de los demás. También incluye tener reverencia por tu propia vida.

Sentir culpa no es tener reverencia. Y tampoco eres estúpido..., porque te has dado cuenta; y no solo te has dado cuenta, sino que te has sentido mal por haber quitado una vida sin ser necesario. Eso demuestra tu inteligencia.

Y en lo que respecta al miedo, no te preocupes por Mukta. Hace mucho tiempo que le corté la cabeza —cree que todavía la tiene—, y a ti también te la voy a cortar.

Pero la cirugía que yo practico no duele. Te hace ser más feliz de lo que hayas sido nunca. Por eso no tienes que tener miedo. Solo debes estar más atento, más alerta, más consciente.

Este jardín no es un jardín como los demás. Los árboles también me escuchan, como tú, y me quieren tanto como tú. Estos árboles son discípulos míos, como tú. Por eso debes ser respetuoso con ellos. Si pones cariño y cuidado y estás alerta con sensibilidad, no solo te convertirás en un buen jardinero, sino que también tendrás una conciencia más elevada, serás más humano, más divino.

Muéstrales tu amor a todos los árboles. Aunque no hablen, son muy sensibles.

Los experimentos recientes con los árboles son muy reveladores; dicen que incluso pueden leerte los pensamientos. Tienen una sensibilidad más fina que la del ser humano.

Los científicos han creado unos instrumentos parecidos al cardiograma. Cuando lo ponen en un árbol, el cardiograma empieza a trazar un gráfico de cómo se siente el árbol. En el gráfico hay una simetría, pero cuando llaman a un leñador con un hacha el gráfico varía en cuanto el árbol ve al leñador. Se distorsiona y ya no hay simetría. Y no hay que hacerle nada al árbol, basta que llegue el leñador con la intención de cortarlo. La sensibilidad del árbol capta inmediatamente el pensamiento, y ahora hay métodos científicos que pueden demostrarlo.

Lo más curioso es que, cuando pasa un leñador que no tiene intención de cortar el árbol, el gráfico no cambia. Solo depende de su pensamiento, que transmite una frecuencia determinada. Cada pensamiento que hay en tu mente transmite ciertas ondas en torno a ti, que la sensibilidad de un árbol puede captar. Están muy vivas.

Es bueno darse cuenta de esto. No pierdas esta percepción, porque no solo le ayudará a los árboles, sino a ti también. Se convertirá en tu meditación.

Todo lo que hacemos aquí tiene que convertirse en una meditación.

Esto es un templo y solo estamos aquí por un motivo: para trascender la oscuridad y la inconsciencia.

Un hombre entra en el servicio de caballeros con las manos extendidas, como si estuviesen paralizadas. En el retrete le toca el codo a otro hombre.

«Perdóneme, podría ayudarme? Tengo un problema en las manos y necesito que me ayuden cuando voy al baño. ¿Sería tan amable de bajarme la bragueta?»

El otro hombre está abochornado, pero accede. El primer hombre le dice: «Muchas gracias. Ahora querría pedirle otro favor. ¿Le importaría ayudarme a apuntar?».

El segundo hombre se ruboriza, pero le ayuda. Cuando ha terminado, el primer hombre dice: «No sabe cómo se lo agradezco. Por favor, ¿me ayuda a arreglarme otra vez?». El segundo hombre está llegando al límite de su paciencia, pero le ayuda.

El primer hombre se vuelve para marcharse, y mirando sus manos extrañamente estiradas dice: «Perfecto, creo que ya está seco el esmalte».

14

La meditación te prepara para la muerte

Osho:

Cuando era niña, uno de mis juegos favoritos era imaginarme que iba a morirme en el momento siguiente. Me gustaba sentir cómo se acumulaba la tensión hasta llegar al máximo, y luego se relajaba, y esto me llenaba de felicidad. Más tarde, cuando era adolescente, durante un período de seis meses me despertaba a menudo con una sensación de pánico y miedo, un sentimiento de muerte inminente. Luchaba contra la muerte aferrada al pensamiento de que había algo o alguien por lo que quería permanecer viva. Entonces, desaparecía el pánico, y poco a poco se iba el miedo. La última vez que me ocurrió, siendo adolescente, me desperté con más miedo a la muerte que las otras veces. En esta ocasión no entré en pánico y, sin tomar una decisión consciente, me vi aceptando la muerte y relajándome. Hubo inmediatamente una explosión de luz y me sentí completamente extática. No había vuelto a tener miedo a la muerte hasta un día que estaba meditando sola, hace unos años, después de tomar sannyas. La intensidad de este sentimiento me abrumó sin que pudiera hacer nada para transformarlo o reprimirlo. Me levanté sobrecogida por el pánico y traté de sacudírmelo. ¿Por qué siempre aparece este miedo en mi vida, y cómo debería interpretarlo?

Dyan Amiyo, la meditación y la muerte son dos experiencias muy parecidas. Con la muerte desaparece el ego, y solo queda tu presencia pura. Lo mismo ocurre con la meditación; desaparece el ego y solo queda la presencia del hecho de ser, de tu ser. El parecido es tan grande que la gente, del mismo modo que tiene miedo a morir, también tienen miedo a meditar. Por otro lado, si no te da miedo la meditación, tampoco te dará miedo la muerte.

La meditación te prepara para la muerte.

Solo nos educan para vivir, pero es una educación a medias, y la otra mitad —que es mucho más importante, y es la culminación de la vida— es algo de lo que carecen todos los sistemas educativos que ha habido y hay ahora mismo.

La meditación te prepara para la otra mitad; te ayuda a conocer la muerte sin que sea necesario morir. Una vez que has conocido la muerte sin tener que morir, desaparecerá para siempre el miedo a la muerte. Incluso cuando llegue el momento, te quedarás observando en silencio, sabiendo, a ciencia cierta, que no podrá dejar ni un pequeño arañazo en tu ser. Se llevará tu cuerpo y tu mente, pero no a ti.

Tú formas parte de la vida inmortal. Has tenido una buena experiencia, porque dices: «Cuando era niña, uno de mis juegos favoritos era imaginarme que iba a morirme en el momento siguiente. Me gustaba sentir cómo se acumulaba la tensión hasta llegar a un máximo, y luego se relajaba, y esto me llenaba de felicidad».

Sin querer, estabas haciendo un sencillo ejercicio de meditación. Puede ser que traigas contigo ese conocimiento, la experiencia de la meditación, de tu vida pasada, pero este es uno de los cientos de métodos de meditación..., uno de ellos. Y no eres la única, Dyan Amiyo, hay muchos niños que juegan a cosas muy importantes. Pero no saben la importancia que tiene, solo lo hacen jugando.

Por ejemplo, a todos los niños del mundo les gusta dar vueltas, girar y, naturalmente, los padres les hacen parar: «No hagas eso porque te vas a marear, y puedes caerte y hacerte daño». Pero a todos los niños del mundo les gusta hacerlo. Así fue como a Jalaluddin Rumi se le ocurrió la idea de que esto provoca algo..., al ver a los niños, porque cuando ves a un niño dando vueltas, le cambia la cara. Su cara manifiesta una gracia y desprende un aura, y cuando se para, está lleno de felicidad...

Jalaluddin Rumi lo intentó —dentro del bosque, para que no se rieran de él— para saber qué sentían los niños cuando daban vueltas. Y se quedó perplejo, porque descubrió uno de los mejores métodos de meditación; después de doscientos años su escuela sigue viva. Son los derviches giradores; en su templo se practica esta meditación, esta es su oración. Es toda su religión. Giran y giran juntos durante muchas horas.

Jalaluddin se iluminó después de estar treinta y seis horas girando sin parar. Y cuando le preguntaron: «Esta meditación no se menciona en ninguna escritura, ¿cómo la has descubierto?», él dijo: «Mirando a los niños. Cuando intenté hacerlo, me di cuenta de que cuanto más giras y más rápido vas, hay algo en tu interior que se queda quieto e inmóvil. Todo el cuerpo está girando, y cuanto más rápido va, mayor es el contraste entre lo que se mueve y lo que no se mueve. Y la conciencia inmóvil que está dentro es mi alma. Es el ojo del huracán».

El hombre debería aprender muchas cosas de los niños, pero ¿a quién le interesan los niños? Todo el mundo quiere enseñarles cosas sin darse cuenta de algo muy claro: que ellos vienen directamente de la fuente de la vida, están limpios. Deben tener algo que nosotros hemos olvidado.

Si intentas recordar tu infancia, no podrás retroceder más de los cuatro años, o como mucho hasta el tercer año. De repente, te encuentras con un muro; tu memoria no puede retroceder más. ¿Por qué ocurre esto? Has vivido esos cuatro años y, de hecho, han sido los más felices de tu vida. Pero, de algún modo, la sociedad consigue bloquear esa experiencia.

Para la sociedad es un peligro que alguien tenga la inocencia de un niño. Tus padres, tus profesores y tus líderes te están haciendo mucho daño, aunque lo hagan con la mejor intención. Reprimen al niño que tienes dentro, y ese niño está más cerca de Dios que ninguna otra cosa.

Es por esto que muchos místicos afirman: «No conocerás

toda la verdad, toda la belleza y el misterio de la existencia, hasta que no vuelvas a nacer y vuelvas a ser como un niño».

Puedes retroceder en tus recuerdos hasta que, de repente, te encuentras con una muralla china; este es el momento donde tus padres y tus profesores empezaron a destrozar tu infancia, a civilizarte, a integrarte en la sociedad, a enseñarte los modales y la buena educación, mandándote al colegio, enseñándote la gramática y todas las demás cosas mundanas. Intentando hacerte olvidar tu inocencia y los días que vivías en el paraíso completamente.

Todo el mundo lo olvida, pero, en lo más profundo de su inconsciente, todavía está presente la experiencia de esos días. Y esto es lo que te lleva a buscar, porque no quieres aceptar que el sentido de estar vivo sea una vida miserable, llena de miedos, tensiones y enfermedades psicológicas. Tienes la vaga sensación de que también ha habido momentos gloriosos. Aunque no los recuerdes con exactitud, en el fondo de tu inconsciente hay un anhelo por volver a encontrar esos momentos perdidos.

La religión es básicamente la búsqueda de la infancia: esa inocencia, esa alegría por todo, esa intrepidez..., esos ojos llenos de magia, ese corazón que podía bailar con los árboles, ese corazón que se quedaba cautivado por la luna y las estrellas. Ese espacio en el que la existencia era felicidad absoluta, puro esplendor...

Dyan Amiyo, estabas practicando un método de meditación, o bien por casualidad o por alguna experiencia de tu vida pasada. Y por eso, al aumentar la tensión... llegabas hasta un punto, y el momento siguiente era el momento de la muerte. Estabas muy concentrada, y al llegar al punto de máxima tensión, de repente te relajabas. Cuando te relajabas, estabas llena de felicidad.

Si hubieses seguido haciéndolo, tu vida habría sido tremendamente bella. No habrías conocido la tristeza ni la infelicidad. Tampoco habrías conocido la rabia o la envidia. Solo conocerías el amor, el silencio, la felicidad..., sin motivo alguno. Porque es tu estado natural.

Nuestro estado natural no es la tensión. Por eso, después de un tiempo, tiene que desaparecer. Por ejemplo, puedes abrir la mano y dejarla abierta todo el tiempo que quieras, porque es su estado natural. Pero si cierras el puño y lo aprietas, ¿cuánto tiempo puedes quedarte así? Es un estado de tensión. Pronto empezarás a cansarte, estarás exhausto, y tendrás que abrir el puño aunque no quieras. La energía se ha agotado.

La mano abierta está relajada, no consume energía. La tensión es como un puño, consume demasiada energía. Enseguida te sientes absolutamente exhausto y la tensión desaparece. Y esto trae consigo una profunda relajación. Esta relajación es el espacio en el que crece la felicidad, y, vuelvo a repetir, sin motivo alguno. No estás feliz por nada en concreto. Simplemente estás feliz. La felicidad es tu naturaleza.

La infelicidad es algo que hay que fomentar, es algo que has aprendido. Eres culpable de tu infelicidad; sin embargo, la felicidad no es por tus propios méritos. Es natural. Cuando estabas en el vientre de tu madre eras feliz...

Sigmund Freud era muy perceptivo; lo que dice se acerca mucho a la realidad. Pero solo era un pensador, no era un meditador; por eso, a pesar de que se acerca mucho a la verdad, él mismo no la ha experimentado. Afirma que la búsqueda de la religión, la búsqueda de Dios o del paraíso, y es una afirmación objetiva, no es otra cosa que la búsqueda del útero materno..., porque durante esos nueve meses estabas en completo silencio, había una felicidad absoluta, una paz que supera todo entendimiento. Aunque para nosotros solo sean nueve meses, para un niño es una eternidad, porque para él no hay fechas, días, semanas, meses ni calendario. Cada momento está lleno de felicidad, y nueves meses... para un bebé son casi una eternidad.

Esta experiencia se queda profundamente grabada en tu interior. Después de nacer, sigue permaneciendo a lo largo de tres o cuatro años; tres años en las niñas y cuatro en los niños. Es raro, pero las niñas se adelantan un año a los niños en casi todo. Su madurez sexual es a los trece años. Los niños maduran sexualmente a los catorce años. Y en la vida, las niñas lo aprenden todo mejor, con más concentración.

Esto se puede comprobar en el colegio, el instituto o la universidad; los niños siempre están más dispersos, su mente está más fragmentada. Quieren hacer muchas cosas. Las niñas, en cambio, están más integradas y se concentran mejor en cualquier cosa que hagan. Aprenden mejor, más temprano, y es un hecho histórico que antiguamente las mujeres sabias solían tener mucha más experiencia de la vida.

El cristianismo eliminó a miles de mujeres sabias, las quemó vivas. La palabra «bruja» significa «mujer sabia», nada más; y se convirtió en una recriminación..., y en Oriente sucedió lo mismo. Todas las religiones han prohibido que haya mujeres, y sé que lo hacen porque si las mujeres tuvieran las mismas oportunidades que los hombres estarían mucho más avanzadas en la experiencia de Dios. Y es algo que va contra el ego de los hombres.

El ego masculino ha hecho mucho daño. Ha impedido que la mitad de la humanidad pueda entrar en el área de la religión. Lo han hecho porque tenían miedo. Por eso tenemos a Gautama Buda, tenemos a Jesús, tenemos a Mahavira y tenemos a Lao Tzu, pero no hay mujeres de esta talla porque no han tenido la oportunidad, les han quitado todas las posibilidades.

Mi experiencia es que las mujeres pueden meditar más fácilmente que los hombres. La mente del hombre es superior en la lógica —intelectualmente puede llegar muy lejos en la búsqueda del mundo exterior— pero el corazón de la mujer es superior. La mujer es más introvertida, puede ir al fondo de su ser con mucha facilidad.

El autoconocimiento, la iluminación, es más fácil para la mujer. El hombre, en cambio, puede convertirse en Alejandro Magno, Adolf Hitler, Gengis Kan o Nadir Shah con más facilidad. Si no se hubiese ignorado, reprimido y obligado a vivir a la mujer como una esclava, se habrían podido evitar miles de guerras. Y la mujer constituye la mitad de la humanidad.

Quiero decirles a todas las mujeres del mundo que el movimiento de liberación de la mujer no ha conseguido nada porque está en manos de mujeres muy estúpidas. No son revolucionarias, sino reaccionarias. De lo contrario, lo más sencillo y lo más importante, lo prioritario, sería que las mujeres votaran por separado, de manera que las mujeres solo votaran a favor de las mujeres, y los hombres a favor de los hombres. Con un paso tan sencillo, la mitad de los parlamentos del mundo estarían formados por mujeres. Y las mujeres naturalmente tendrían el poder, porque el hombre tiene tendencia a luchar. Siempre están creando partidos, partidos políticos, ideologías religiosas..., sobre cualquier tema trivial.

Si las mujeres estuvieran en el parlamento formarían una unidad, y la otra mitad, los hombres, estarán divididos en ocho o diez partidos. El mundo pasaría a manos de las mujeres. Las mujeres no están interesadas en la guerra, las mujeres no están interesadas en las armas nucleares, las mujeres no están interesadas en el comunismo o el capitalismo.

Todos estos «ismos» son producto de la mente. Las mujeres están interesadas en ser felices, en las pequeñas cosas de la vida: una casa bonita, un jardín, una piscina. La vida puede ser un paraíso, pero mientras el poder siga en manos del hombre seguirá siendo un infierno.

Y sería muy fácil desplazarlo.

Tengo más sannyasins mujeres que hombres. Y lo más curioso es que cuando una mujer se hace sannyasin, sigue siéndolo. Cuando empieza a meditar, se convierte en su devoción, en parte de su corazón; esto no le ocurre a los hombres; para ellos solo es una búsqueda intelectual. Aunque haya excepciones, esta es la norma...

He visto traicionarme a los hombres, pero no a las mujeres. Y esto es porque el hombre tiene convicciones intelectuales. Está de acuerdo conmigo..., pero yo estoy vivo, no estoy muerto. Y mañana podría decir algo que no concuerde con su mente. A su mente le basta un solo desacuerdo para que su camino se aleje del mío. Siempre que lo que diga alimente a su mente, estará de acuerdo conmigo. En cuanto crea que he dicho algo que no es racional, dejará de estar de acuerdo. Todas los lazos de unión se romperán. Y el problema es que mi trabajo no consiste en alimentar tu mente. Si hablo intelectualmente, es para conducirte a algo que está más allá de la mente y la razón.

La mujer no tiene el mismo problema. Ella no está de acuerdo conmigo porque esté convencida intelectualmente, sino porque hay algo que la nutre a un nivel más profundo que la mente; es por confianza, no por una convicción intelectual. Por eso, en la historia de la humanidad, cerca de cada gran místico y gran profesor, siempre podrás encontrar a un Judas, pero nunca encontrarás a una mujer que haya sido Judas. Es raro que con una historia tan extensa...

Mahavira tuvo su propio Judas; su yerno permaneció a su lado por su ego masculino, pensando que sucedería a Mahavira por el hecho de ser su yerno. Mahavira solo tenía una hija; la hija y el yerno se hicieron sannyasins. Estuvieron con él veinte años, pero el yerno siempre repetía: «Estás envejeciendo. Antes de que ocurra un infortunio, deberías decirles a tus discípulos quién va a ser tu sucesor».

Mahavira dijo: «Me sucederá el que esté más capacitado. Yo no puedo declarar quién va a ser. ¿Quién soy yo para hacerlo? No soy un rey; mi tesoro no es de este mundo. La gente reconocerá como mi sucesor a quien esté iluminado, no te preocupes por eso». Decepcionado, se enfrentó a Mahavira y se llevó a quinientos seguidores. Y atentó contra la vida de Mahavira en muchas ocasiones. Buda tuvo su propio Judas, y es una historia que se repite constantemente.

Respecto a las mujeres, la situación es justamente la contraria. Cuando Jesús fue crucificado, los doce apóstoles desaparecieron. Tenían miedo de que la multitud pudiera reconocerles, porque siempre habían estado con Jesús, todo el mundo les conocía. «Y ahora ya no tiene sentido seguir aquí, esperar a que nos detengan sin que sea necesario. Podríamos tener un problema. Si crucifican a tu maestro, te ganarás una paliza.» Sin embargo, hubo tres mujeres que se quedaron a los pies de la cruz, sin esconderse de la multitud; una de ellas era una prostituta, María Magdalena; esa prostituta tuvo más valor que los doce apóstoles. Ellos se han convertido en grandes santos; sin embargo, nadie recuerda a María Magdalena, no la consideran un apóstol.

La segunda mujer fue Marta. Y la tercera mujer fue la madre de Jesús, María, a la que incluso Jesús insultó por el hecho de ser mujer. Una vez Jesús le estaba hablando a una multitud, y su madre estaba de pie, fuera de la multitud. Alguien dijo: «Jesús, tu madre está aquí, y lleva muchos años sin verte porque has estado viajando por todas partes. Dile a la gente que se aparte para dejarla pasar. Solo quiere verte».

La respuesta de Jesús fue horrible. Dijo: «Dile a esa mujer —ni siquiera fue capaz de decir "mi madre"—, dile a esa mujer que mi padre está en el cielo y que, aparte de él, no tengo vínculos con nadie más».

Y él hablaba del amor. Y él decía «ama a tu enemigo». Pero no ames a tu madre.

Dyan Amiyo, deberías seguir con la meditación accidental de tu infancia, porque te ayudará inmediatamente. Aquí también te ha ocurrido: «No había vuelto a tener miedo a la muerte hasta un día que estaba meditando sola, hace unos años, después de tomar sannyas. La intensidad de este sentimiento me abrumó sin que pudiera hacer nada para transformarlo o reprimirlo. Me levanté sobrecogida por el pánico, y traté de sacudírmelo».

Has perdido una gran oportunidad, porque se estaba volviendo a abrir el mismo espacio, pero te has comportado como un adulto. Los niños no tienen miedo. No saben nada de la muerte; están tan cerca de la vida que la muerte les parece algo lejano e inconcebible.

También recuerdas que: «La última vez que me ocurrió, siendo adolescente, me desperté con más miedo a la muerte que las otras veces. En esta ocasión no entré en pánico, y sin tomar una decisión consciente, me vi aceptando la muerte y relajándome. Hubo inmediatamente una explosión de luz, y me sentí completamente extática».

Ya sabes cuál es el secreto: aceptar el miedo. Cuando lo aceptas, desaparece. Cuando lo rechazas y huyes de él, lo estás alimentando. Lo nutres.

No hay miedo, porque no hay muerte. La muerte es una invención, y el miedo es como la sombra de una sombra. Tú lo has experimentado accidentalmente, no ha sido necesario meditar para saber que si permanecías en ese espacio que se estaba abriendo, sin miedo y sin pánico, aceptándolo, aceptando incluso la muerte, y relajándote, hubo inmediatamente «una explosión de luz y me sentí completamente extática».

No hace falta que te lo digan, tú ya sabes lo que hay que hacer. Si vuelves a encontrar ese espacio cuando estás meditando y surge el miedo, alégrate, porque estarás acercándote a la muerte del ego. La muerte del ego es otra forma de decir relajación, porque lo que te provoca la tensión es el ego. El ego es tu temor, el ego es tu angustia, el ego es tu preocupación.

Cuando estás relajada, tú ya no estás ahí. Solo hay relajación, una inmensa paz y felicidad. Si te ocurre cuando estás meditando, conscientemente, y vuelves a vivirlo una vez tras otra —una experiencia semejante hay que vivirla muchas veces, porque es la única forma de profundizar en ella—, pronto notarás que ya no tienes miedo ni nada que temer. Al contrario, tendrás la experiencia más extática que hayas tenido jamás. Habrás vuelto a la infancia, a la inocencia profunda, a la frescura y la felicidad, a una música callada, sin sonido alguno.

Si tu experiencia sigue creciendo, un día se convertirá en tu iluminación. Llegarás a tu máximo potencial. La oscuridad desaparecerá, y solo habrá luz, solo habrá éxtasis. Entonces no tendrás que meditar. Será tu estado natural, como respirar, como el latido del corazón.

Amyo, tienes suerte, porque esto no suele ocurrir espontáneamente. Pero somos muy inconscientes..., ¿te das cuenta de tu inconsciencia? Has ido a través de todo —has conocido el miedo, lo has aceptado, has experimentado una profunda relajación, has experimentado la dicha, has experimentado la exaltación de la luz— y, sin embargo, sigues teniendo miedo de estar en el mismo espacio.

Así es nuestra inconsciencia. Nos comportamos como si estuviésemos borrachos, sin saber lo que estamos haciendo, sin saber lo que nos ocurre ni por qué. Y aunque estemos muy cerca de algo grandioso, nos lo perdemos.

Debes estar más alerta, más atenta. Tienes la llave que abre todas las puertas de los misterios de tu ser interior.

Un joven clérigo estaba muy nervioso, a punto de dar su primer sermón, y le preguntó al clérigo más viejo qué podía hacer para calmarse. Este le aconsejó llenar su jarra de agua con martinis.

El joven clérigo dio un sermón muy apasionado, y después le preguntó al clérigo más viejo qué le había parecido.

«Lo has hecho muy bien, pero tengo que puntualizar algunas cosas: solo hay diez mandamientos, no doce; solo hay doce apóstoles, no diez. David asesinó a Goliat, no le partió la cara. La semana que viene hay un concurso de estirar la masa en San Pedro, y no un concurso de estirar a Pedro en San Masa. No deberías referirte a la Santa Cruz como la "Gran T". Y, por favor, cuando hables de nuestro señor Jesucristo y sus apóstoles, no te refieras a ellos como "J.C. y sus muchachos". Y evita llamar al padre, al hijo, y al espíritu santo, "El gran jefe, el niño y el espectro". Y, por último, no llames a la santa Virgen María, "María la ambrosía"»

Osho:
Tengo una inmensa confianza en que todo lo que me ocurra estando contigo estará bien, y no tengo que evitar que ocurra. Por eso no estoy forzando nada y, poco a poco, solo queda este amor dulce e intenso por ti, y más silencio, más risa y más amor. Sin embargo, hay veces

que hablas de «hacer lo que sea necesario para iluminarse», y surge en mí una duda cuando pienso que, a lo mejor, no estoy haciendo lo suficiente.

Dices: «Tengo una inmensa confianza». Pero una inmensa confianza no es una confianza absoluta. Aunque sea muy grande, sigue habiendo sitio para la duda. Lo primero que debes entender es que basta con tener confianza, no hace falta que sea inmensa.

La confianza en sí ya es absoluta.

Y recuerda, la confianza no es una creencia. Una creencia es creer en una idea, una ideología, una teología o una filosofía. La confianza es la forma de amor más pura; no tiene nada que ver con una ideología. Si tienes una creencia, puedes tener dudas —hay conexiones profundas—; la duda está relacionada con la creencia. Si hay confianza, no puede existir la duda.

De hecho, la creencia solo es una forma de reprimir la duda, y cuando la reprimes, en un momento de debilidad siempre hay una posibilidad de que salte vengativamente y destroce todo tu sistema de creencias. La confianza no es reprimir la duda. La confianza no tiene que ver con el sistema de creencias.

La confianza es enamorarte, pero no se trata de un amor biológico, sino de un amor entre dos seres humanos, entre dos almas, entre dos conciencias.

Dices: «Todo lo que me ocurra estando contigo estará bien, y no tengo que evitar que ocurra. Por eso no estoy forzando nada...». Eso está bien. Forzar es violento, forzar es reprimir, forzar es peligroso. Todo lo que fuerzas se acaba vengando.

Toda mi enseñanza se puede resumir en dos palabras: dejarse llevar. Fluye con la corriente, lo estás haciendo muy bien.

«Y, poco a poco, solo queda este amor dulce e intenso por ti, y más silencio, más risa y más amor. Sin embargo, hay veces que hablas de "hacer lo que sea necesario para iluminarse", y surge en mí una duda cuando pienso que, a lo mejor, no estoy haciendo lo suficiente.»

Esta duda solo surge porque hay un espacio vacío que no está lleno de confianza. Tu confianza es «inmensa», pero inmensa no significa total. Si no es total, de vez en cuando tendrá alguna duda.

De lo contrario, no tienes por qué tener dudas. Tu silencio está aumentando, tu amor está aumentando, cada vez tienes más ganas de reír…, todo esto son señales de que vas por buen camino.

Cuando digo que hay hacer todo lo que sea necesario para iluminarse, tú y todos los demás debéis saber que estoy hablando para mucha gente, y no solo para los que estáis aquí presentes, sino para los que están en cualquier parte del mundo. No puedes tomarte todas mis declaraciones personalmente, porque te verás en un aprieto.

Me ocupo de muchas personas, distintas unas de otras, y respondo a muchas personas en diferentes etapas y situaciones. Lo que no puedes dejar de hacer es observar tu propio crecimiento: si va hacia el amor, hacia la compasión, hacia el silencio, hacia la alegría, hacia la risa, hacia la celebración y hacia el silencio, entonces estoy contestando a otra persona. Vas por buen camino y, a veces, este tipo de dudas podrían influir en tu crecimiento.

Cuando digo «hay que hacer todo lo necesario para iluminarse», debía de estar respondiendo a algunas personas que son muy vagas —y hay muchos—, que ni siquiera están dispuestas a hacer algo, y mucho menos todo. Están esperando que lo haga yo. Si fuera posible y me lo permitiera la naturaleza, ya lo habría hecho, pero va contra la ley natural.

Tienes que encontrar la verdad por ti mismo. Y para eso, tienes que arriesgarlo todo. La verdad solo puede ser tu prioridad. No puede ser uno entre otros muchos deseos. No es un deseo, es un anhelo sincero, como estar perdido muchos días en el desierto sin agua. Esa sed no es un deseo; todas las células de tu cuerpo están diciendo «tengo sed». No se puede expresar con palabras, es una experiencia: es arder de sed, estás consumiéndote.

La iluminación es la mayor experiencia de la vida humana. Evidentemente tienes que dejar a un lado los intereses triviales, pero recuerda que hablo para mucha gente, y lo que digo no va dirigido solo a ti. Tienes que elegir.

Hay algo que no puedes olvidar: si están aumentando los síntomas de amor, de felicidad y risa, no tienes que preocuparte. Y tampoco tienes que tener prisa. Es mejor que vayas a tu ritmo, despacio pero centrada, y con los pies en la tierra, para no tener que dar marcha atrás. Ni siquiera debes mirar atrás.

Deja a un lado la duda. Y ten en cuenta que hablo de dejarla a un lado, no de reprimirla. No estoy diciendo que luches con ella. No estoy diciendo que tengas que hacer nada. Simplemente, déjala a un lado. No tiene cabida en tu maravilloso y lento crecimiento.

Recuerda que hay flores estacionales; aparecen seis semanas, y al cabo de ese tiempo, vuelven a desaparecer. También hay cedros del Líbano de cuatro mil años y sesenta metros de altura. Y no crecen en seis semanas. Su crecimiento es muy lento. Pero la belleza que tienen, su deseo de alcanzar las estrellas, es casi como el anhelo del ser humano de alcanzar la existencia divina.

Olvídate de la duda y recuerda que hablo para mucha gente..., con distintas necesidades, con patologías diferentes, que necesitan otras medicinas y otros tratamientos.

Siempre que tengas un problema, puedes preguntar. Está bien que hayas hecho esa pregunta en vez de guardártela en el corazón. La duda es tan peligrosa para el desarrollo espiritual, como el cáncer para el cuerpo.

Un hombre había reunido una pequeña fortuna en California con un negocio mayorista de ropa. Después de satisfacer las necesidades de su familia, entregó el resto de su fortuna al templo local. Dormía bien por las noches sabiendo que su familia estaba a salvo y que Dios le estaba cuidando, y no tenía preocupaciones.

Pero imagínate cómo se sintió al saber que su casa de Malibú, frente al mar, corría serio peligro porque se aproximaba un huracán. Los bomberos de la localidad evacuaron primero a su familia. Sin embargo, él le dijo al jefe de los bomberos: «Yo no voy a irme de casa. No podéis ayudarme, solo Dios puede salvarme». Las olas empezaron a golpear en la orilla. La carretera que conducía hasta su casa estaba inundada de agua. El hombre decidió esperar a que llegara la tormenta, sin miedo.

La armada mandó al escampavía del servicio de guardacostas para rescatarlo; las olas estaban arremetiendo contra las ventanas frontales de su casa. El capitán le ordenó: «¡Suba, por lo que más quiera!».

Pero el hombre insistió: «Usted no puede ayudarme, solo Dios podrá salvarme».

Ahora el hombre estaba solo, encima del tejado. El maremoto se estaba acercando rápidamente a la orilla. Un helicóptero de las Fuerzas Aéreas estadounidenses volaba por encima de su cabeza. Pero su fe en su señor y su maestro era tanta que el hombre rechazó la ayuda. Finalmente, la ola se lo llevó y llegó a las puertas del cielo, completamente empapado e indignado con Dios. El guardián de la puerta dijo: «Pero, hombre, Dios quiere verte inmediatamente». Y la respuesta del hombre fue: «Dile a Dios que se vaya al infierno».

El guardián le dijo que Dios no era un santo y que tenía que darle otra oportunidad. El hombre accedió, y lo llevaron frente a Dios. Dios estaba feliz de verlo.

«¿Por qué estás tan enfadado conmigo?»

Y el hombre dijo con una voz fría y distante: «Porque no has levantado ni un solo dedo para ayudarme cuando más te necesitaba en la Tierra».

Dios dijo: «¿Estás de broma? He mandado a los bomberos, al guardacostas de la marina y a la Fuerzas Aéreas. ¿Qué más querías?».

Tienes que tener en cuenta que confiar no significa no hacer nada. La confianza solo quiere decir que todo lo que haces va por buen camino, porque confías en alguien que no puede llevarte por mal camino. Pero eres tú quien tiene que avanzar.

Yo solo puedo indicarte el camino, pero no puedo hacerlo por ti. Hay muchos caminos y mucha gente que necesita caminos distintos, por eso cada uno de vosotros tiene que tener en cuenta que no todo lo que digo va dirigido a ti.

Tienes que estar muy atenta; todo lo que te sirva para fortalecer tu progreso va dirigido a ti. Y todo lo que debilite tu progreso no va dirigido a ti; se lo estaré diciendo a otra persona. Puede ser útil para una persona que va por otro camino. Puede ser muy necesario para otra persona.

15

Todas tus acciones son una interferencia

Osho:

Los verdaderos momentos de felicidad y paz en mi vida ocurren cuando soy testigo. Es más fácil atestiguar si me lo propongo, como ahora, en un grupo de vipassana. Has hablado recientemente de la futilidad de la fuerza de voluntad, pero yo creo que hay que hacer un esfuerzo o tener un poco de voluntad para aumentar la conciencia. ¿Podrías comentarlo, por favor?

A través del esfuerzo o de la fuerza de voluntad puedes tener más conciencia, pero no será una conciencia real.

Todo lo que puede ser creado por ti no es eterno. Todo lo que te impones desaparecerá inmediatamente en el momento que dejes de esforzarte. Te olvidas..., la fuerza de voluntad no dura las veinticuatro horas del día. La voluntad requiere mucha energía, y el esfuerzo será agotador.

Y cuando la conciencia que has conseguido a base de fuerza de voluntad desaparece, volverás a caer en la inconsciencia, y entonces será mucho más profunda que antes. La fuerza de voluntad es un instrumento que fabrica cosas falsas. Con ella puedes fabricar un ego, porque el ego es falso. Pero no puedes fabricar tu propio ser, que ya está ahí. Y lo mismo ocurre con la conciencia; no puedes fabricar una verdadera conciencia, aunque puedes descubrirla. Y este descubrimiento no requiere ningún esfuerzo por tu parte, porque el problema eres tú, el impedimento son tus esfuerzos.

Tienes que estar ausente, con toda tu fuerza y tu esfuerzo. Simplemente tienes que dejarle paso a esa conciencia para que tenga una cualidad completamente distinta... y sea espontánea, alegre, relajada, rejuvenecedora; nunca te cansarás de ella. Es tu naturaleza misma. Sigue estando ahí cuando estás dormido, ardiendo como una pequeña vela en la oscuridad del sueño.

Lo que ha sido creado por la fuerza de voluntad no pertenece al más allá, solo puede ser inferior a ti. Tú lo has fabricado y no puede ser más grande que tú. Y existe por un motivo: por tu fuerza de voluntad, por tu esfuerzo. Pero si retiras el motivo, la llama de la conciencia se apaga. Tu voluntad era el combustible.

No lo apoyo porque es falso. Y tú no lo distingues, porque no sabes lo que es auténtico.

Por favor, trata de estar en contacto con lo espontáneo, aunque solo sea por un momento, y verás que hay una gran diferencia... Una conciencia ha sido fabricada por ti con todas tus debilidades y tus flaquezas, con toda tu inconsciencia, y la otra proviene del más allá. La otra es divina, y solo lo divino puede liberarte. Solo lo divino puede ser tu paz eterna, tu silencio, tu dicha.

Dices: «Los verdaderos momentos de felicidad...». ¿Has tenido momentos de felicidad no verdadera? O hay felicidad, o no la hay. ¿Algunas vez has tenido momentos de felicidad no verdadera? ¿Qué quieres decir con «los verdaderos momentos de felicidad»? Seguramente estás comparándolo con los momentos de hipocresía, cuando aparentas estar alegre, feliz, aunque sabes que no es así; tu sonrisa solo es una mueca con los labios. No tiene un corazón detrás; probablemente solo sea una forma de ocultar tus lágrimas. Si no te ríes, es porque tienes miedo de echarte a llorar; es mejor reírse y no quedar en evidencia ante los demás.

La gente intenta ocultar su infelicidad, su dolor, su angustia. Si vas a una organización como el Lions Club o el Rotary Club, y te fijas en la gente, te parecerá que todos están iluminados, pero esos mismos idiotas se comportan tan inconscientemente como el resto de las personas las veinticuatro horas del día. Todo es un ritual. Se supone que tienes que sonreír, se supone que tienes que parecer feliz. Y, poco a poco, te conviertes en una suposición.

> La señora Reagan se subió a un tren en Washington a altas horas de la noche, y la acompañaron a la litera superior. Nancy se subió, se tumbó, e intentó dormir. Sin embargo, el hombre que estaba en la litera inferior tenía un ronquido insoportable. Sus ronquidos eran tan fuertes que la mujer del presidente se inclinó y lo empujó con su paraguas.
>
> El hombre se despertó inmediatamente, miró hacia arriba y dijo: «Lo siento, pero no hay nada que hacer, señora, ya la he visto cuando se subió al tren».

La gente hace una cosa y piensa otra. Ahora miraba a Nancy, pero no dejaba entrever lo que se le pasaba por la mente.

Nos hemos vuelto muy falsos, y a una personalidad falsa no le ocurrirá nada que tenga valor.

Quiero que sepas que puedes tener momentos de felicidad, o no tenerlos. Pero no hay una tercera posibilidad, porque siempre será falsa, será mentira, no será honesta. Y si te acostumbras a lo que no es sincero ni honesto dentro de ti, tu oscuridad irá aumentando. En lugar de dirigirte hacia la luz, irás a espacios más oscuros de tu ser.

Dices: «Los verdaderos momentos de felicidad y paz en mi vida ocurren cuando soy testigo». Nunca has experimentado al testigo, porque es ir más allá de la paz, es ir más allá de la felicidad, es ir más allá de todo, adentrarte en la nada y en el silencio. No es una experiencia.

Atestiguar no es experimentar. Atestiguar es ir más allá de toda experiencia. Las experiencias están fuera de ti; tu propio ser es atestiguar. Las experiencias son como las nubes del cielo —a veces son preciosas—, hay nubes blancas, hay nubes negras atravesadas por hilos de plata, o atravesadas por un arco iris, al

amanecer o al atardecer, cuando el cielo se vuelve psicodélico...
Pero las nubes no son el cielo.

Tú no eres tus experiencias. Tus experiencias solo son nubes en el cielo de tu ser. Cuando desaparezcan todas las nubes y solo quede el espacio vacío, sabrás lo que significa atestiguar.

Según tú, «es más fácil atestiguar si me lo propongo, como ahora, en un grupo de vipassana. Has hablado recientemente de la futilidad de la fuerza de voluntad, pero yo creo que hay que hacer un esfuerzo o tener un poco de voluntad para aumentar la conciencia».

En cierto sentido, tienes razón, porque no sabes lo que es la verdadera conciencia. Y a través del esfuerzo y de la fuerza de voluntad, consigues tener cierta conciencia. Esta conciencia es como llegar a tu casa y descubrir que está ardiendo: entonces te das cuenta de que tienes una gran conciencia que no estaba antes. Pero ha surgido por el fuego; te ha producido una impresión tan grande que te ha despertado un poco, te ha sacado de tu sueño. Sin embargo, no puedes ir quemando casas para estar un poco más despierto.

Este tipo de conciencia es muy cara y muy peligrosa; cara, porque puede engañarte y hacerte creer que eres consciente, y peligrosa, porque puede alejarte de la auténtica experiencia.

Intenta relajarte; no hagas ningún esfuerzo, porque en toda la historia de la humanidad nadie ha despertado por hacer un esfuerzo o por su fuerza de voluntad. Cuando alguien se ha vuelto consciente, siempre ha sido renunciando a hacer esfuerzos y a la fuerza de la voluntad. Pero la ceguera del ser humano no tiene límites.

En la vida de Gautama Buda, que se puede considerar la figura histórica más conocida por haber alcanzado la cima de la conciencia... Sin embargo, hay algo que no aciertan a ver todos sus seguidores del mundo y de Oriente; todo Oriente, excepto India, es budista; es la tercera religión del mundo. He leído cientos de libros de Corea, China, Japón, Sri Lanka, Burma,

Tíbet, y en ninguno de ellos he visto que mencionaran el hecho más importante que ocurrió en la vida de Gautama Buda.

A lo largo de seis años, realizó muchos esfuerzos. Usó toda su fuerza de voluntad para ser consciente, sin escatimar ningún esfuerzo. Naturalmente, todo ese trabajo, tanto esfuerzo y un camino tan arduo le dejaron agotado y desalentado... Finalmente, una noche de luna llena, estaba sentado junto a un pequeño río, el Niranjana de Bihar, y decidió: «He renunciado al mundo, he renunciado a mi reino. Y ahora también voy a renunciar a mis esfuerzos y a mi fuerza de voluntad, renuncio incluso al deseo de encontrar la verdad. Estoy tan cansado y desalentado que esta es mi segunda renuncia». Renunció a todas las prácticas que había realizado durante seis años y, por primera vez, se relajó y durmió tranquilo, sin soñar. Sus sueños siempre estaban llenos de pesadillas porque, por una parte, había renunciado a todo, y, por la otra, todos sus esfuerzos habían sido un fracaso..., o falsas experiencias.

Por la mañana, cuando la última estrella desapareció en el cielo, abrió los ojos y no pudo creerlo: ¡había encontrado lo que estaba buscando! Cuando desapareció la última estrella, desapareció al mismo tiempo su ego. Cuando el cielo se quedó completamente vacío..., no había estrellas, la luna se había puesto y el sol aún no había salido..., en ese instante, él también se convirtió en ese silencio, despejado y sin nada. Esto es lo que se conoce como su iluminación a lo largo de los siglos.

Los budistas de todo el mundo siguen diciendo y escribiendo que alcanzó la iluminación tras seis años de duros esfuerzos. Pero, en realidad, es justo lo contrario. Cuando renunció a todos sus esfuerzos, alcanzó la iluminación.

Es verdad que si no has hecho ningún esfuerzo, no puedes renunciar a nada. De modo que estás en una buena situación: estás haciendo esfuerzos y usando tu fuerza de voluntad. Pero recuerda que solo te conducirán a experiencias falsas. Y cuando llegue el momento, no seas cobarde; renuncia a todas esas experiencias de felicidad, de paz y de conciencia, porque las has conseguido a través de tu voluntad y tu esfuerzo. Entonces ocurre el verdadero milagro, porque tu ser siempre está despierto. Nunca se ha dormido, pero has perdido la pista para llegar hasta él.

Solo puedes encontrar el centro de tu ser estando relajado. Si continúas haciendo esfuerzos y persiguiendo alguna meta para alcanzar la conciencia, te irás alejando cada vez más de tu propia realidad. No hagas nada. Todos los días dedica algunos momentos simplemente a ser. Tu corazón seguirá latiendo, seguirás respirando, pero no hagas nada, ni siquiera pienses. Y en esos momentos se abre el cielo.

Uno de los mayores milagros es que todo lo que vamos buscando y persiguiendo desde hace muchas vidas está eternamente presente en nuestro interior. Pero no alcanzamos a verlo por culpa de nuestros esfuerzos, y por nuestros intentos de conseguirlo.

Nuestra vida es un auténtico caos. Podría ser un maravilloso esplendor, pero no lo permitimos. Siempre estamos haciendo cosas, y todas nuestras acciones son un impedimento. La gran lección que debemos aprender en nuestra vida es que el fenómeno supremo solo ocurre cuando no hacemos nada, cuando estamos casi ausentes, cuando solo somos una puerta abierta, y dejamos que pasen a través de nosotros los rayos de luz bailando, y la brisa fresca. De repente, toda la existencia empieza a ayudarnos a ser nuestro verdadero ser.

La característica de nuestro verdadero ser es atestiguar. No se trata de fabricarlo, es un descubrimiento.

Me contaron que... Dios estaba creando a todas las criaturas del mundo y repartiendo la vida sexual de cada animal. Primero se dirigió al ser humano. «Te concedo diez años de vida sexual plena», dijo Dios.

El hombre se quedó triste. «¿Eso es todo?», preguntó.

«Es todo lo que tengo, amigo», dijo Dios. Luego se dirigió al mono y le dijo: «A ti te concedo veinte años de vida sexual plena».

El mono dijo: «Realmente no necesito tanto. Me basta con diez años».

El hombre, que estaba cerca, oyó por casualidad lo que dijo el mono y exclamó emocionado: «¡Me lo quedo! Me quedo con esos diez años extra».

«De acuerdo», dijo Dios. «Para ti.» Luego se dirigió al león: «A ti te concederé veinte años de vida sexual plena».

El león contestó: «En realidad, Dios, creo que sería más feliz solo con diez».

El hombre empezó a dar botes y dijo: «¡Me los quedo! ¡Me quedo otros diez años!».

«Puedes quedártelos», le dijo Dios al hombre.

Entonces se dirigió al burro y le dijo: «Bueno, a ti te concederé veinte años de vida sexual plena. ¿Estás de acuerdo?».

«A decir verdad», respondió el burro, «yo me quedo satisfecho con diez.» Y Dios le dio al hombre los otros diez años.

Esta historia explica por qué el hombre pasa diez años de su vida con una sexualidad plena, diez años haciendo el mono, diez años alardeando de ello, y otros diez sin caerse del burro.

No estamos satisfechos con nada, siempre queremos más, y nuestra vida cada vez es más complicada.

Esto es verdad en cualquier dimensión de la vida: sigues siendo la misma persona y teniendo la misma forma de pensar, incluso cuando empiezas a meditar. Toda tu vida has estado fabricando experiencias falsas, inventadas, deshonestas, no verdaderas. Y aunque sepas perfectamente que no son verdad, te permiten engañar a los demás.

Pero hay una ley elemental que no conoces: si puedes engañar a mucha gente, tú también te engañarás. Al engañarlos, tú también empiezas a creer que es verdad, porque, si no, no podrías engañar a tanta gente. Empiezas contando una mentira, y por la noche —cuando tu mujer te la cuente a ti— habrá dado la vuelta a la ciudad. Y sabes perfectamente que es una mentira que contaste tú por la mañana. Pero si toda la ciudad está revuelta, ¡debe de ser verdad!

La locura del hombre llega hasta el punto de creerse sus propias mentiras, y lo hace sin levantar sospechas.

Un hombre tuvo que representar el papel de Abraham Lincoln durante un año seguido. Era el centenario de su asesinato, y, en homenaje y en memoria de Abraham Lincoln, le habían dedicado un año de festejos. Prepararon una obra de teatro y buscaron a alguien que pudiera interpretar el papel de Abraham Lincoln por todo Estados Unidos. Curiosamente, encontraron a alguien que se parecía a él; de la misma altura y con la misma constitución física.

Tuvo que ensayar...; como Abraham Lincoln tartamudeaba un poco, le enseñaron a tartamudear. Como tenía una pierna más larga que la otra, al pobre hombre le estiraron un poco una pierna con una máquina, para andar como Abraham Lincoln, con un bastón.

Representó el papel todos los días por la mañana, por la tarde y por la noche; tres veces al día, durante todo el año. Y lo hacía tan bien que la gente se sorprendía; era como volver a ver a Abraham Lincoln. Un año es mucho tiempo. Cada vez lo hacía mejor, y cuando acabó el año, le dieron el primer premio.

Al volver a su casa, seguía tartamudeando. «Ya no tienes que tartamudear», le dijo su mujer.

«¿Que no hace falta? ¿Cómo que no hace falta?», dijo él. «Abraham Lincoln tiene que tartamudear.»

«¿A quién tratas de engañar?», preguntó su mujer.

Al principio, creían que lo hacía en broma, pero la broma se fue alargando..., andaba y hablaba como Abraham Lincoln. Se comportaba como si fuese el presidente. Finalmente, pensaron que se había vuelto loco: «Después de repetir el mismo papel tres veces al día, durante trescientos sesenta y cinco días, se lo ha acabado creyendo...».

En esa época los científicos acababan de inventar el detector de mentiras. Hay que ponerse de pie sobre la máquina —sin saberlo, porque está oculta debajo del suelo—, y te hacen unas preguntas. Si en la pared que tienes delante hay un reloj, te preguntan: «¿Qué hora marca el reloj?». No puedes mentir, y dices: «las diez», o «las doce». Y la máquina marca si lo que dices está bien o mal. Siguen haciéndote preguntas: «¿Cuánta gente hay aquí?». No puedes mentir, si hay cuatro personas dices «cuatro», y la máquina vuelve a marcar «correcto». De modo que te hacen cuatro o cinco preguntas sobre las que no puedes mentir. Y luego le preguntaron: «¿Eres Abraham Lincoln?».

Él estaba cansado. Todos estaban preocupados por él, su familia y sus amigos, e iban de psicólogo en psicólogo...

Finalmente decidió olvidarse de ello y aceptar lo que le decían esos idiotas. No podía hacer nada aunque fuese Abraham Lincoln. Si no querían creerle, ¿hasta cuándo iba a estar discutiendo con ellos? De modo que cuando le preguntaron «¿Eres Abraham Lincoln?», él dijo «no».

Y la máquina dijo: «¡Está mintiendo!». Porque en el fondo estaba convencido, y la máquina funciona de acuerdo al corazón. Cuando mientes, los latidos de tu corazón son asimétricos. Cuando dices la verdad, los latidos mantienen un ritmo constante, pero cuando mientes hay una pequeña alteración, y la máquina lo capta.

El pobre hombre estaba diciendo «no soy Abraham Lincoln», ¡pero la máquina decía que sí! Cuando salieron los resultados, los científicos dijeron: «Es imposible. No lo entenderá hasta que lo asesinen».

No creas en ese amor y en esa paz que estás sintiendo. No creas que eso es atestiguar, porque no lo es.

El criterio que hay que usar es que, cuando atestiguas, no hay nada que atestiguar. El criterio es muy sencillo: mientras tengas algo que atestiguar, no habrás empezado a hacerlo.

Cuando no haya nada que atestiguar, solo haya conciencia pura, un espejo que no refleja nada, te habrás encontrado.

Y este descubrimiento, por supuesto, irradiará alegría, pero no será tu experiencia. Lo experimentarán los demás; para ti solo será como respirar, algo muy natural. Estarás en un éxtasis permanente, y los demás lo notarán. Irradiarás otra presencia, otro carisma, y los demás lo notarán. Para ti solo será como aceptar tu cuerpo, aceptar tus ojos, aceptar tu pelo, aceptar tus manos; no es nada especial.

Cuando la felicidad deje de ser algo especial, cuando la paz deje de ser algo de lo que puedas alardear, cuando el éxtasis sea como respirar..., habrás llegado a casa.

Osho:
Hoy he tenido una experiencia singular. Después de dormir la siesta, sentí cómo empezaba a despertarme. Al abrir los ojos, vi mi mano junto a la cabeza. Miré mi reloj para ver qué hora era, pero el reloj estaba oscuro; no tenía horas. Acerqué el reloj a la luz de la ventana, pero seguía estando oscuro. Me levanté y sentí el suelo bajo mis pies. De repente, volví a ver mi mano inmóvil junto a mi cabeza. Me asusté. Pero inmediatamente oí una voz en mi interior que decía: «¡Estás soñando con los ojos abiertos!». Me relajé y decidí seguir con el juego. Cuando observaba mi mano, podía ver todo mi cuerpo moviéndose. Al final, mi mano siempre estaba en la misma posición. Luego opté por despertarme, y moví la mano y el resto del cuerpo. Creo que he experimentado algo parecido a la muerte. ¿Podrías comentarlo, por favor? ¿Podrías sugerirme qué hacer si vuelve a ocurrirme?

Solo ha sido una pesadilla, no ha sido una experiencia especial ni singular. Y tampoco tiene nada que ver con la muerte. Solo es tu mente.

Todo el mundo ha tenido alguna pesadilla, ha soñado alguna locura. Pero lo más normal es que no lo recuerdes. En ocho horas de sueño, sueñas a lo largo de seis horas, pero no recuerdas haber soñado seis horas. Solo recuerdas el último sueño, cuando estás medio dormido y medio despierto, cuando te estás despertando. Tu memoria empieza a funcionar y consigue atrapar el último sueño que pasa por tu mente.

Si tienes una pesadilla y estás a punto de despertar, es posible que puedas recordarla. Pero si ocurre en mitad de la noche, no la recordarás a no ser que sea una verdadera pesadilla, como los campos de concentración de Adolf Hitler o las cámaras de gas de la Segunda Guerra Mundial. Si es demasiado peligroso te despertarás, por el peligro que entraña. Pero no tiene nada que ver con la muerte.

Tu mente va acumulando miles de cosas innecesarias. Es como un vertedero de basura. Ves películas en las que hay escenas de peligro, lees novelas en las que hay asesinatos, violaciones y todo tipo de atrocidades. Todos los días lees el periódico. Todo eso se va acumulando dentro de tu mente, y la mente se descarga al dormir. Tus sueños solo son el producto que sale de tu mente.

Yo no sueño desde hace años, y cuando no sueñas, duermes de otra manera. Es un sueño más ligero y más dulce, casi musical, es una poesía sin palabras, una meditación llena de silencio y serenidad.

Tus sueños revelan mucho de ti. Este tipo de sueños son prueba de que estás acumulando información innecesaria, y todo eso se va depositando, amontonando. Esta mezcla es lo que provoca las pesadillas.

Charles Darwin era muy anciano, y su amigo pensó: «Quizá este sea su último cumpleaños; no llegará a su próximo cumpleaños». Estaba muy débil y los médicos decían que no duraría mucho. Fueron a verle todos sus alumnos y sus amigos. Era uno de los hombres más respetados de su época; había descubierto la teoría de la evolución, permitiendo el desarrollo de la humanidad en muchos aspectos.

Le gustaban mucho los niños, y los niños de su barrio estaban pensando en hacerle un regalo de cumpleaños. Finalmente, se les ocurrió una idea muy original...

Charles Darwin había dedicado toda su vida al estudio de los animales y los insectos, y había dado la vuelta al mundo estudiando todo tipo de especies y su evolución hasta el hombre. Quería conocer todas las etapas. Así que los niños de su barrio, que eran amigos suyos, le hicieron un fantástico regalo: recogieron todos los insectos que pudieron hallar en su jardín, y los cortaron en pedazos —la cabeza de uno, el cuerpo de otro, las patas de otro, y otras partes de otros insectos—, cortaron muchos insectos y pegaron todas las partes para crear un nuevo insecto. Habían hecho un buen trabajo, y el día de su cumpleaños llegaron con su regalo, cuando estaban allí todos sus amigos científicos, y dijeron: «Nos gustaría saber a qué especie pertenece este insecto».

Charles Darwin lo observó. No había visto nada parecido en toda su vida. Recordaba haber visto la cabeza..., recordaba haber visto el cuerpo... pero no con esa cabeza. Conocía las patas, pero no con ese cuerpo.

Pero era un genio, y les dijo: «Sí, lo conozco. Se llama amasijo».

Tu mente fabrica muchos amasijos..., juntando la cabeza de un sitio con el cuerpo de otro sitio, las patas de otro y la cola de otro. Y obtienes así una pesadilla prefabricada. Pero no es lo que tú crees —no es una «experiencia singular»—, sino simplemente un amasijo. No tienes que preocuparte por estas experiencias. Simplemente, son sueños, pompas de jabón.

Es bueno comprender la mente, saber que se ha convertido en una papelera. La llenas con todo tipo de cosas. Pero cuando lees una novela o ves una película, nunca te paras a pensar si realmente vale la pena.

Todo lo que ves se va acumulando en tu memoria. No tienes mucha inteligencia a la hora de discriminar lo que deberías dejar entrar en tu memoria. Toda esa información pasará a formar parte de tus sueños, y puede afectar incluso a tus actos.

He estado leyendo unos datos de California: siempre que hay un partido de fútbol o un combate de boxeo, la tasa de crímenes aumenta inmediatamente en un catorce por ciento. Y tarda una semana en volver a bajar. ¿Qué clase de crímenes? Asesinatos, suicidios, violaciones. Y los partidos de fútbol o los combates de boxeo no modifican solo el comportamiento de los jóvenes, sino también el de los niños.

De hecho, una película no tiene éxito si no hay asesinatos, carreras de coches a velocidades vertiginosas, suicidios o violaciones. Si no haces una película que contenga todas estos elementos, nadie irá a verla, será un fracaso. Para que sea un éxito garantizado, tendrás que hacerla lo más atroz y horrible posible. Pero no te das cuenta de que eso alimenta a toda la gente que la ve.

Hay cierto tipo de películas eróticas que los ricos que tienen una sala de cine en casa pueden permitirse ver, e invitan a sus amigos a ver orgías, perversiones sexuales y pornografía. Pero hay algo que la gente no entiende, y es que todo esto se mete en tu cabeza. Te estás envenenando, y se reflejará en tus sueños y en tus acciones. Tu vida se adapta a todo lo que vas acumulando en la memoria.

Este tipo de sueños son una señal de que debes estar más atento a lo que entra en tu cabeza, porque tendrá que salir de una manera u otra. De hecho, los sueños son la forma menos perjudicial de salir, porque no le haces daño a nadie. Pero también puede salir por medio de tus acciones.

Un sacerdote decidió hacer una visita a algunos de sus feligreses de la periferia. Al ver que estaban celebrando una fiesta, se ofreció para volver en un momento más propicio.

«No se vaya», imploró el anfitrión. «Estamos jugando a un juego que quizá le guste. Consiste en tapar los ojos de las mujeres, y descubrir de quién se trata tocándoles los genitales a los hombres.»

«¿Cómo se le ocurre proponerle algo parecido a un hombre respetado y de mi talla?», bramó el clérigo.

«Quizá también debería jugar», dijo el anfitrión, «porque ya han mencionado su nombre tres veces.»

Estáis viviendo en una sociedad que aparenta una cosa, pero por dentro es completamente distinta. Esto no es simplemente un chiste. Este tipo de juegos han existido en todas las épocas, pero solo ocurrían en los estratos más altos de la sociedad, entre los más ricos, los reyes, los clérigos. Le muestran al mundo una fachada irreprochable. Te enseñan moralidad y están en contra de la obscenidad y de la pornografía, pero luego, en su vida personal y detrás de las cortinas, ocurre otra cosa.

El mundo es muy hipócrita. En este mundo, interesarse por la verdad o por la búsqueda de tu propio ser debería considerarse una gran bendición. Hay un dicho sufí que dice que, antes de que tú escojas a Dios, él ya te ha escogido a ti. Antes de que empieces a buscarlo, él ya ha empezado a buscarte; tú siempre eres el segundo.

Incluso en este país, que es extremadamente pobre, hay películas horribles, obscenas, hay revistas pornográficas, y todo eso existe porque las religiones se empeñan en reprimirlo. Todo el mundo va al templo, a la mezquita o a la iglesia, a alabar a Dios, pero su corazón y su mente están llenos de basura.

Si la gente fuese un poco más inteligente, no irían al templo teniendo tanta basura dentro de sí, porque no son dignos de hacerlo. Deberían quedarse en la puerta.

Aunque haya pobreza y no tengan nada que comer, la gente no deja de ir al cine. Tendrán hambre, pero no se pierden las películas llenas de sexualidad y sensualidad. Si analizas sus sueños, podrás ver todo lo que han ido reprimiendo y acumulando.

16

La finalidad de la vida es la vida misma

Osho:
¿Cuál es el objetivo de la vida?

El único objetivo de la vida es la vida en sí, porque la vida es otra forma de decir Dios. Las demás cosas de la vida pueden tener un objetivo, pueden ser un medio para conseguir un fin, pero tiene que haber algo que sea el fin de todo y no sea el medio para conseguir cosas.

Puedes llamarlo existencia.

Puedes llamarlo Dios.

Puedes llamarlo vida.

Hay muchos nombres para esta misma realidad.

El nombre que le han dado los teólogos es Dios, pero es peligroso porque puede ser refutado; se puede discutir. Casi la mitad del mundo no cree en ningún Dios. No solo los comunistas; los budistas y los jainistas tampoco, y hay miles de librepensadores ateos. La palabra «Dios» no es muy defendible, porque ha sido inventada por el hombre, y no hay evidencias ni pruebas que la defiendan. Es prácticamente una palabra vacía. Tiene el significado que tú quieras darle.

«Existencia» es mejor. Los grandes pensadores del siglo xx son existencialistas. Han dejado a un lado la palabra Dios. Para ellos la existencia es suficiente.

Pero, del mismo modo que Dios es un extremo, para mí la

existencia es otro extremo, porque la palabra «existencia» no indica que esté viva; puede estar muerta. No indica que sea inteligente; puede que no sea inteligente. No indica que sea consciente; puede que no sea consciente.

Por eso yo elijo la palabra «vida». Vida contiene todo lo que hace falta; mejor aún, porque no hay que demostrar nada. Tú eres la vida. Tú eres la prueba. Tú eres el argumento. No se puede negar la vida; por eso, en toda la historia de la humanidad, no ha habido ni un solo pensador que negara la vida.

Ha habido millones de personas que han negado a Dios, pero ¿cómo puedes negar la vida? Está latiendo en tu corazón, está en tu respiración, se expresa con tu mirada. Se expresa con tu amor. Se celebra de mil y una maneras: en los árboles, en los pájaros, en las montañas, en los ríos.

La vida es la finalidad de todo. Por eso, la vida no puede tener otra finalidad que la vida en sí. En otras palabras: la finalidad de la vida es intrínseca a la vida. Está en su propia naturaleza el crecer, el expandirse, el celebrar, el bailar, el amar, el disfrutar..., todos estos son aspectos de la vida.

Pero, hasta ahora, ninguna religión ha aceptado que la vida sea la finalidad de todos nuestros esfuerzos y actividades. Al contrario, las religiones niegan la vida y defienden a un hipotético Dios. Pero la vida es tan real que miles de años de diferentes religiones no han sido capaces de dejar ni una muesca, aunque hayan sido todas contrarias a la vida. Su Dios no estaba en el centro mismo de la vida, su Dios solo se podía encontrar renunciando a la vida. Esto es una tremenda calamidad que ha tenido que atravesar la humanidad; la idea en sí de renunciar a la vida significa respetar a la muerte.

Todas las religiones veneran la muerte. No es una coincidencia que veneréis a los santos cuando han muerto. Cuando están vivos, los crucificáis. Cuando están vivos, los apedreáis hasta morir. Cuando están vivos, los envenenáis, y cuando están muertos, los veneráis...; se produce un cambio repentino. Vuestra actitud cambia radicalmente.

Nadie ha estudiado en profundidad el trasfondo de este cambio. Es conveniente hacerlo. ¿Por qué se venera a los santos cuando están muertos y se los menosprecia cuando están vivos? Porque muertos cumplen todas las condiciones que los hace religiosos: no se ríen, no disfrutan, no aman, no bailan, no tienen ningún vínculo con la existencia. Han renunciado a la vida totalmente; no respiran, sus corazones no laten. ¡Ahora son realmente religiosos! No pueden cometer pecados. Ahora sí puedes confiar en ellos, ahora puedes fiarte.

Un santo vivo no es tan fiable. Podría cambiar de opinión mañana. Los santos se han convertido en pecadores, y los pecadores en santos. Por eso, mientras no estén muertos, no puedes hablar de ellos con toda certeza. Esta es una de las razones fundamentales por la que en vuestros templos, iglesias, mezquitas, gurudwaras y sinagogas... ¿a quién veneráis? No os dais cuenta de la estupidez de todo esto: los vivos están venerando a los muertos; el presente está venerando al pasado.

Han obligado a la vida a venerar a la muerte. Por culpa de estas religiones contrarias a la vida, en todas las épocas ha habido esta pregunta: ¿cuál es la finalidad de la vida?

Según vuestras religiones, la finalidad de la vida es renunciar a ella, destruirla, torturarte en nombre de un Dios mitológico, de un Dios hipotético.

Los animales no tienen otra religión que la vida; los árboles no tienen otra religión que la vida; las estrellas no tienen otra religión que la vida. Toda la existencia confía en la vida, excepto el hombre; no hay otro Dios ni otro templo. No hay sagradas escrituras.

La vida es lo único que hay.

Es el dios, es el templo y es la sagrada escritura; y la única religión que hay es vivirla totalmente, de todo corazón.

Mi enseñanza es que la única finalidad es vivir la vida con totalidad, para que cada momento sea una celebración. La idea misma de una «finalidad» lleva la mente hacia el futuro, porque, para que haya una finalidad, un objetivo o una meta, tiene que haber un futuro. Todas tus metas te impiden vivir el momento presente, que es la única realidad que tienes. El futuro solo existe en tu imaginación, y el pasado son las huellas que han quedado en la arena de tu memoria. El pasado ya no es verdad, y el futuro aún no lo es.

La única realidad es el momento presente.

Cuando vives este momento sin inhibirte, sin reprimirte, sin ambición por el futuro, sin miedo, sin repetir el pasado una y otra vez, con la frescura del momento presente, joven y lozano, sin que la memoria te limite, sin que la imaginación te obstruya, tienes tanta pureza, tanta inocencia que esta inocencia solo puede llamarse divinidad.

Para mí, Dios no es alguien que creó el mundo. Dios es lo que tú creas cuando vives con totalidad e intensidad, con todo tu corazón, sin guardarte nada. Cuando tu vida se convierte en la felicidad de cada momento, en el baile de cada momento, cuando tu vida es un festival de colores..., cada momento tiene valor, porque cuando desaparece lo hace para siempre.

Vivir para cumplir una finalidad significa no vivir el presente. Vivir para llegar al cielo solo es codicia. Y te pierdes el presente, sacrificas lo real que está en tus manos, a favor de un cielo imaginario del que no tienes ninguna prueba.

O temer al infierno... Hay miles de monjes cristianos, hinduistas, budistas o jainistas. Todos ellos están condicionados por el miedo y la codicia. Es curioso que nadie se dé cuenta de un hecho tan simple: viven pensando en llegar al cielo y disfrutar de todos los placeres celestiales, y con miedo a no cometer ningún pecado para no tener que sufrir en el infierno toda la eternidad. Y tú honras a esos monjes, pertenezcan a la religión que pertenezcan.

No son personas sanas, necesitan un tratamiento psiquiátrico. Tienen tanta codicia que la vida no es suficiente para ellos y necesitan el cielo. Tienen tanto miedo, están tan condicionados por el miedo que han creado infiernos de todo tipo por culpa de ese miedo. Por supuesto, el cielo es para aquellos que siguen el camino que ellos consideran virtuoso. Y el infierno es para los que no siguen el camino que consideran virtuoso.

Si miras a tu alrededor, te asombrarás porque los dioses hinduistas no son célibes, pero, según el jainismo, el budismo o la teología cristiana, el celibato es la base de toda virtud. Entonces ¿qué pasa con los dioses hinduistas? Según el jainismo y el budismo, es pecado beber alcohol, pero los cristianos lo hacen incluso en sus fiestas religiosas. Hasta Jesús bebía alcohol.

Y no solo eso, los cristianos alardean de que Jesús hizo muchos milagros. Uno de ellos fue convertir el agua en vino. Convertir el agua en vino ¿es un milagro o es un delito? Según el jainismo y el budismo, Jesús no sigue el camino de la virtud porque comía carne y bebía vino. Según el jainismo o el budismo, la vida de los dioses hinduistas era la de un vulgar cabeza de familia. No eran célibes, ni habían renunciado a la vida; no pueden considerarse santos.

A finales de siglo XIX, Ramakrishna era venerado como un Dios, pero, como era bengalí, su alimentación consistía principalmente en arroz y pescado. Según los vegetarianos, comer pescado significa matar para comer, y no es humano; entonces ¿cómo puede ser divino?

Visto desde otro ángulo, los cristianos no admiten que Gautama Buda fuera una persona religiosa, porque nunca sirvió a los pobres, ni fundó orfanatos como la Madre Teresa. No abrió hospitales para los enfermos. No estaba interesado en las desdichas, la pobreza y la enfermedad de los seres humanos. No se había puesto al servicio de la creación divina. Era un ser egoísta, solo meditaba, disfrutando de su propio ser y alcanzando las cotas más altas de la conciencia. Pero es un éxtasis egoísta, porque no está al servicio de los que sufren.

El cristianismo no aceptó la religiosidad de Mahavira por el mismo motivo. Es gente muy egoísta. Los meditadores son egoístas, porque, antes que los ciegos, los sordos o los mudos, lo que les preocupa es su propio desarrollo.

¿Qué es la virtud? ¿Quién lo decide? Según los musulmanes, Dios creó a los animales para alimentar al hombre. No se trata de violencia; su propósito es servir de alimento a la humanidad; esto es lo que dice el sagrado Corán. Sin embargo, las religiones orientales no aceptan que el islamismo sea una religión. Mahoma tuvo nueve mujeres. Siempre estaba luchando. Pasó toda su vida guerreando, aunque usara la palabra «islam», que significa paz, para referirse a su religión. Era un hombre raro; su religión era la paz, pero toda su vida estaba llena de violencia. Incluso lo había grabado en su espada: «la paz es mi religión». No encontró otro sitio mejor para escribirlo.

¿Cuál es el camino de la virtud? Ninguna religión ha sabido proponerlo…, ni siquiera han sabido dar el criterio que hay que tener para saberlo.

En lo que se refiere a mí, yo os digo que viváis con alegría, contentos, satisfechos, compartiendo vuestro amor, vuestro silencio, vuestra paz, haciendo que vuestra vida sea una hermosa danza, de forma que no solo os sintáis bendecidos vosotros, sino que podáis bendecir al mundo entero; este es el verdadero camino. La vida en sí es el criterio; todo lo demás no es esencial.

Y todos los individuos son únicos; por eso, para encontrar la finalidad de la vida, no puede haber solo una autopista. Al contrario, para encontrar la vida no hay que seguir a las masas, sino seguir tu propia voz interior; no avanzar con la multitud, sino crear una pequeña senda. Nadie puede hacerlo por ti. Tienes que hacerlo tú mientras caminas.

El mundo de la vida y la conciencia es como el cielo…, los pájaros vuelan sin dejar huella. Si vives profundamente, sinceramente, honestamente, no dejarás huellas y nadie tendrá que seguirte. Cada uno debe seguir su silenciosa voz personal.

Insisto mucho en la meditación porque os permitirá oír vuestra silenciosa voz personal, que os guiará y os dará una dirección. Las escrituras no pueden hacerlo. Las religiones y los fundadores de las religiones no pueden hacerlo, porque llevan intentándolo desde hace miles de años y todos sus esfuerzos han sido en vano. Solo consiguen que la gente sea cada vez más retrasada y menos inteligente, porque insisten en la creencia. Cuando crees en alguien, pierdes la inteligencia. Creer es un veneno para tu inteligencia.

Yo te pido que no creas en nadie, ni siquiera en mí. Tienes que buscar tu propia percepción y seguirla. Dondequiera que te conduzca, ese será el camino correcto para ti. La cuestión no es que otras personas recorran el mismo camino. Cada individuo es único, y cada vida es bella en su unidad.

Tu pregunta es muy importante, quizá la más importante de todas. El hombre lleva haciéndosela desde el principio de los tiempos. Se han dado millones de respuestas, pero ninguna ha sido útil. La pregunta sigue ahí. La pregunta sigue siendo importante. Eso significa que..., Mahoma, Moisés, Mahavira, Buda, Krishna, Rama..., ¿qué ha pasado con sus respuestas? Sus respuestas no han convencido a nadie. Es una pregunta que sale a la luz una y otra vez, y seguirá haciéndolo, porque no se puede resolver con una respuesta equivocada.

No supieron dar la respuesta correcta porque eran contrarios a la vida. Eran escapistas; tenían miedo de vivir.

Mi respuesta es: la finalidad de la vida es la vida misma; más vida, más profunda, más elevada, pero siempre vida. No hay nada más elevado que la vida.

El corolario imprescindible es venerar la vida. Si la finalidad de la vida es la vida, tu religión será venerar la vida. Y el respeto por la vida de los demás. No interferir en la vida de nadie, ni obligar a nadie a seguir tu camino, porque creas que es bueno. Tú puedes seguirlo, eres libre de hacerlo, pero no se lo impongas a nadie.

El mundo no necesita religiones organizadas. Lo que sí necesita es gente religiosa —pero no hinduistas, musulmanes ni cristianos—, simplemente necesita individuos que busquen una vida más rica y más profunda. Si no buscas a Dios, el paraíso o el cielo..., entonces tu vida será inmensamente profunda, será el paraíso; entrarás en el reino de Dios. Y las puertas están en tu propio corazón.

La gente está ciega, y las tradiciones los impulsan a estar cada vez más ciegos. La tradición respeta a los ciegos, respeta a los que no piensan, respeta a los que nunca dudan. Respeta a la gente que no es escéptica. Quieren convertirte en una máquina obediente. Según la forma de pensar de la mente tradicional, seguramente las máquinas son las personas más religiosas del mundo, porque nunca desobedecen.

Según mi visión de las cosas, si alguien no es rebelde, no podrá ser religioso; rebelde contra el pasado, rebelde contra las religiones organizadas, rebelde contra toda esa gente que quiere dominarte. Y han encontrado formas muy sofisticadas para dominarte: «¡Nuestra religión es la más antigua!». ¿Y qué? ¡Eso significa que tu religión es la más podrida! Pero te dicen que es «más antigua» para causarte estupor; si nadie la ha desobedecido durante diez mil años, debe ser verdad.

Todas las religiones usan el argumento de que son muy viejas, muy antiguas. Y las que no son tan antiguas naturalmente esgrimen el argumento contrario; por ejemplo, el sikhismo, que solo tiene quinientos años, o el islamismo, que solo tiene cuatrocientos años. Su argumento es que las religiones más viejas son versiones antiguas del mensaje de Dios a la humanidad: «Nosotros traemos el último mensaje de Dios a la humanidad».

Hazrat Mahoma dijo: «Ha habido otros mensajeros antes, pero después de mí no habrá ninguno, porque yo tengo la versión final del mensaje». Por eso podía decir: «Solo hay un Dios y un libro sagrado, el Corán, y un santo mensajero, Mahoma. Y quien afirme que está en comunicación directa con Dios, después de mí, está cometiendo el mayor pecado posible».

Una vez, en Bagdad, llevaron a un hombre ante la corte del califa. El califa es el principal representante del mensajero de Dios, Hazrat Mahoma. Omar, se llamaba el califa de Bagdad en ese momento, y le llevaron a este hombre, porque afirmaba tener una versión más actual que la de Mahoma.

El califa dijo: «Esto es imperdonable, pero aparentemente eres una persona muy sencilla e inocente. Te daré siete días para pensarlo y, al mismo tiempo, te torturarán para que recuperes la sensatez. Dentro de siete días, yo mismo me personaré en la cárcel para ver si has cambiado de opinión». Y fue a verlo al cabo de siete días. El hombre estaba desnudo, atado a una columna, y lo habían azotado constantemente durante esos siete días. No le habían dejado dormir ni le habían dado nada de comer. Lo habían torturado de todas las formas posibles. Cuando el califa Omar le preguntó: «¿Ahora qué piensas?». Él respondió: «¿Qué piensas? Cuando Dios me envió, me avisó: "Ten cuidado, porque mis mensajeros siempre han sido torturados". Y tenía razón. Tu tortura me ha demostrado que yo soy el mensajero. Hazrat Mahoma ya no es necesario porque traigo el nuevo mensaje de Dios».

Y entonces un hombre desnudo que había sido detenido el mes anterior porque decía «yo soy Dios» —había sido torturado durante un mes— gritó desde otra columna: «¡No creáis a este embustero. No he mandado a ningún mensajero al mundo después de Mahoma. Ese hombre es un estafador».

Aunque creas que estos tipos están locos, no difieren mucho de los fundadores de vuestras religiones. Probablemente no eran muy elocuentes ni inteligentes, porque habrían creado una nueva religión. Mahavira, el vigesimocuarto tirthankara de los jainistas, declaró ser el último tirthankara; después de él no habría ningún tirthankara...

Yo solía ir a Wardha, cuando viajaba por la India. Allí vivía una persona, Swami Shakti Bakta. Era un hombre ilustrado; era jainista, muy erudito. Bromeando con él, le dije: «Eres tan culto que podrías declararte el decimoquinto tirthankara de los jainistas». Y el respondió: «Lo he pensado muchas veces, pero los jainistas no querrán admitirlo».

«Tampoco aceptaron fácilmente a Mahavira», le dije. «Tenía ocho contendientes, y Mahavira tuvo que librar una larga y dura batalla para lograr convencer a toda esa gente de que él era el decimocuarto y que todos los demás eran falsos. Solo depende de tu habilidad, quizá puedas convencerles.»

«Tengo la capacidad», dijo. «Entonces, ¡es una buena oportunidad!», le respondí. Se declaró el decimoquinto tirthankara, y los jainistas le expulsaron. Luego se enfadó mucho conmigo: «¡Has destrozado mi reputación!». Y yo le dije: «Te he demostrado mi respeto nombrándote vigesimoquinto tirthankara. Deberías haber calculado si tenías el valor suficiente. No te van a aceptar tan fácilmente y enfrentarse a Mahavira, que dijo "después de mí no habrá otro tirthankara; mi mensaje está completo, no le falta nada. No se le puede añadir ni quitar nada; no se necesita un vigesimoquinto tirthankara". Todo dependía de tu inteligencia, de tus argumentos y de tu erudición. No puedes culparme a mí de nada.

»Intenta verlo de este modo: si los jainistas me hubiesen dicho "eres nuestro vigesimoquinto tirthankara", yo no lo habría aceptado, porque ¿quién quiere ser el vigesimoquinto de la fila? ¡Yo solo quiero ser el primero! Eres tonto por aceptar la idea de ser el vigesimoquinto, el último de la fila. En cuanto lo aceptaste, yo sabía que iba a ser un problema. No puedes culparme.

»Y además me has dicho muchas veces que esta idea se te ha ocurrido a ti. Pero no tenías el valor de decirlo, y como yo te apoyaba, pensabas que al menos alguien...», dije. «Yo te sigo apoyando, pero tendrás que pelear por ello.»

«¿Cómo voy a conseguirlo?», preguntó. «Me han expulsado.» «Eso es cosa tuya», respondí, «lo has intentado pero no lo has conseguido.»

Todas las religiones hacen lo mismo; cierran las puertas porque tienen miedo, tienen miedo de que llegue alguien después y cambie la estructura de su religión, de sus doctrinas. De hecho, deberían cambiar constantemente, porque los tiempos cambian. Si Mahavira volviera hoy, él mismo se daría cuenta de que todo ha cambiado. Una cosa era ir descalzo por un camino de tierra, y otra muy distinta es ir descalzo a pleno sol por una carretera asfaltada.

Los frailes y monjas jainistas tienen las plantas de los pies abrasadas. ¿Y cómo lo solucionan? Envolviéndose los pies con toallas. «Qué tontería», dije, «eso es como usar un zapato primitivo. ¿Por qué no compráis zapatos de piel sintética y así no hacéis daño a ningún ser vivo? ¿O zapatos de goma o de tela, en los que no interviene la violencia? Es lo que intentáis hacer, pero da una impresión extraña, los pies envueltos en toallas atadas con cuerdas. Es ridículo.» El problema es que Mahavira no permite que se modifique nada después de él.

La vida no es un fenómeno estático. Es un flujo, va fluyendo como un río; hay un cambio constante. Hay que estar alerta en cada instante o te quedarás atrás.

Uno de los pasos fundamentales para no quedarte atrás es desarrollar la inteligencia. La mayoría de las personas son casi retrasadas mentales, y la culpa de esto la tienen las personas que veneráis. Se han quedado estancadas hace miles de años, y todavía los estáis siguiendo. Mientras tanto, el mundo ha cambiado.

Un hombre salió antes del trabajo y llegó pronto a casa, y se encontró a su mujer desnuda en la cama, jadeando y visiblemente alterada. «Cariño, ¿qué pasa?», preguntó. «No... no... no lo sé», exclamó. «Creo que me está dando un infarto.» El marido se asustó y bajó corriendo a llamar al médico. Estaba marcando el número, cuando su hija pequeña entró corriendo y gritando: «¡Papá, papá, en el armario hay un hombre desnudo!». El marido colgó el teléfono visiblemente molesto, subió las escaleras corriendo, abrió el armario y se encontró dentro a su mejor amigo.

«Por lo que más quieras», gritó el marido, «mi mujer está con un infarto en la cama ¡y a ti solo se te ocurre asustar a los niños paseándote desnudo!»

En el mundo solo hay retrasados mentales.

A principios de la Segunda Guerra Mundial, un oficial nazi viajaba en un tren atestado de gente, y se vio obligado a viajar en el mismo compartimento con una familia judía. Después de ignorarlos un rato, dijo con desprecio: «Se supone que los judíos sois muy listos; ¿de dónde sale esa supuesta inteligencia?».

«Es por nuestra alimentación», respondió el judío, «porque comemos muchas cabezas de pescado crudas.» Y en eso, abrió su cesta y dijo: «¡A comer!», y empezó a repartir cabezas de pescado a su mujer y sus hijos. El nazi se emocionó, y dijo: «Espera, ¡yo quiero!».

«De acuerdo», dijo el judío, «te vendo seis por veinticinco dólares.»

El nazi lo aceptó y empezó a chuparlas. Estaba a punto de vomitar, pero los niños le decían: «¡Chupa los sesos, chupa los sesos!». El nazi se estaba comiendo la cuarta cabeza, cuando le dijo al judío: «¿Y no le parece mucho veinticinco dólares por seis cabezas que normalmente se tiran a la basura?».

«¿Ves?», dijo el judío. «¡Ya está haciendo efecto!»

Osho:
¿Qué es la inteligencia? ¿Es un estado que está por encima de la mente y sus limitaciones? ¿Ser consciente de qué es la mente, sin formar parte de ella? ¿La meditación tiene que ver con la inteligencia? ¿La inteligencia es algo que todos tenemos en potencia, pero que hay que despertar? ¿Se puede elevar la conciencia por medio de la inteligencia?

La pregunta que haces es muy importante: «¿Qué es la inteligencia? ¿Es un estado que está por encima de la mente y sus limitaciones?». Sí. La inteligencia no forma parte de la mente; la inteligencia es una de las características de tu ser. Pero la mente se utiliza como vehículo de la inteligencia, por eso hay confusión. Porque la gente cree que la inteligencia está en la mente, que forma parte de la mente. Pero la mente solo es su instrumento de expresión.

La mente en sí es un bioordenador. Tiene un sistema con memoria, como cualquier ordenador: si alimentas el sistema, lo almacena en la memoria. Pero la memoria no es inteligencia.

La inteligencia es tener una percepción clara de algunas cosas, aunque no tengas información. La memoria solo puede funcionar con las cosas que sabes, pero la vida consta de lo conocido, lo desconocido y lo incognoscible. En lo que respecta a lo conocido, es suficiente con la memoria.

Esto es lo que hacen todas las universidades y los sistemas educativos; simplemente alimentan tu memoria con muchísima información, para que puedas responder a todo lo que tengas archivado en el sistema de memoria. Sin embargo, esa respuesta no demuestra que seas inteligente.

La inteligencia solo se aprecia cuando te encuentras con lo desconocido, de lo que no tienes memoria alguna, ni conocimiento, ni has recibido información de antemano. El punto decisivo es cuando te encuentras con lo desconocido. ¿Cómo respondes? Puedes hacerlo de una forma inteligente, o de una forma estúpida.

Por ejemplo, uno de los países donde está disminuyendo la población es Alemania. Y el gobierno está preocupado, porque por cada tres mil personas que se van o mueren llegan treinta mil inmigrantes de otros países. El gobierno teme que dentro de una década, Alemania no sea el país de los alemanes. La población está disminuyendo, y, al mismo tiempo, están llegando inmigrantes al país.

Cuando la India recuperó la independencia en 1947, la población del país era de cuatrocientos millones de personas —ahora son novecientos—; la población ha aumentado quinientos millones. En 1947, el país ya era pobre, y el Reino Unido tenía prisa por conceder la libertad al país, porque pronto les acusarían de su pobreza. El primer ministro inglés, Atlee, envió a Mountbatten a la India con un mensaje urgente: «Ocurra lo que ocurra, la fecha límite es 1948, la India tiene que ser independiente antes de esa fecha. Hay que darse prisa, porque es evidente lo que va a ocurrir, y nos echarán la culpa a nosotros».

Y Mountbatten se apresuró en hacer su trabajo. Concedió la independencia a la India en 1947, un año antes de 1948. Atlee estaba muy satisfecho. Y ninguno de los líderes hindúes se paró a pensar por qué tenían tanta prisa. En 1942 el Reino Unido no quería concederle la independencia; pero cuando la India estaba preparada para luchar, el Reino Unido no quiso llegar a un acuerdo, y aplastó la revolución de 1942 en nueve días. Los líderes hindúes, incluidos Mahatma Gandhi y Jawaharlal Nehru, no entendieron por qué el Reino Unido de repente estaba tan dispuesto a conceder la independencia. No hubo ninguna revolución; los líderes hindúes habían perdido toda esperanza después de 1942, porque su revolución había sido abortada en nueve días. ¡Ha sido la revolución más breve de la historia de la humanidad! Y, de repente, sin saber por qué, el Reino Unido decide... Si hubiesen sido inteligentes, se habrían dado cuenta de que había algo más; cuando pides la independencia, nunca están dispuestos a concederla; ¿qué otros factores entraban en juego? Pero nadie se preocupó. Estaban felices porque empezaban a ser viejos, y si no llegaba pronto la libertad, no la verían; es posible que sus nombres se mencionaran a pie de página en las notas de los libros de historia, pero no se convertirían en grandes líderes del país.

Estaban muy contentos de que hubiera libertad; eran como niños. Pero no se les pasó por la cabeza que un imperio, un país imperialista, nunca ha tenido prisa por concederle la libertad a sus esclavos, si están contentos y no hay una revolución. Y no podían pensar en una revolución en un plazo mínimo de veinte años.

La situación estaba muy clara, pero había que tener un poco de inteligencia. No era una cuestión de memoria, porque se trataba de una situación nueva. La población de India había aumentado a cuatrocientos millones, y el Reino Unido se dio cuenta de que, con este ritmo de crecimiento, el país iba a morir de hambre por falta de alimentos, y no querían que les echaran la culpa.

En 1950, cuando empecé a decir que tenía que haber control de la natalidad en la India, me criticaron: «Eso va en contra de la religión. Dios nos da hijos, ¿cómo podemos evitarlo?».

Yo discutía con ellos: «Cuando estás enfermo, ¿por qué vas al médico si Dios te ha mandado la enfermedad? Si Dios quisiera que estuvieses sano, también te mandaría las medicinas».

Empezaban a discutir conmigo. El mismo shankaracharya de Puri se enfrentó a mí: «Los métodos de control de la natalidad son artificiales».

«¿Qué quieres decir con artificiales?», le pregunté. «Que no han sido creados por Dios», respondió.

«¿Y Dios ha creado los trenes o los aviones?», pregunté. «Todas las medicinas que tomas son artificiales.»

Llevaba unas gafas muy pesadas encima de la nariz. «¿Y eso qué es?», le pregunté. «¿Vienen de la casa de Dios? ¿Las traías contigo al nacer? Dios te ha dado tus ojos y deberías conformarte con ellos, ¿por qué tienes que llevar esas gafas tan pesadas? Son artificiales. No pasa nada si lo demás es artificial, pero los métodos anticonceptivos no se pueden usar porque son artificiales.»

Se enfadó tanto conmigo que se negó a hablar en el mismo estrado que yo en una reunión, y dijo: «No puedo hablar en el mismo estrado que este hombre. O habla él, o hablo yo».

Y solo les estaba diciendo que pronto iba a haber un problema, pero el gobierno y los líderes religiosos tienen miedo incluso hoy en día. Va en contra de su sistema de memoria; de lo contrario, basta con un poco de inteligencia para darse cuenta de que...

Los predicciones científicas dicen que hacia finales del siglo xx habrá mil millones de personas en la India, según las estimaciones más bajas. Las personas más progresistas e inteligentes calculan que habrá mil ochocientos millones de personas a finales del siglo, casi el doble de la población actual.

A finales de siglo morirá el cincuenta por ciento de la población, y si muere una de cada dos personas, ¿cómo crees que estarán los que se quedan entre los cadáveres? Peor que si estuviesen vivos. Los muertos al menos descansan.

Pero si les hablas del control de la natalidad o de la píldora anticonceptiva, eso va en contra de la memoria, contra el sistema, contra la mente a la que le han contado algo desde hace muchos siglos, pero que no se da cuenta de que la situación del momento actual es completamente distinta. La India nunca ha sido el país más poblado, sino China. Pero a finales de este siglo la India habrá superado a China. China se está comportando con más inteligencia.

Pero las personas realmente inteligentes están en Alemania o en Suiza, países donde disminuye la población. Es una situación nueva y se debe abordar de una forma nueva.

La inteligencia es la habilidad para responder a una situación nueva. Surge de tu ser —la mente solo es un vehículo—, es una conciencia de lo que es la mente, pero no pertenece a ella.

Solo lo piensas de forma intelectual. Pero si lo que dices se convierte en tu experiencia, toda tu vida se transformará.

La inteligencia tiene la característica del testigo: observa la mente y le da dirección. Ahora mismo, todo lo que tienes en tu mente proviene del exterior. La inteligencia proviene de tu interior. El significado original de la palabra educación solía referirse a eso, significa «sacar». Pero en nombre de la educación se hace justo lo contrario, «introducir», introducir todo tipo de tonterías. Nadie se esfuerza en que tu inteligencia salga a la luz. Ya la tienes, lo único que necesita es un camino, una vía.

La meditación crea ese camino, esa vía. Convierte a tu ser en el amo, y a tu mente en el sirviente.

La memoria proviene del exterior, la inteligencia proviene de tu fuente más profunda: es tu vida misma respondiendo a situaciones.

«¿La meditación está asociada a la inteligencia?» La meditación está asociada a tu ser, y tu ser tiene muchos aspectos: la dicha, la gracia, el agradecimiento, la oración, el amor, la compasión..., el tesoro de tu ser es infinito. La inteligencia solo es una de sus partes.

«¿La inteligencia es algo que todos tenemos en potencia pero hay que despertarla? ¿Se puede elevar la conciencia por medio de la inteligencia?» Todo el mundo tiene el mismo potencial al nacer. Las diferencias se deben a que no usamos todo nuestro potencial en la misma medida.

Te resultará asombroso que ni siquiera alguien como Albert Einstein, que es un ejemplo de un genio, usase más del quince por ciento de su inteligencia. La gente que crees que tiene mucho talento solo usa el diez por ciento de su potencial. Y las masas comunes, millones de personas, solo usan el siete por ciento.

El mundo sería un sitio completamente distinto si toda la gente usase el cien por cien de su potencial en diferentes direcciones, en diferentes dimensiones.

La meditación solo puede hacerte tomar conciencia de tu potencial, para crear un camino en el que pueda desarrollarse y encontrar su expresión. Y a nadie le falta inteligencia o tiene menos que los demás. La desigualdad solo es una consecuencia de lo que la usas: hay gente que la usa, y otros que no.

Tu realidad es la armonía

Osho:

Anoche, cuando estaba recostado en mi cama, dejé que mi mente vagara por su propios vericuetos creativos, y experimenté algo que solo podría calificar como una voltereta mental; por primera vez miré en mi interior. No voy a intentar describir lo que sentí, pero puedo decir que me produjo un éxtasis que nunca me habría imaginado. Sentí que se disolvían las puertas que estaban cerradas a cal y canto, y, en mi temblorosa y sorprendida inocencia, me di cuenta de que tu presencia compasiva me amparaba. Mi precioso y querido maestro, ¿qué es este tesoro que he descubierto? ¿Es lo que tú llamas meditación? ¿Podré volver a encontrarlo?

Has tenido un maravilloso primer atisbo de la meditación. Pero no debes desear este primer atisbo, si no, lo destruirás. De la misma manera que ha ocurrido por su cuenta —sin que tú intentaras conseguirlo—, deja que se vaya; no seas codicioso. Este es uno de los grandes obstáculos en el camino de quienes se buscan a sí mismos. Cuando tienen un atisbo y es extático, la vieja mente se apodera de él y empieza a pensar en cómo volver a conseguirlo con su antiguo patrón.

La mente nunca va a tener una experiencia de la meditación. Y cuanto más codiciosa sea la mente, menor será la posibilidad de relajarse en ese estado donde florece la meditación. De modo que lo más importante que debes saber es que tienes que olvidarte de todo. Ha llegado espontáneamente, y volverá espontáneamente. No puedes convertirlo en una meta. Tu mente lo convierte todo en una meta; está educada para conseguir cosas; si has logrado algo, deberías poder lograrlo otra vez y superarlo.

Pero el deseo mismo de lograrlo es un impedimento; crea tensión, ansiedad. Es algo que le ocurre a casi todo el mundo cuando el cielo se abre en su interior. Tú no estabas buscándolo; estabas haciendo otra cosa. Pero estabas relajado, tranquilo, sereno. Estabas preparado, pero no le estabas pidiendo nada a la existencia.

La existencia nunca cumple tus exigencias. Tu mente exigente es quien provoca toda tu infelicidad.

Cuando pruebas algo que no conocías, es normal que vuelvas a querer probarlo. Pero tienes que comprender que la meditación no es algo que tú haces. No es una acción tuya. Es algo que te sucede cuando estás en un espacio determinado. Es un espacio sin deseos, sin exigencias, de absoluta relajación y confianza en la naturaleza. Te ha dado un vislumbre, y te dará vislumbres mucho más profundos, más elevados. Ahora mismo no puedes imaginártelo, porque no puedes imaginarte nada que no hayas experimentado, ni siquiera puedes soñarlo.

Esto es el principio del camino, pero es un inicio muy bonito. Si no te interpones, tendrás muchas más experiencias.

Lo único que hay que evitar es interponerse en el camino. Recuerda que solo es algo que ocurre, y te ocurrirá si no estás ansioso por conseguirlo. La ansiedad, la tensión y la codicia confunden a tu mente y no permiten crear el espacio relajado para que florezcan las flores de la meditación. Tú dices: «Anoche, cuando estaba recostado en mi cama, dejé que mi mente vagara por su propios vericuetos creativos, y experimenté algo que solo podría calificar como una voltereta mental; por primera vez miré en mi interior». Todo sucedió de forma natural, no estaba planificado. No lo esperabas.

«No voy a intentar describir lo que sentí.» Aunque quieras,

no podrás describirlo. La experiencia de tu ser interno, por muy pequeña que sea, es prácticamente indescriptible. No hay palabras ni conceptos para definirla racionalmente. Es una experiencia que el lenguaje nunca ha podido abordar, en el que la mente nunca ha entrado. No es una experiencia mental, porque en ese caso no sería difícil describirla. Todo lo que se pueda describir pertenece a la mente, y todo lo que no se puede describir tiene verdadero valor; es espiritual.

«No voy a intentar describir lo que sentí, pero puedo decir que me produjo un éxtasis que nunca me habría imaginado. Sentí que se disolvían las puertas que estaban cerradas a cal y canto, y en mi temblorosa y sorprendida inocencia...» Recuerda estas palabras. Ocurría en tu «temblorosa y sorprendida inocencia». «Me di cuenta de que tu presencia compasiva me amparaba. Mi precioso y querido maestro, ¿qué es este tesoro que he descubierto?»

De nuevo vuelves a pedir una descripción, una explicación. Sabes perfectamente que, hasta en la vida ordinaria, hay muchas cosas que no se pueden describir, solo se pueden experimentar.

Cuando saboreas algo..., ¿puedes describirlo de alguna forma? ¿Hay algún modo de dar una explicación? Y es una experiencia común. Pruebas algo, percibes un perfume, escuchas música... Lo experimentas y te emocionas. Puedes contar lo que te ha pasado, pero no puedes decribir exactamente lo que ha sido. Sabes perfectamente lo que es, pero no tienes palabras para definirlo. El idioma ha sido creado para las cuestiones mundanas.

Para las cosas más sagradas solo tenemos el silencio.

Un hombre fue a ver a Rinzai, un maestro zen. Lo encontró sentado en la playa, y le dijo: «Te he estado buscando y llevo muchos días pensando en venir a verte. Quiero conocer lo esencial, la esencia de tu enseñanza religiosa..., quiero que me lo digas en pocas palabras, porque no tengo inclinaciones filosóficas. ¿Qué es lo que enseñas?».

Rinzai le miró y permaneció en silencio. Pasaron unos momentos. El hombre se sentía incómodo, y dijo: «¿Me has oído o no?».

Rinzai respondió: «Te he oído, ¿y tú me has oído o no?».

El hombre dijo: «Dios mío, pero no has dicho ni una palabra».

Rinzai dijo: «Estaba sentado en silencio. Esta es la esencia de mi enseñanza. Pensé que sería mejor mostrártelo, antes que hablar de ello. Las cosas se distorsionan con las palabras; las palabras se pueden interpretar de acuerdo a tus propios prejuicios».

El hombre dijo: «Está por encima de mi posibilidad. Por favor, dime algunas palabras que pueda recordar».

Rinzai dijo: «Si insistes, tendré que cometer el crimen reduciendo a palabras algo que no está preparado ni dispuesto a ser expresado con palabras en absoluto».

En la arena, escribió con un dedo la palabra «meditación», en el sitio donde estaba sentado.

El hombre dijo: «He venido de muy lejos y cada vez estoy más confundido. Primero te quedas en silencio; y ahora solo escribes "meditación". Para mí no tiene ningún sentido. ¿Qué es la meditación?».

Rinzai dijo: «¿Qué es la meditación..., qué es una rosa? Una rosa es una rosa. Puedes verla bailar mecida por el viento, bajo la lluvia y el sol. Puedes verla bailar, puedes oler su perfume, puedes admirar su belleza, pero ¿qué es una rosa? No hagas preguntas tontas».

«Pero he venido desde muy lejos, cargado de expectativas..., dime algo más para que pueda entender qué es la meditación», dijo.

De modo que Rinzai escribió MEDITACIÓN en mayúsculas.

«¿Qué diferencia hay entre escribirlo con mayúsculas o con minúsculas», preguntó el hombre.

Rinzai dijo: «Solo te importa tu dificultad, pero no te importa mi dificultad. Incluso al escribir meditación, estoy cometiendo un crimen contra la meditación misma, porque es una experiencia, no una explicación.

»Es la flor del silencio. Las palabras no pueden expresarlo. Hasta la palabra "meditación" es solo un medio. La gente hace preguntas y les molesta que no les contesten, por eso respondemos, pero todas nuestras respuestas son un error.

»Cuando intentamos transformar la experiencia en una explicación, algo se pierde. Es un estado sin palabras. Si realmente quieres conocerlo, siéntate conmigo; quédate conmigo unos días. Mi silencio podría influirte, porque es contagioso».

No preguntes cuál es el tesoro que has descubierto. Solo has descubierto la puerta; todavía no has entrado en el templo. Pero vas por buen camino y en buena dirección.

No des paso a la codicia ni esperes que ocurra todos los días, y, de acuerdo con tus deseos, también descubrirás el tesoro. Está en tu interior.

«¿Eso es lo que llamas meditación?» Solo es el principio... La meditación es cuando la mente deja de estar. La meditación es un estado de no mente. Tu mente no se ha disuelto, está observando, esperando en un rincón. Y es tu mente quien pregunta lo que ha ocurrido. Es algo que no le concierne a la mente.

La mente está para las cosas externas, para la realidad objetiva. Está perfectamente en su lugar en la ciencia, pero no tiene cabida en la religión, en tu interioridad, en tu subjetividad.

«¿Será fácil volver a encontrarla?» Todo depende de ti. Si no intentas encontrarla, será muy fácil. Pero si lo intentas repetidamente, cada vez será más difícil. Cuanto más lo intentas, menos posibilidades tienes.

El concepto americano de «intentar y volver a intentarlo» no funciona para esto. Está bien en el mundo exterior, pero no intentes llevarlo al mundo interior. Espera, y hazlo con paciencia. Si ocurre, agradécelo. Y si no ocurre, no te aflijas.

Me contaron que un místico sufí, Bayazid, alzaba los brazos al cielo después de cada oración, diciendo: «Padre, eres muy generoso. Me cuidas con tanto mimo, como si yo fuese lo único que tienes que cuidar». Sus discípulos estaban cansados de escuchar todos los días lo mismo, por la mañana, por la noche...

Una vez, estuvo tres días... Bayazid obviamente era un rebelde; para ser místico es preciso serlo. Nunca he oído hablar de un místico que fuera ortodoxo, tradicional. El místico es rebelde por naturaleza. Su religión es la rebelión, la rebelión contra todas las mentiras que la religión va transmitiendo de generación en generación. Y Bayazid había contrariado a los clérigos ortodoxos, a los presuntos religiosos, al clero y a todos los poderes establecidos, que quieren seguir esclavizando al hombre con el pasado. Llevaban tres días recorriendo varios pueblos, y no les habían dado nada de comer, les habían cerrado la puerta en la cara y, tratándose de un desierto, ni siquiera les habían dado agua, ni un sitio para cobijarse. Pasaron las frías noches a la intemperie, durmiendo sobre la arena.

Sin embargo, siempre decía después de rezar: «No sé cómo lo consigues. Tienes que ocuparte de un universo inmenso, pero lo haces muy bien. No sé cómo agradecértelo; no tengo nada que pueda darte».

Los discípulos acabaron enfadándose, y dijeron: «Ya está bien. Estamos de acuerdo en que lo hicieras antes, pero ¡ahora llevamos tres días sin comer, no tenemos agua..., y nos estamos muriendo! Las frías noches del desierto y los calurosos días, ¿y sigues diciéndole a Dios: "Tú nos cuidas"?».

Bayazid dijo: «Dios sabe lo que nos hace falta y cuándo nos hace falta. Estos tres días que hemos pasado hambre y sed, y las frías noches y calurosos días, han sido absolutamente necesarios para nosotros. Él siempre sabe lo que hace».

Esta confianza en la existencia te dará todo lo que necesites cuando estés preparado. Por eso debes estarle agradecido, tanto si sucede como si no sucede. Ese es el verdadero agradecimiento.

No empieces a decir: «¿Podré volver a encontrarlo?». En primer lugar, ¿lo has encontrado tú, o te ha encontrado a ti? Tú no lo has encontrado, ¿cómo vas a encontrarlo otra vez?

Te ha encontrado. Y te volverá a encontrar una y otra vez, pero no pierdas la inocencia con tus expectativas, ni con tus deseos. Es una de las tonterías que hacen las personas religiosas.

> Dos polacos alquilaron un barco de remos y salieron a pescar al lago. La pesca estaba siendo buena, y tenían casi dos docenas de peces al finalizar la tarde.
>
> Uno de los hombres le dijo al otro: «¿Por qué no volvemos mañana al mismo sitio?».
>
> «Buena idea», respondió su amigo.
>
> El primer hombre agarró una tiza y escribió una X en el fondo del barco. «¡No seas idiota!», dijo el amigo. «¿Cómo sabes que nos van a dar el mismo barco mañana?»

Tienes que estar disponible y agradecido, esperar con el corazón palpitante, y no con una mente anhelante; espera con el corazón abierto, y no con la mente cerrada, con la idea de que «tiene que ocurrir. ¿Por qué no está ocurriendo?».

Si puedes recordar este simple hecho, te ocurrirá más a menudo, con más intensidad, con nuevas formas, nuevos tesoros, con nuevas implicaciones, con un significado más profundo, con más elevación.

Pero siempre ocurrirá.

Y tú no habrás hecho nada.

Osho:

Esta mañana, antes de empezar el discurso, estaba sentado en el suelo de mármol y sentí como si solo hubiera una boca cantando, un corazón latiendo, una sola respiración. Sentí tanto amor dentro de mí como si todos fuésemos un solo ser. Tengo ganas de dar; siento como si estuviera recibiendo tanto de todas partes que mi ser quiere ser útil en el desarrollo del amor eterno. Siento como si todos fuésemos de la mano, y empezáramos a florecer juntos en primavera. ¿Soy un soñador?

Friedrich Nietzsche declaró: «La mayor calamidad que le puede ocurrir a la humanidad es que desaparezcan los soñadores». Toda la evolución del hombre se debe a que el hombre lo ha soñado. Lo que ayer era un sueño hoy es una realidad, y lo que hoy es un sueño puede ser una realidad mañana.

Todos los poetas son soñadores, todos los músicos son soñadores, todos los místicos son soñadores. De hecho, la creatividad es una consecuencia de los sueños.

Pero no son los sueños que analizaba Sigmund Freud. Hay que diferenciar entre los sueños de un poeta, de un escultor, de un arquitecto, de un místico, de un bailarín, y los sueños de una mente enferma.

Es un hecho lamentable que Sigmund Freud nunca se preocupara de los grandes soñadores, que son los cimientos de toda la evolución humana. Solo encontró personas con enfermedades psicológicas, y durante toda su vida solo analizó los sueños de los psicópatas, por eso se ha menospreciado la palabra «soñar». Un loco sueña, pero su sueño es destructivo consigo mismo. Una persona creativa también sueña, pero su sueño enriquecerá al mundo.

Esto me recuerda a Miguel Ángel. Estaba en un mercado donde vendían todo tipo de mármoles, y vio una roca maravillosa, de modo que se interesó por ella.

El dueño dijo: «Se la voy a regalar, porque está ocupando sitio ahí desde hace doce años, nadie me ha preguntado por ella, y yo tampoco le veo potencial».

Miguel Ángel se la quedó, estuvo trabajando con ella casi un año, y esculpió la figura más bella que probablemente se haya hecho nunca. Hace unos años, un loco la destruyó. Estaba en el Vaticano; era una escultura de Jesús, después de bajarlo de la cruz, que yacía muerto en los brazos de su madre la Virgen María.

Yo solo la he visto en fotos, pero tiene tanta vida que parece que Jesús fuera a despertar en cualquier momento. Y ha aprovechado el mármol con tanto arte que se pueden percibir ambas cosas: la fuerza de Jesús y su fragilidad. Y los ojos de María, la madre de Jesús, están llenos de lágrimas.

Hace algunos años, un loco arremetió con un martillo contra la piedra que Miguel Ángel había esculpido, y cuando le preguntaron por qué lo había hecho, contestó: «Yo también quiero ser famoso. Miguel Ángel concluyó su trabajo en un año; y luego se hizo famoso. Yo solo he tenido que trabajar cinco minutos para destruir su escultura. Y mi nombre ha dado la vuelta al mundo en todos los titulares de los periódicos».

Los dos trabajaron sobre la misma piedra de mármol. Pero uno era un creador, y el otro era un loco.

Miguel Ángel concluyó el trabajo después de un año, y le dijo al hombre que le había dado la roca que fuera a verlo, porque quería enseñarle algo.

No podía creer lo que estaba viendo, y preguntó: «¿De dónde has sacado este mármol tan bonito?».

Y Miguel Ángel respondió: «¿Cómo, no lo reconoces? Es esa piedra tan fea que ha estado esperando en tu tienda doce años». Y recuerdo este incidente, porque el vendedor le preguntó: «¿Cómo has podido pensar que esa horrible roca se pudiera convertir en una escultura tan maravillosa?».

Miguel Ángel dijo: «No lo he pensado. Había soñado con hacer esta estatua, y al pasar delante de la roca, de repente, vi a Jesús diciéndome, "Estoy encerrado en la piedra. Libérame; ayúdame a salir de ella". Y vi en la roca esta escultura. Mi trabajo no ha sido tan grande, solo me he encargado de quitar todo lo que sobraba para liberar a Jesús y a María de su prisión».

Si un hombre de la talla de Sigmund Freud, en vez de analizar los sueños de las personas enfermas, hubiese analizado los sueños de las personas psicológicamente sanas, y no solo sanas sino creativas, habría sido una gran contribución. Analizando sus sueños, no llegará a la conclusión de que todos los sueños son represiones. Demostrará que hay sueños que nacen de una conciencia más creativa que la de la gente corriente.

No te preocupes si eres un soñador. Todas las personas que hay en torno a mí son soñadores. Sueñan con un estado de conciencia más elevado, sueñan con la posibilidad de encontrar la fuente de la vida eterna. Sueñan con Dios. Y no son sueños patológicos, sino sueños muy sanos. La evolución del hombre y su conciencia dependen de estos soñadores. Tú dices: «Esta mañana, antes de empezar el discurso, estaba sentado en el suelo de mármol, y sentí como si solo hubiera una boca cantando, un corazón latiendo, una sola respiración. Sentí tanto amor dentro de mí, como si todos fuésemos un solo ser.

»Tengo ganas de dar; siento como si estuviera recibiendo tanto de todas partes que mi ser quiere ser útil en el desarrollo del amor eterno. Siento como si todos fuésemos de la mano, y empezásemos a florecer juntos en primavera.» No es un sueño. Es un sueño que está haciéndose realidad, un sueño que se está transformando en realidad.

Y no te ocurre solo a ti. Mucha gente me ha escrito diciendo que lo han sentido de diferentes maneras, y lo que han sentido no es una proyección. Es nuestra realidad, nuestro descubrimiento.

Toda al existencia es una unidad orgánica. No solo estáis todos tomados de la mano, sino que estáis tomados de la mano con los árboles. No solo respiramos juntos, sino que lo hace todo el universo.

El universo está en profunda armonía. Solo el ser humano ha olvidado el lenguaje de la armonía, y nuestra función aquí es recordártelo. No estamos creando una armonía, porque la armonía es tu realidad. Pero simplemente lo has olvidado. Es posible que sea tan obvia que tendamos a olvidarlo. Es posible que hayas nacido dentro de ella, ¿cómo puedes pensar en ella?

Una antigua parábola cuenta que había un pez que tenía cierta inclinación hacia la filosofía, y le preguntó a otro: «He oído hablar mucho del océano; ¿dónde está?». Sin embargo, ¡está dentro del océano! Pero ha nacido en el océano, ha vivido en el océano, y nunca se ha separado. No ha visto el océano como algo separado de sí mismo. Un viejo pez se acercó al joven filósofo, y le dijo: «Estamos dentro del océano».

Pero el joven filósofo dijo: «Estás bromeando. Esto solo es agua y tú lo llamas océano. Tendré que preguntarle a una persona más sabia».

Un pez solo sabe que existe el océano, cuando un pescador lo saca del agua y lo echa en la arena. Entonces, por primera vez, se da cuenta de que siempre ha vivido en el océano, que el océano es su vida y que no puede sobrevivir sin él.

Pero, para el ser humano, es más complicado. No pueden sacarte de la existencia. La existencia es infinita, no hay orillas desde las que te puedas asomar y ver la existencia. Cualquier sitio en el que estés forma parte de la existencia.

Todos respiramos juntos. Formamos una sola orquesta. Cuando lo entiendes, es una experiencia increíble...; no digas que estás soñando, porque soñar tiene ciertas connotaciones negativas a causa de Sigmund Freud. Si no fuera por eso, sería una de las palabras mas bonitas; es muy poética.

Estás experimentando una realidad, porque todas las personas que están aquí tienen el mismo propósito: estar en silencio, ser felices, simplemente ser. Dentro de su silencio sentirán una unión con los demás.

Cuando piensas, te separas de los demás, porque tú tienes unos determinados pensamientos y la otra persona tiene otros pensamientos distintos. Pero si los dos estáis en silencio, desaparecen los muros que os separan.

Dos silencios no pueden seguir siendo dos. Se convierten en uno.

Todos los grandes valores de la vida —el amor, el silencio, la dicha, el éxtasis, la divinidad— te vuelven consciente de la inmensa unidad. No hay nadie más que tú; todos somos expresiones de la misma realidad, somos diferentes canciones del mismo cantante, somos diferentes bailes de un mismo bailarín, diferentes cuadros..., pero solo hay un pintor.

Pero hay que recordártelo constantemente: no lo llames sueño, porque, al hacerlo, no estás entendiendo que es real. Y la realidad es mucho más bonita que ningún sueño. La realidad es más psicodélica, más colorida, más alegre y más danzarina de lo que te puedas imaginar. Pero vivimos con tanta inconsciencia...

La primera inconsciencia es pensar que estamos separados. Yo siempre recalco que ningún ser humano es una isla; formamos parte de un vasto continente. Hay variedad, pero eso no implica que estés separado. La variedad hace que la vida sea más rica; algunos estamos en el Himalaya, otros en las estrellas, otros en las rosas. Una parte de nosotros está en el pájaro que vuela, otra parte está en el verdor de los árboles. Estamos por todas partes. Experimentarlo como una realidad hará que tu enfoque de la vida cambie, que se transformen todos tus actos, que se transforme tu propio ser.

Te llenarás de amor; te llenarás de veneración hacia la vida. Por primera vez, en mi forma de entender, serás realmente religioso; ni cristiano, ni hinduista, ni musulmán, sino auténtica y puramente religioso.

La palabra «religión» es muy bonita. Proviene de una raíz que significa juntar a todos los que se han separado en su ignorancia; juntarlos, despertarlos para que puedan darse cuenta de que no están separados.

Entonces, no podrás hacerle daño ni a un árbol. Entonces tu compasión y tu amor serán espontáneos, no tendrás que cultivarlos, no serán una doctrina. Si el amor es una doctrina, entonces será falso. Si tienes que cultivar la no violencia, será falsa. Si tienes que fomentar la compasión, será falsa. Pero si surgen espontáneamente, sin hacer ningún esfuerzo, su realidad será tan profunda, tan exquisita...

En nombre de la religión se han cometido muchos crímenes en el pasado. Los religiosos han matado a más gente que nadie. Evidentemente, todas estas religiones son falsas, son de postín.

La verdadera religión todavía tiene que nacer.

Una vez, después de publicar su historia del mundo —un trabajo ímprobo—, le preguntaron a H. G. Wells: «¿Qué opina de la civilización?».

Y H. G. Wells contestó: «Es una buena idea, pero habría que hacer algo para que exista».

Hasta ahora no hemos sido civilizados, educados, religiosos. En nombre de la civilización, en nombre de la cultura y en nombre de la religión, se han cometido todo tipo de barbaridades: actos primitivos, infrahumanos, propios de las bestias. Y, a veces, somos peores que los animales, porque los animales no se comen a su propia especie, los animales no son caníbales, solo el hombre lo es.

Y tú estarás pensando que solo hay gente que come carne humana en África. No es tan fácil echarle la culpa a las pequeñas tribus africanas.

Precisamente, hace algunos días, la gente le preguntó al gobierno palestino si podían comer carne humana, porque mucha gente muere de hambre y escasea la comida. Por supuesto, hablaban de los muertos, porque los que han muerto de hambre pueden servir para que los demás sobrevivan. Y el gobierno palestino admitió que era mejor comer carne humana que morir.

La población del mundo está aumentando a tal velocidad que hacia finales de siglo xx, y esto no es una suposición, millones de personas tendrán que comer carne humana. Los animales no caen tan bajo. Aunque estén hambrientos, nunca se comerán a uno de su propia especie.

El ser humano se ha distanciado mucho de la realidad. Tiene que despertar a la verdad de que todos somos uno. Y no es una hipótesis; a lo largo del tiempo, la experiencia de todos los meditadores, sin excepción, ha sido que toda la existencia forma una sola unidad orgánica.

De modo que no confundas una bella experiencia con un sueño. Llamarlo «sueño» le quita su realidad. Hay que convertir los sueños en realidad, y no la realidad en sueños.

Un hombre de ochenta y dos años fue a un banco de esperma para hacer una donación.

«¿Está seguro», le preguntó la mujer de la recepción, «de que quiere hacerlo?»

«Sí», dijo el anciano, «creo que es mi deber dejarle al mundo algo mío.»

La mujer le entregó un frasco y le indicó un cuarto al fondo del pasillo. Al cabo de treinta minutos, al ver que no había vuelto, la chica empezó a preocuparse. Temía que le hubiera dado un infarto o un ictus.

En ese momento, el hombre salió del cuarto y se acercó a la chica. «Oiga», dijo, «lo he intentado con una mano, luego con las dos, luego me he levantado y le he dado golpes en el lavabo. Le he echado agua caliente y después agua fría...

»Y todavía no he podido abrir el frasco».

¡No saques conclusiones precipitadas!

PARA MÁS INFORMACIÓN:

www.osho.com

Un amplio sitio web en varias lenguas, que ofrece una revista, libros, audios y vídeos Osho, así como la Biblioteca Osho con el archivo completo de los textos originales de Osho en inglés e hindi, además de una amplia información sobre las meditaciones Osho. También encontrará el programa actualizado de la Multiversity Osho e información sobre el Resort de Meditación Osho Internacional.

Website:
www.OSHO.com/AllAboutOSHO
www.OSHO.com/resort
www.OSHO.com/shop
www.youtube.com/OSHOinternational
www.twitter.com/OSHO
www.facebook.com/osho.international

Para contactar con OSHO International Foundation, diríjase a <www.osho.com/oshointernational>, o escribe a oshointernational@oshointernational.com

ACERCA DEL AUTOR

Resulta difícil clasificar las enseñanzas de Osho, que abarcan desde la búsqueda individual hasta los asuntos sociales y políticos más relevantes de la sociedad actual. Sus libros no han sido escritos, sino transcritos a partir de las grabaciones de audio y de vídeo de las charlas improvisadas que Osho ha dado a una audiencia internacional. Como él mismo dice: «Recuerda: todo lo que digo no es solo para ti, hablo también a las generaciones del futuro». El londinense *The Sunday Times* ha descrito a Osho como uno de los «mil creadores del siglo xx», y el escritor estadounidense Tom Robbins ha dicho de él que es «el hombre más peligroso desde Jesucristo». Por su parte, el hindú *Sunday Mid-Day* ha seleccionado a Osho como una de las diez personas (junto con Gandhi, Nehru y Buda) que han cambiado el destino de la India.

Acerca de su trabajo, Osho ha dicho que está ayudando a crear las condiciones para el nacimiento de un nuevo tipo de ser humano. A menudo ha caracterizado a ese ser humano como Zorba el Buda: capaz de disfrutar de los placeres terrenales, como Zorba el Griego, y de la silenciosa serenidad de Gautama Buda. En todos los aspectos de la obra de Osho, como un hilo conductor, aparece una visión que conjuga la intemporal sabiduría de todas las épocas pasadas y el más alto potencial de la tecnología y de la ciencia de hoy (y de mañana).

Osho también es conocido por su revolucionaria contribución a la ciencia de la transformación interna, con un enfoque de la meditación que reconoce el ritmo acelerado de la vida contemporánea. Sus singulares «meditaciones activas» están destinadas a liberar el estrés acumulado tanto en el cuerpo como en la mente y a facilitar una experiencia de tranquilidad y relajación libre de pensamientos en la vida diaria. Está disponible en español una obra autobiográfica del autor, titulada: *Autobiografía de un místico espiritualmente incorrecto*, Barcelona, Editorial Kairós, Booket, 2007.

RESORT DE MEDITACIÓN OSHO INTERNATIONAL

Ubicación: Situado a unos ciento sesenta kilómetros al sudeste de Bombay, en la próspera y moderna ciudad de Pune, India, el Resort de Meditación Osho Internacional es un destino vacacional que marca la diferencia. El Resort de Meditación se extiende sobre una superficie de más de dieciséis hectáreas de jardines espectaculares, en una zona poblada de árboles.

Originalidad: Cada año el Resort de Meditación da la bienvenida a miles de personas procedentes de más de cien países. Este campus único ofrece la oportunidad de tener una experiencia directa y personal con una nueva forma de vivir, con una actitud más atenta, relajada, divertida y creativa. Están disponibles una gran variedad de programas durante todo el día y a lo largo de todo el año. ¡No hacer nada y relajarse es uno de ellos!

Todos los programas se basan en la visión de Osho de «Zorba el Buda», un ser humano cualitativamente nuevo que es capaz tanto de participar de manera creativa en la vida cotidiana, como de relajarse en el silencio y la meditación.

Meditaciones: Un programa diario de meditaciones para todo tipo de personas, que incluye métodos que son activos y pasivos, tradicionales y revolucionarios, y en particular, las Meditaciones Activas OSHO™. Las meditaciones tienen lugar en la que seguramente es la sala de meditación más grande del mundo, el Auditorio OSHO.

Multiversidad: Las sesiones individuales, los cursos y los talleres abarcan desde las artes creativas hasta los tratamientos holísticos, pasando por la transformación y terapia personales, ocupaciones meditativas, las ciencias esotéricas, y el enfoque zen de los deportes y otras actividades recreativas. El secreto del éxito de la multiversidad radica en el hecho de que sus programas se combinan con la meditación, avalando y entendiendo que, como seres humanos, somos mucho más que la suma de nuestras partes.

Spa Basho: En el lujoso Spa Basho se puede nadar tranquilamente al aire libre, rodeado de árboles y naturaleza tropical. El diseño único, el espacioso jacuzzi, las saunas, el gimnasio, las pistas de tenis... son realzados por su escenario increíblemente hermoso.

Cocina: Los diferentes cafés y restaurantes sirven cocina vegetariana occidental, asiática e hindú. La mayoría de los productos son orgánicos y se cultivan especialmente para el Resort de la Meditación. Los panes y las tartas se hornean en la propia pastelería del Resort.

Vida nocturna: Hay varios eventos nocturnos para escoger, ¡bailar es el primero de la lista! Otras actividades incluyen meditaciones a la luz de la luna llena bajo las estrellas, espectáculos de variedades, actuaciones musicales y meditaciones para la vida cotidiana.

O simplemente puedes pasarlo bien conociendo a gente en el Plaza Café, o paseando en la tranquilidad de la noche en los jardines de este entorno de cuento de hadas.

Instalaciones: Puedes comprar los artículos de aseo personal y todas tus necesidades básicas en la Galería. La Galería Multimedia vende una amplia variedad de los productos de Osho. También hay un banco, una agencia de viajes y un Cibercafé en el campus. Para aquellos a quienes les gusta ir de compras, Pune ofrece todas las opciones, desde productos hindús tradicionales y étnicos hasta tiendas de todas las marcas internacionales.

Alojamiento: Puedes escoger entre instalarte en las elegantes habitaciones de la Osho Guesthouse, o para estancias largas puedes optar por los paquetes del programa «Living In». Además, en las cercanías existen numerosos hoteles y apartamentos privados.

www.osho.com/meditationresort
www.osho.com/guesthouse
www.osho.com/livingin